税务筹划与企业发展策略

Tax Planning and Enterprise Development Strategies

刘静凤◎著

经济管理出版社

ECONOMY & MANAGEMENT PUBLISHING HOUSE

图书在版编目（CIP）数据

税务筹划与企业发展策略 / 刘静凤著. -- 北京 ：
经济管理出版社，2025. 5. -- ISBN 978-7-5243-0316-9

Ⅰ. F810. 42；F272. 1

中国国家版本馆 CIP 数据核字第 2025H01Q63 号

组稿编辑：董杉珊
责任编辑：董杉珊
责任印制：许　艳
责任校对：陈　颖

出版发行：经济管理出版社
　　　　　（北京市海淀区北蜂窝 8 号中雅大厦 A 座 11 层　100038）
网　　址：www. E-mp. com. cn
电　　话：（010）51915602
印　　刷：唐山玺诚印务有限公司
经　　销：新华书店
开　　本：720mm×1000mm/16
印　　张：14. 75
字　　数：273 千字
版　　次：2025 年 5 月第 1 版　　2025 年 5 月第 1 次印刷
书　　号：ISBN 978-7-5243-0316-9
定　　价：78. 00 元

前　言

　　在当今复杂多变的商业环境中，税务筹划已经成为企业发展中不可或缺的一环。税务筹划不仅关乎企业的经济效益和成本控制，更与企业的发展策略、战略规划以及市场竞争力息息相关。因此，对于企业而言，深入理解并掌握税务筹划的精髓，无疑对其长远发展具有不可估量的意义。

　　本书旨在帮助读者全面、系统地了解税务筹划的基本概念、原则和方法，并结合实际案例，深入剖析税务筹划在企业发展策略中的应用与实践。我们希望通过本书的引导，使广大读者能够掌握税务筹划的核心要点，提升税务筹划的实践能力，为企业的发展提供有力的支持。

　　在编写过程中，笔者始终秉持理论与实践相结合的原则，不仅详细阐述了税务筹划的理论框架，更通过分析具体案例，帮助读者更好地理解和应用税务筹划的知识。此外，本书还密切关注税务法规的最新动态和税务筹划技术的创新趋势，力求为读者提供最新、最实用的信息。

　　通过阅读本书，读者能够深入领会税务筹划的精髓，掌握其实用技巧和方法。这将为企业在制定和实施发展策略时，提供更为科学、合理的税务筹划方案，助力企业实现稳健、高效的发展。

　　在此，我们要向所有为本书编写提供支持和帮助的专家及学者表示衷心的感谢。正是他们的智慧和经验，为本书的编写提供了宝贵的素材和启示。由于笔者能力有限，加之财税政策不断修订变化，书中可能存在不当之处，诚邀广大读者朋友批评指正。让我们携手共进，共同探索税务筹划与企业发展策略的奥秘，为企业的发展开启新的篇章！

刘静凤

2024 年 7 月

目　　录

第一章
税务筹划理论概述

第一节 税务筹划的概念与意义

一、税务筹划的概念

税务筹划，亦称纳税筹划或税收筹划，其概念在国际上尚未形成统一的定义，下面列举四种代表性观点。

（1）荷兰国际财政文献局（IBFD）在《国际税收词典》中给税务筹划下了这样的定义："纳税人通过对经营活动或者对个人事务的安排以实现缴纳最少的税收。"

（2）印度税务专家 N. J. 雅萨斯威在其著作《个人投资和税务筹划》中阐述道："纳税人通过对财务活动进行安排，充分利用税收法规所提供的一切优惠，包括减免在内，以获得最大的税收收益。"

（3）美国南加州大学的 W. B. 梅格斯博士在与他人合著的《会计学》一书中引用了美国一位法官在税务案件中的言论："法院一直认为，人们通过安排自己的活动，以达到低税负的目的是不可指责的。每个人都可以这样做，无论他是富人还是穷人，而且他们这样做也是完全正当的，因为他无须超过法律的规定来承担国家的税收。税收是强制课征而不是无偿捐献，以道德的名义来要求税收纯粹是奢谈。"此后，书中进一步阐释："人们通过合理并且合法地安排自己的经营活动，达到缴纳尽可能少的税款，他们运用的方法就可称为税务筹划。"

（4）我国税务专家盖地则表述为："税务筹划是纳税人依据所涉及的税收环境，在遵守税法、尊重税法的前提下，规避涉税风险，控制或减轻税负，以有利于实现企业财务目标的谋划、对策与安排。"[1]

综上所述，尽管国内外学者对税务筹划的定义各有侧重，但其核心要点相通：税务筹划是纳税人在遵守并尊重国家税收法规的前提下，充分利用税法赋予的各项优惠政策（包括减免和优惠），通过合法、合理且科学的方法与安排，对企业财务活动进行精心规划，以降低企业税负，最终实现企业财务目标的过程。

二、税务筹划的意义

税务筹划不仅是对纳税人具有积极意义的策略选择，对政府同样蕴含着重要的正面价值。它促使税收制度不断完善，推动了政府治理能力的提升以及经济社会的健康发展。因此，全面、客观地认识税务筹划的双重积极意义，对于构建更加和谐、高效的税收生态环境具有深远意义。

（一）增强纳税人的法治观念，提高纳税人的纳税意识

当社会经济发展到特定阶段，企业逐渐重视起税务筹划工作。税务筹划与纳税意识的提升之间存在着同步性与客观一致性。

企业若进行税务筹划，必须深入理解并准确掌握税法精髓，方能准确把握税收政策导向，并据此作出理性选择。通常，税务筹划工作出色的企业，其纳税意识也相对较强。税务筹划与纳税意识的一致性具体体现在以下三个方面：

首先，税务筹划是企业纳税意识增强的具体体现，与深化改革的步伐相契合。只有当税制改革与税收征管改革取得显著成效，税法的权威性方能得以彰显，企业的纳税意识才会随之提升。

其次，企业纳税意识强与其进行税务筹划存在共通之处，即企业在税务筹划中所安排的经济行为必须严格遵守《中华人民共和国税收征收管理法》规定，而依法纳税正是企业纳税意识强的必然体现。

最后，建立完整、规范的会计账表并进行正确的会计处理是企业进行税务筹划的基石。会计账证的健全与规范，不仅能为未来提高税务筹划效率奠定基础，同时，依法建账、留存相关资料以备查证也是企业依法纳税的基本要求。

（二）有助于纳税人实现财务利益的最大化

在市场经济体系中，企业作为核心参与者，在产权明晰的既定框架下，追求

---

① 盖地. 税务筹划学（第 8 版）[M]. 北京：中国人民大学出版社，2022：4.

自身利益最大化是其作为经济实体的内在本质属性。依据经济学基本原理，在总收入维持稳定状态时，若要达成财务利益最大化这一目标，必然需要着力于总成本的最小化。成本构成涵盖了多方面要素，其中纳税成本在企业运营成本中占据着重要地位。

在税收契约的实际执行进程中，理性经济人假设下的企业，会凭借其与征税方之间存在的信息不对称现象，以及税收契约在制定和实施过程中不可避免的不完善特性，对涉税会计事项展开精细化的管理与严格把控。例如，企业会深入研究税收政策，利用税收优惠条款进行合理的账务处理，在合规的前提下，巧妙调整成本费用的确认时间和金额，以达到减少应纳税额的目的。这种对涉税会计事项的精心管理，旨在实现企业自身税收利益的最大化。

（三）提升企业财务与会计管理水平的有效路径

资金、成本、利润，作为企业经营管理和会计管理的三大核心要素，它们的水平高低直接决定了企业的市场竞争力与可持续发展能力。税务筹划，作为一种战略性的财务管理手段，不仅有助于规范企业的运营行为，还能引导企业做出更加明智、合规的财务决策，确保企业的财务活动在健康、有序的轨道上运行。通过税务筹划的精细实施，企业能够实现资金、成本和利润的最优化配置，进而达到提升整体经营管理水平的目的。

税务筹划的实践过程，深刻体现了其对企业财务与会计管理水平的积极促进作用。在这一过程中，会计人员扮演着至关重要的角色。他们不仅需要熟练掌握会计准则与会计制度，确保财务报表的准确编制与及时报送，还必须深入了解并掌握现行的税法规定。这意味着，会计人员在处理日常账务时，须严格按照税法要求设置账簿、计算税额，并准确无误地填写纳税申报表及其相关附表。通过这样的实践锻炼，不仅增强了会计人员的专业技能与税法意识，也极大地推动了企业财务与会计管理水平的全面提升。

（四）增强企业竞争力与促进国家税收增长

企业进行税务筹划，是一项富有远见卓识的战略决策，其直接效应便是减轻企业的税收负担。通过合理规划税务，企业能够更有效地利用资金，从而增强其市场活力与提高运营效率，这无疑为企业竞争力的提升注入了强大动力。在激烈的市场竞争中，这样的优势往往决定了一个企业能否脱颖而出、持续稳健地发展。

更为深远的是，税务筹划所带来的企业竞争力提升，不仅仅局限于个体层面。从宏观和长远的视角来看，当企业因为税务筹划而获得更好的发展，其收入和利润自然会随之增加。企业的繁荣意味着税源的丰盈，这将为国家税收的增长奠定坚实的基础。因此，税务筹划在促进企业发展的同时，也间接地为国家的税收总量增长做出了贡献。

（五）有利于塑造企业良好形象和提升税收

随着我国法治建设的日益健全与完善，社会成员的法律意识和平等竞争意识也在不断增强。在这一背景下，逃税等违法行为不仅会面临法律的严惩，更会因破坏公平竞争环境而受到社会的广泛谴责，导致企业名誉严重受损。在社会主义市场经济的大潮中，企业的信誉是其生存与发展的基石。一旦失去信誉，企业将在激烈的市场竞争中难以立足。

因此，企业面临着双重挑战：既要努力维护其在社会上的良好纳税形象，又要最大限度地增加自身的税收利益。在这两者之间找到平衡点，税务筹划便成了企业的必然选择。通过税务筹划，企业可以在合法合规的前提下，优化税务结构，实现税收利益的最大化，同时避免因违法行为而损害企业形象。

税务筹划的实践，不仅体现了企业对法律的尊重与遵守，也展示了其在市场竞争中的智慧与远见。一个税务筹划合理的企业，往往能在社会中树立起良好的纳税形象，赢得公众与合作伙伴的信任与尊重。这样的企业，在市场竞争中将更具优势，更有可能实现持续稳健的发展。

（六）有助于推动产业结构优化与资源合理配置

税务筹划在实践中不仅关注企业个体的税收利益，更在宏观层面发挥着其独特的作用。作为国家宏观调控政策的重要传导机制，税务筹划有助于将国家的产业政策与企业的经济行为紧密连接起来。

纳税人在进行税务筹划时，会依据税法中税基与税率的差异，以及各项税收优惠政策，来做出投资决策、调整产品结构。尽管这些行为的初衷是减轻企业的税负，但在客观上，它们却是在国家税收这一经济杠杆的引导下，逐步推动产业结构的优化和生产力的合理布局。

税务筹划的实践过程，实质上也是资源在产业间、地区间重新配置的过程。它促进了资本的流动，使资源能够更加合理地配置到效益更高、更符合国家产业政策的领域。这种资源的优化配置，不仅有助于提升企业的经济效益，更在宏观层面推动了整个国民经济的持续、健康发展。

因此，税务筹划不仅是一项关乎企业利益的管理活动，更是一项关乎国家产业发展、资源配置和宏观经济调控的重要工具。通过税务筹划的深入实施，我们可以在微观与宏观两个层面实现经济效益与社会效益的双重提升。

（七）促进税制不断完善与提升

税务筹划的实践，不仅关乎企业个体的税收利益，更在宏观层面对税制的健全与完善发挥着积极的推动作用。在实际操作中，一些税务筹划可能会揭示出现行税制的疏漏或缺陷。这种揭示，虽然可能出于企业追求税收利益最大化的初衷，但客观上却为国家及时发现并改进税制提供了宝贵的线索和动力。

国家税务部门在观察到这些税务筹划行为后，会进行深入的分析和研究，以识别税法中可能存在的不足之处。基于此，国家会及时进行税法的修订和完善，以堵塞漏洞、消除缺陷，确保税制的公平性和有效性。这一过程不仅提升了税收征管的水平，也增强了税制的适应性和稳定性。

因此，税务筹划在微观层面帮助企业实现税收利益最大化的同时，也在宏观层面为税制的不断完善和提升做出了重要贡献。它是企业与国家之间税收互动的一个重要环节，是推动税制进步和发展的重要驱动力。

第二节　税务筹划的目标与原则

一、税务筹划的目标

税务筹划作为企业财务管理的重要组成部分，其目标具有多维性和层次性。这些目标不仅涵盖降低纳税成本、控制企业税务风险等直接和短期的财务目标，还进一步拓展到获取资金时间价值、实现企业价值最大化等更为长远和战略性的目标。企业在进行税务筹划时，应全面考虑这些目标，制定合理的筹划方案，以实现企业的整体利益最大化。

（一）正确、得当地履行纳税义务

正确、得当地履行纳税义务，是税务筹划的基础目标，或者说是最低目标。这一目标的核心在于规避纳税风险，确保企业不会承担任何法定纳税义务之外的额外成本或损失，同时避免因涉税问题而导致的名誉损害。为了实现这一目标，纳税人必须坚守诚信纳税的原则，做到纳税遵从。

纳税遵从意味着企业必须依法进行税务登记，建立健全的账务体系并进行规范的票证管理，同时依法申报纳税，确保在税法规定的期限内足额缴纳税款。偏离纳税遵从的行为，将使企业面临严重的涉税风险，可能导致法律纠纷、经济损失和声誉损害。

由于税制的复杂性和多变性，纳税义务并不能自动履行。纳税过程可能给企业带来诸多挑战，如加重经营损失、导致投资扭曲或纳税支付能力不足等风险。因此，纳税人必须深入掌握所涉税境的税法规定，具备专业的税务知识，以便准确理解和遵守税法，尽可能地避免纳税风险带来的潜在机会成本。

（二）致力于减少纳税成本

纳税人在履行纳税义务的过程中，不可避免地会产生一定的纳税成本。在应纳税额保持不变的条件下，纳税成本的减少直接关联到纳税人税后收益的提升。纳税成本涵盖直接纳税成本和间接纳税成本两部分，其中直接纳税成本便于识别和计算，而间接纳税成本则须通过估算或预测来确定。税制的公平性对于纳税人的心理平衡至关重要：当税收负担处于纳税人的承受范围之内时，其心理压力会相对较小；税收征管的透明度和公正性越高，纳税人对税收的恐惧和抵触情绪就越少。此外，税务筹划作为企业财务管理的一项活动，其自身也有成本，这包括直接成本和间接成本，后者也被称为非税成本。

降低纳税成本不仅有助于提升企业账面上的利润水平，还会相应地增加企业的应税所得额，进而给政府带来更多的税收收入。然而，纳税成本的高低并非完全由纳税人自身决定，税制的合理性以及征管效率同样对其产生重要影响；而从税务筹划的角度出发，减少纳税成本主要依赖于企业自身的积极努力。

（三）确保企业的税务安全

企业税务风险是企业因涉税行为而可能面临的风险，它关乎企业的财务健康与法律合规性。为了确保企业的税务安全，企业的涉税行为必须具备合规性，即所有涉税事宜都必须严格遵守税收法律法规的规定。

合规性要求企业在经济活动中遵循税法规定的合理商业目的，并确保交易符合独立交易原则。这意味着企业的经济活动不仅要有明确的商业逻辑和经济效益，还要在税上保持独立和公正，避免利用关联交易等手段进行不当的税务安排。

同时，企业对涉税事项的会计处理也必须符合税法要求及相关会计准则、制度等法律法规。这要求企业具备专业的会计和税务处理能力，能够准确、及时地记录和报告涉税事项，确保税务信息的真实性和完整性。

此外，企业的纳税申报和税款缴纳、税务登记（包括变更、注销）、证账簿管理、税务档案管理以及税务资料的准备和报备等也都必须符合相应的法律规定。这要求企业建立完善的税务管理制度和流程，确保税务工作的规范化和标准化，降低因操作不当或疏忽而引发的税务风险。

（四）利用资金的时间价值，实现财务的优化和增值

在财务管理的实践中，资金的时间价值是一个核心的概念，它指的是资金在使用过程中，随着时间的推移而产生的增值。对于纳税人而言，如果能够合理、有效地运作其资金，那么货币的增值额将会呈现出惊人的增长速度。

税务筹划在此过程中扮演着重要的角色。通过精心的筹划，纳税人可以实现推迟（或延缓）纳税的目的。这实际上相当于从政府那里获得了一笔无息贷款。这笔"贷款"的金额越大、时间越长，对企业的发展就越为有利。

在当今这个信用经济高速发展的时代，企业普遍采用负债经营的模式。然而，负债经营既带来了成本，也伴随着风险。因此，企业需要确保其负债规模适度、负债结构合理。而通过税务筹划实现的纳税额推迟（或延缓），通常是没有风险的。这有助于企业实现低成本、高效益的经营，并进一步优化其财务状况。

（五）减轻税负与增加税后利润

"公司的目标是在税务会计的限度内实现税负最小化及税后利润的最大化。"① 无论从理论层面还是实际操作层面来看，税务筹划都是企业财务管理体系中不可或缺的一部分。当某项税务筹划策略能够同时实现税负的最低化和税后利润的最大化，并呈现出正相关关系时，税负的最低化便成了税务筹划的首要目标。然而，当税务筹划导致的税负降低与税后利润增长并非正相关时，企业应以其整体的财务目标为税务筹划的最终导向，这意味着税务筹划需服从并服务于企业的整体财务战略。在此视角下，税负的最低化被视为一种手段而非最终目的。

在企业运营过程中，实现税负的最小化和利润（或价值）的最大化，是一项复杂的系统工程，它要求企业对其涉税事务进行全面的预先规划和安排。企业需在法律规定（不限于单一国家和地区）、国际惯例、道德规范以及经营管理需求之间找到平衡点，力求在涉税风险最低或零风险的前提下，实现税后利润（或价值）的最大化。税务筹划不应仅局限于个别税种的缴纳额度，也不应单纯以当

---

① 汉弗莱·H. 纳什. 未来会计 [M]. 宋小明，译. 北京：中国财政经济出版社，2001.

前的税负水平作为评判标准，而应基于企业整体和长远的利益来做出判断。因此，企业有时可能会选择税负相对较高但能带来更大税后利润的方案。在考量货币时间价值的同时，还需关注边际税率的变化，因为边际税率的变动可能会削弱货币时间价值的影响。税负的最低化更多的是从经济学的角度出发进行规划和布局，税务筹划的核心在于优化现金流量、充分利用资源以及实现纳税人所得的最大化等。

（六）追求企业价值最大化

税务筹划的主导目标，无疑是企业价值的最大化。这一目标超越了单纯的税收负担的减轻或短期经济利益的追逐，它要求税务筹划者具备长远的眼光和战略的思维，将税务筹划与企业的整体发展、价值提升紧密相连。

在追求企业价值最大化的过程中，税务筹划需要综合考虑多种因素，包括当前的税收环境、政策法规、企业的经营状况、未来发展战略等。税务筹划不仅关注如何合法合规地减少税款支出，更重视如何通过税务筹划来优化企业的资本结构、提升企业的盈利能力、增强企业的市场竞争力，从而推动企业价值的持续增长。

值得注意的是，税务筹划的具体目标并非孤立存在，它们之间是相互关联、相互影响的。不同企业由于经营环境、发展战略的差异，可能有不同的具体税务筹划目标。即使同一企业在不同的发展阶段，其税务筹划的目标也可能有所不同、有所侧重。

二、税务筹划原则

（一）守法原则

守法原则在税务筹划体系中占据举足轻重的地位，它是确保税务筹划活动合法合规的根本遵循。这一原则深刻蕴含了"合法"与"不违法"两个维度的内涵，强调税务筹划的所有操作与策略都必须严格限定在税法及相关法律法规的框架内运行。任何试图通过税务筹划减轻税负的行为，都必须以不违反税法的明文规定为前提。那些以税务筹划为幌子，实则从事逃税、偷税等违法活动的行为，不仅无法被视作真正的税务筹划，更是从根本上背离了税务筹划旨在合法降低税负、优化纳税结构的初衷。

因此，企业在着手进行税务筹划时，务必将国家现行的税法及相关法律法规作为行动的指南针，确保在全面、深入、准确地理解税法精神与具体条款的基础上，巧妙利用税制构成要素中的税负弹性空间、税收优惠政策等合法手段，开展科学、合理、有效的税务筹划活动。通过这样的筹划实践，企业不仅能够制定出最为优化、经济效益最大化的纳税方案，实现税收成本的最小化，同时也充分展现了对国家法律的尊重与严格遵守，以及在财务管理与策略规划方面的智慧与独到见解。这样的税务筹划，既是企业合法经营、诚信纳税的体现，也是提升企业市场竞争力、实现可持续发展的重要保障。

（二）自我保护原则

自我保护原则，实质上是守法原则在税务筹划中的延伸和具体实践。这一原则的核心在于，只有严格遵循守法原则，企业和个人才能在税务筹划中实现真正的自我保护。为了实现这一目标，纳税人应当做到以下几点：

第一，增强法治观念，牢固树立税法遵从意识。这意味着纳税人在进行任何税务筹划活动时，都必须以遵守税法为前提，不得有任何违反税法规定的行为。

第二，熟知会计准则、制度以及税法等相关法规。这是纳税人进行自我保护的基础。只有全面、深入地了解这些法规，纳税人才能确保自己的税务筹划活动符合法律要求，避免不必要的法律风险。

第三，熟悉税务筹划的技术和方法。这是纳税人实现自我保护的关键。通过掌握和运用科学的税务筹划技术和方法，纳税人可以在合法合规的前提下，有效地降低税负，提高税后利润。

此外，由于增值税实行专用发票抵扣制，因此依法取得并认真审核、妥善保管专用发票对纳税人来说也是至关重要的。这是纳税人进行自我保护的重要环节，也是确保税务筹划活动合法有效的关键步骤。

（三）成本效益原则

成本效益原则，作为人类经济活动中的首要理性原则，在税务筹划领域同样具有至关重要的指导意义。具体到税务筹划实践中，这一原则被赋予了"有效税务筹划"的具体内涵，强调税务筹划活动必须有利于实现企业既定的财务目标，并确保因筹划而获得的效益大于其筹划成本，从而体现出经济性和有效性。

在考量税务筹划的效益时，我们不仅要关注其带来的当前利益，还要具有长远的眼光，考虑筹划方案对企业长远发展的影响。在目前利益的考量上，除了需要计算各种筹划方案在经营过程中产生的显性收入和显性成本，还不能忽视税务筹划成本的存在，这包括显性成本和隐性成本两部分。显性成本是指在税务筹划过程中实际发生的相关费用；而隐性成本则是指纳税人因采用某一特定税务筹划方案而放弃的潜在利益，对企业而言，这实际上是一种机会成本。

进一步地，在衡量当前利益时，我们可以选择利润或净现金流量作为衡量标准，但从长远利益的角度来看，这两者是一致的。然而，如果考虑到资金的时间价值，使用净现金流量作为衡量标准可能更为恰当，因为资产的内在价值是由其未来现金流量的现值决定的，同样，企业的内在价值也体现在其未来现金流量的现值上。

在应用成本效益原则进行税务筹划时，我们还需要特别注意"税负最低"与"企业价值最大"之间的关系。当这两者发生冲突时，我们应该明确，"税负最低"应当服从于"企业价值最大"。这意味着，税务筹划的目标不仅仅是追求税负的降低，更重要的是要通过合理的税务筹划方案实现企业整体价值的最大化。

（四）时效性原则

税务筹划是在特定的法律环境、经营范围和经营方式下进行的，因此它具有明显的针对性和特定性。然而，值得注意的是，税务筹划并非一成不变的，随着时间的推移，社会经济环境、税收法律环境等因素都会不断发生变化。这就要求企业必须时刻保持敏锐的洞察力，把握时机，灵活应对各种变化。

为了确保税务筹划方案能够适应新的税收政策和法律环境，企业需要不断地对筹划方案进行调整或重新制定。这种动态调整的策略更新是确保企业能够持久地从税务筹划中获得收益的关键。如果企业忽视了税务筹划的时效性原则，那么其筹划方案可能会因为无法适应新的法律环境或税收政策而失效，甚至可能给企业带来不必要的法律风险和经济损失。

因此，企业在制定和执行税务筹划方案时，必须充分考虑时效性原则，确保筹划方案能够与时俱进，适应税收的政策导向，从而为企业创造持久的税务筹划收益。

（五）整体性、综合性原则

在进行特定税种的税务筹划时，企业必须具备全局视角，充分考虑与之相关的其他税种的税负效应。这意味着，税务筹划不能孤立地针对单一税种进行，而应该进行整体的、前瞻性的筹划，综合衡量各种税种的税负影响，以期实现整体税负最轻、长期税负最优以及税后利润（或企业价值）最大化。

具体而言，企业在税务筹划过程中，不能仅仅盯住个别税种的税负高低，而忽视了整体税负的轻重。有时候，降低间接税的税负可能会导致直接税的税负增加。因此，企业必须全面考虑、综合衡量，以确保税务筹划方案的整体效益。

此外，税金支付的减少并不一定意味着资本总体收益的增加。企业在追求税负最轻的同时，也必须考虑其他因素对企业整体利益的影响。例如，有些合资企业可能会采用转让定价的方法将利润逆向转移到境外高税区，这样做可能追求的是集团整体利益或者仅仅是外方投资人的收益，而并非实现税负最轻。因此，税务筹划必须遵循整体性与综合性原则，从全局视角出发，综合考虑各种因素，以实现企业整体利益的最大化。

（六）风险收益均衡原则

税务筹划既能带来收益，也伴随风险。风险，指的是在一定时期、一定条件、一定环境下，可能发生的各种结果的变动，或是某一事项的实际结果与预期结果的偏差。在税务筹划实践中，企业会面临不同程度的外部风险（如经济波动风险、市场风险、政策风险）和内部风险（如企业经营风险）。

为了有效应对这些风险，企业应当遵循风险与收益适当均衡的原则。这意味着，企业在追求税务筹划收益的同时，也必须充分考虑可能面临的风险，并采取措施来分散甚至化解这些风险。通过采用选优弃劣、趋利避害的策略，企业可以在税务筹划中实现风险与收益的平衡。

货币的时间价值和经济行为的风险性是现代财务管理的基本概念。在税务筹划中，这两点同样适用。在很多情况下，税务筹划方案可能会对企业的未来经营活动产生影响，因此不可避免地会存在收益的不确定性和资金支付的时间性差异。

因此，在进行税务筹划的收益与成本分析时，企业必须充分考虑税务筹划方案实施的风险以及资金的时间价值。这意味着，企业需要对税务筹划方案进行全面的评估，包括对其可能带来的收益、可能面临的风险以及资金的时间价值进行综合考虑。只有这样，企业才能制定出既符合法律要求又能够实现风险与收益均衡的税务筹划方案。

第三节　税务筹划的动因、原理与特点

一、税务筹划的动因

（一）税务筹划产生的基本前提

1. 市场经济体制的完善

从根本上说，企业之所以积极投身于税务筹划活动，核心动因在于对自身经济利益的追求。这一行为模式与理性经济人的假设相吻合，而该假设得以成立的前提是一个健全且充满活力的市场经济体制。在计划经济体制下，企业如同国家这个大家庭的成员，享受着"大锅饭"的待遇。那时，企业所实现的利润大部分须上缴国家财政，自身几乎不保留任何利益。在这样的背景下，即使企业通过税务筹划成功减轻了税负，其效果也仅仅是将原本应缴纳的税收转化为利润后，再行上缴国家。因此，在计划经济体制下，税务筹划失去了其存在的实际意义。

然而，在市场经济体制下，企业成为市场的真正主体。它们开始享有独立的经济利益，同时在激烈的市场竞争中，企业对成本控制的需求日益凸显。在这样的环境下，税务筹划作为一种有效的成本控制手段，自然获得了存在与发展的广阔空间。企业可以通过精心的税务筹划，合法合规地降低税负，从而提升自身的经济效益和市场竞争力。因此，市场经济体制的完善，是税务筹划产生与发展的基本前提和必要条件。

2. 存在税法上的空白

税收中性原则意味着国家在征税时应尽量避免干扰经济主体基于市场机制做出的独立经济决策。然而，这仅仅是一个理想化的税制设计原则。在实际操作中，各国和地区政府为了达成各自的政策目标，往往会制定出一系列差异化的税收政策，如实行差别税率，以及对不同经济事项采取不同的处理方法。这些做法导致税收制度在执行时偏离了中性原则，企业的经营活动因此会对税收契约产生不同的反应。理性的企业自然会选择最有利于自身利益的方案，并提前进行相应的安排与筹划。

考虑到企业实际情况的多样性、交易和事项的复杂性，以及社会经济环境的不断变化，新的情况随时可能出现；同时，作为税收政策的制定者，政府无法掌握所有信息。因此，任何税收政策都不可能完美无缺，既无法对现实中的所有情况、交易和事项都产生约束力，也难以预见并规范所有未来可能出现的情况、交易和事项。这就必然导致税收政策中存在空白区域，即税法上的空白。利用这些税法空白进行税务筹划，是许多纳税人采用最多的一种税务筹划策略。

3. 健全的税收监管体系

在税收契约中，双方信息不对称是一个显著特征，尤其在对会计信息的掌握上，企业往往处于优势地位。然而，税收的计量大多依赖会计信息。为了弥补在会计信息方面的不足，政府必然需要对企业进行税收监管，并对违规行为实施处罚。税收监管的存在提高了企业进行税收欺诈的成本，从而在一定程度上抑制了企业通过税收欺诈来降低税负的筹划行为。当整个社会的税收监管水平较高，形成良好的税收执法环境时，纳税人要想获得税收收益，主要通过税务筹划的方式实现，而一般不会、不易或不敢采取违反税法等法律的行为。相反，如果税收监管力度较弱，执法空间较大，纳税人可能会更倾向于采取风险和成本都较低的税收欺诈行为来实现企业目标，自然无需进行复杂的税务筹划。

因此，一个完善的税收监管体系是税务筹划得以有效进行的前提条件。但必须指出的是，由于监管人员的有限理性以及监管成本可能过高，现实的税收监管体系中存在着期望与实际的差距。这种差距可能导致部分企业放弃税务筹划，转而采取更具风险的欺诈方式。

（二）税务筹划是纳税人应有的权益

现代企业拥有四大基本权利：生存权、发展权、自主权和自保权。其中，自保权涵盖了企业保护自己经济利益的正当行为。纳税作为企业的重要利益事项，自然受到法律的保护。因此，进行合理合法的税务筹划，是企业正当权益的一部分。

税务筹划是纳税人在法律允许范围内，充分利用税法规定，为获取经济收益而进行的经济活动。这包括选择生存与发展策略、进行企业兼并与破产决策等。税务筹划所带来的收益，应被视为纳税人的合法权益。

税务筹划是纳税人对其资产和收益的正当维护，属于其应有的经济权利。纳税人对经济利益的追求具有排他性和利己性。在合法范围内，纳税人最大限度地维护自己的利益是完全正当的。税务筹划应在纳税人权利的边界内进行，超越这一边界将构成对纳税人义务的违背。遵守权利的界限是纳税人的义务，而坚守义务的界限则是其应有的权利。因此，税务筹划并未超越权利范围，应被视为正当权益。

税务筹划也是纳税人对社会赋予其权利的具体运用，属于其应有的社会权利。这一权利不因企业的所有制性质、经营状况或贡献大小而有所不同。政府不应以外商投资企业与内资企业为界限，对前者采取默许态度，而对后者则持反对意见。实际上，打压企业正当的税务筹划活动可能会助长偷税、逃税及抗税行为。因此，鼓励纳税人依法纳税、遵守税法的最佳途径是充分保障其合法权益，包括税务筹划权利，而非剥夺其权利，促使其走向违法之路。

企业税务筹划的权利，与其他权利一样，都存在着其特定的界限。这一界限明确了企业税务筹划的合法范畴，一旦超越这一界限，原本被视为企业权利的行为就不再被认可，而是转变成了违背其应尽义务的行为，从合法行为变为违法行为。这种转变不仅关乎法律层面的判断，更涉及对企业社会责任与道德规范的考量。企业的权利与义务是相互依存、相辅相成的两个方面。它们不是孤立存在的，在一定的条件下它们可以相互转化。这种转化不是随意的，而是法律法规的变动、市场环境的变化以及企业社会责任的履行情况等多种因素共同作用的结果。在纳税方面，这种转化的条件包括：

（1）当税法中存在的缺陷被立法机关或税务机关纠正，或者税法中原本不明确的地方被进一步明确和解释后，企业原本基于税法漏洞或不明确之处进行的税务筹划，其相应的筹划权利就会转化成明确的纳税义务。这种转化要求企业必须及时调整税务筹划策略，确保自身的税务行为符合新的税法规定，从而避免因违法而带来的法律风险和声誉损失。

（2）当国家（地区）或政府对税法或条例中的某项或某些条款或内容重新解释并明确其适用范围时，纳税人原有的权利就可能转变成义务。这种情况通常发生在税法或条例中的某些条款或内容原本规定不明确或不适当的情况下，因此为纳税人提供了税务筹划的空间和权利。然而，一旦国家（地区）或政府对这些不明确或不适当的条款或内容进行了新的解释或明确了其适用范围，那么原本基于这些条款或内容进行税务筹划的纳税人就可能不再享有这种筹划的权利。此时，如果他们继续按照原有的方式进行经济行为，就可能从原本的合法筹划转变为需要履行纳税义务的行为，甚至可能面临违法的风险。

（3）当税法或条例中的某项或某些特定内容被取消后，原本基于这些特定内容进行税务筹划的条件随之消失，企业的税务筹划权利就会转化为纳税义务。这意味着，如果企业继续按照原有的筹划方式进行税务处理，就可能面临违法的风险，因为原有的筹划方式所依赖的税法或条例内容已经不复存在。具体来说，这种转化可能发生在税法或条例的修订过程中。当立法机关或税务机关对税法或条例进行修订，取消或废除了某些特定的税收优惠政策、减免条款或税务筹划的空间时，企业原本享有的税务筹划权利就会受到影响。此时，企业需要及时调整税务筹划策略，确保自身的税务行为符合新的税法或条例规定，从而避免因违法而带来的法律风险和声誉损失。

（4）企业在行使税务筹划权利时，必须以不伤害、不妨碍他人的权利为前提。如果企业的税务筹划行为对其他纳税人的合法权益造成了侵害，那么这种行为就不再被视为合法的税务筹划，而是需要承担相应的纳税义务和法律责任。具体来说，企业在实施税务筹划时，应当充分考虑其他纳税人的利益，确保自身的税务筹划行为不会对其他纳税人造成不公平的竞争环境或损害其合法权益。例如，企业不能通过利用税法漏洞或进行不合理的税务安排来逃避纳税义务，从而损害其他纳税人的利益。如果企业的税务筹划行为被认定为对其他纳税人构成了侵害，那么企业就需要承担相应的法律责任，并可能需要补缴税款、缴纳罚款或面临其他法律制裁。

（三）税务筹划产生的主观动因

在市场经济环境下，企业作为商品生产与经营的核心主体，其拥有独立的经济利益。尽管在理论上，维护企业的共同社会利益被赋予了极高的重要性，且无论税制设计得如何公正、公平与合理，对任何企业而言，纳税无疑是对其既得利益的一种直接削减，或是政府对其财务成果的一种无偿获取。企业，作为主要的纳税实体，必然会考量其纳税行为是否确实能促成积极的社会效应，以及这种预期的社会效应将在何时、以何种程度显现。即便预期的社会效应（如社会秩序的维护、公共设施与服务的提供、市场环境的优化等）得以实现，本企业是否能从中受益、受益程度如何，这些问题均伴随着不确定性、隐蔽性及非对等性的特质。更为关键的是，纳税的实际成效与税务理论之间往往存在偏差。一旦纳税的预期效应未能如愿以偿，甚至在某种程度上干扰了企业的内部运行机制，或因时滞效应导致企业长期无法感受到社会秩序与市场环境的改善，纳税人对纳税必要性的认同便可能产生动摇。此外，企业从社会秩序与市场环境的改善中获得的益处具有难以量化、隐蔽的特点，且其受益程度与其纳税额度之间并不总是对等或直接相关。因此，纳税人可能会认为，社会效应对于各企业而言通常是无差异的，决定企业市场地位的最终还是其自身的竞争力。上述种种考量，构成了企业在主观层面进行税务筹划的深层动因。

实际上，企业主观上减轻税负的意愿在很大程度上受政府运用税收杠杆的效率影响，以及税款征收能在多久的期限内、在多大程度上为企业带来直接或间接的利益增长。如果这种积极作用能够在纳税人的预期时间内被切实感知，那么它将有助于那些经济效益与社会效益俱佳、纳税额较高的企业提升其在市场中的竞争力，真正确立起一种优胜劣汰的市场竞争机制。这无疑将促使企业在增强纳税意识的同时，减轻对履行纳税义务的抵触感。

（四）税务筹划产生的客观原因

税务筹划的主观动因虽为企业提供了行动的初衷，但要使这一初衷转化为现实，还需依赖于一系列客观条件的支持。这些客观条件主要包括税收制度的完善程度及税收政策导向的合理性与有效性。税收法制，作为国家权力意志的体现，在其立法过程中必然会融入国家推动社会经济发展的导向意图。因此，一些可能违背公平税负、税收中性原则的优惠政策得以被颁布并实施，如不同类型企业间的税负差异、产品税基的宽窄不一、税率的高低错落、不同行业与项目进项税额的抵扣办法差异，以及减税、免税、退税等政策的制定。这些税务优惠政策导致同种税在实际执行中出现差异，形成了非完全统一的税收法治环境，为企业选择最有利于自身利益的经营理财行为，即税务筹划，提供了客观上的可能性。

企业利用税收法制中的差异或"漏洞"进行旨在减轻税负的税务筹划，从静态的税收角度来看，确实可能对国家（地区）收入的相对增长造成短期影响。然而，这些税制差异或"漏洞"实则是国家（地区）对产业结构、资源配置进行主动优化调整的手段，旨在通过倾斜的税收政策引导企业在追求自身利益最大化的同时，实现经营机制的转换，进而达成国家（地区）和政府的产业调整目标。从长远发展的视角来看，这种税务筹划对企业和国家（地区）都是有益的，它可被视为国家（地区）为实现更大的预期收益而可能支付的有限机会成本。因此，企业利用税制非完全统一性所实现的税负减轻，更准确地说是对税法意图的有效贯彻与执行。

在税收实践中，除了税收政策导向性的差异和"漏洞"外，税务法律制度自身也可能存在难以避免的各种瑕疵，如税法、条例、公告等之间的不配套，政策表述的模糊、笼统，内容的不完整等。这些问题同样为企业进行税务筹划提供了有利条件。对此，无论国家（地区）出于维护其声誉和利益的目的如何解释和定性，从理论上讲，不能简单地将企业的税务筹划行为视为不合法，尽管它可能与国家（地区）的税收立法意图相悖。国家（地区）的应对之策是不断完善税收法规制度，提升税收执法水平；同时，企业也应意识到，税务筹划应尽可能地从长远角度考虑，过分追求眼前利益可能会带来更大的潜在损失。

二、税务筹划的原理

（一）基于收益效应的分类

1. 绝对收益筹划原理

绝对收益筹划原理，也被称作最轻税负原理，其核心目标在于直接缩减纳税人的税收负担绝对值，进而减少企业资金的净流出，增加企业可用于运营与投资的流动资金。这一效应间接地为企业提供了一种无形的融资支持，仿佛是企业从政府那里获得了一笔无须偿还的资助。该原理进一步细分为直接收益筹划原理和间接收益筹划原理。

（1）直接收益筹划原理：这一原理的核心在于运用高度精细化、科学化的税务筹划策略，旨在直接缩减纳税人的应纳税额绝对值，进而实现税收成本的有效降低和经济效益的显著提升。这一原理的根本目的是，通过一系列合法、合规且合理的筹划手段，对企业的税收负担进行直接而有效的优化，确保企业在严格遵守国家税法及相关法律法规的前提下，能够最大化其经济利益。

在实践中，直接收益筹划原理要求企业税务筹划人员具备深厚的税法知识、丰富的实践经验和敏锐的市场洞察力。他们需要深入研究税制构成要素，精准把握税负的弹性空间，同时密切关注税收政策的变动趋势，以便及时调整筹划策略，确保筹划方案的科学性和有效性。通过这样的筹划实践，企业不仅能够有效降低税收成本、提升经济效益，还能够增强自身的市场竞争力，实现可持续发展。因此，直接收益筹划原理是企业在税务筹划过程中应当遵循的重要原则之一。

（2）间接收益筹划原理：相较于直接收益筹划，间接收益筹划原理在税务筹划中展现了一种更为策略性和全局性的思考方式。其核心在于，通过对相关联的纳税人之间的税收负担进行优化调整，实现整体税收效率的提升和经济效益的进一步增强。这一原理主要依赖于合理的价格转移机制，在确保整体计税依据保持不变的前提下，巧妙地重新分配税收负担，使特定纳税人（或部分纳税人）的应纳税额绝对值得以降低，从而间接地减轻税收对特定课税对象的压力。

在实践中，间接收益筹划原理要求企业税务筹划人员不仅要精通税法，还要具备高水平的财务管理和市场分析能力。他们需要深入研究企业内部的交易结构，识别出潜在的税收负担转移机会，同时确保这些转移操作符合税法的相关规定，避免引发不必要的税务风险。通过这样的筹划实践，企业不仅能够在合法合规的前提下实现税收负担的优化调整，还能够进一步提升经济效益，达到税务筹划的更高层次目标。这种方式不仅体现了企业在税务管理方面的智慧与策略，也为企业实现可持续发展奠定了坚实的基础。

2. 相对收益筹划原理

相对收益筹划原理，也被广泛称为最迟纳税原理，其核心在于递延纳税的策略应用。这一原理从货币的时间价值角度出发，充分展现了税务筹划所蕴含的融资功能。具体而言，它是通过对纳税义务在时间维度上的巧妙安排，如选择对企业有利的会计政策或处理方法，来实现纳税义务的递延。

尽管从长期来看，纳税人所需承担的纳税总额并未因此减少，但通过将本纳税期的纳税义务递延至后续纳税期，纳税人能够充分利用这段时间差，获得递延纳税所带来的时间价值。通常而言，递延纳税能够显著增加企业本期的现金流量，使纳税人在当前时期可以将更多的资金用于经营或投资活动，进而节省因借款而产生的利息支出。这相当于企业获得了一笔无须支付利息的贷款，极大地优化了资金的使用效率。

更为有利的是，在通货膨胀的情况下，由于货币币值的下降，延期缴纳的税款实际上等同于降低了应纳税额的实际负担。因此，相对收益筹划原理通过递延纳税的策略，不仅为企业带来了资金运用的灵活性，还在一定程度上减轻了税负，是企业税务筹划中不可或缺的重要策略之一。

（二）基于着力点的分类

1. 税基筹划原理

税基筹划原理，简而言之，是纳税人在合法且合理的范围内，通过一系列精心设计的策略和手段，旨在缩小税基，甚至在某些特定情境下完全解除纳税义务的一种税务筹划策略。在所得税的语境中，税基实质上就是应纳税所得，它是计算税额的基础。在税率固定不变的前提下，税额的多少与税基的大小紧密相连，呈现出正比关系。这意味着，税基越小，纳税人所需肩负的纳税义务也就越轻。

该筹划原理的核心价值在于其策略性和前瞻性。通过精心的财务和税务规划，纳税人能够有效地降低税基，进而实现税收负担的实质性减轻。这要求纳税人不仅要对税法有深入的理解和把握，还需要具备敏锐的市场洞察力和创新的思维能力，以便在合法的框架内，巧妙地运用各种财务和税务手段，实现税基的最小化。

在实践中，税基筹划原理的应用需要纳税人充分考虑自身的经营特点、市场环境以及税法的相关规定。例如，纳税人可以通过合理的成本控制、收入的时间安排、资产的优化配置等方式，有效地降低应纳税所得，从而缩小税基。同时，纳税人还可以利用税法中的优惠政策、减免条款等，进一步减轻税收负担。

2. 税率筹划原理

税率筹划原理是税务筹划领域中一种更为高级和策略性的筹划方式。它的核心在于，要求纳税人通过深思熟虑和周密规划，选择最为有利的纳税人身份和适用税目，以此来降低所适用的税率，并进一步减轻税收负担。这一原理的精髓在于，充分利用税法中不同纳税人身份和税目所对应的税率差异，通过巧妙的筹划和策略选择，实现整体税负的显著降低。

在实践中，税率筹划原理的应用需要纳税人具备深厚的税务专业知识和敏锐的市场洞察力。纳税人需要深入了解税法中关于不同纳税人身份和税目的具体规定，以及这些规定在实际操作中的运用。同时，他们还需要密切关注市场动态和税收政策的变化，以便及时调整筹划策略，确保选择最为优惠的纳税人身份和税目。

基于税率筹划原理，纳税人可以在合法合规的范围内，有效地降低所适用的税率，减轻税收负担，提升经济效益。这种筹划方式不仅体现了纳税人在税务管理方面的智慧与策略，也为他们实现可持续发展和市场竞争力的提升奠定了坚实的基础。因此，在税务筹划过程中，纳税人应当充分重视和运用税率筹划原理，以确保在税收方面做出最为明智的选择。

3. 税额筹划原理

税额筹划原理是税务筹划领域中一种更为直接且高效的策略。它的核心在于，纳税人通过一系列合法的手段和策略，直接减少应纳税额，以此来减轻税收负担，甚至在某些特定情况下完全解除纳税义务。这种筹划原理的精髓在于其直接性和有效性，它能够使纳税人在合法合规的范围内，实现税收负担的显著减轻。

税额筹划原理通常与税务优惠政策紧密相连。纳税人可以通过充分利用税法中的全部免征、部分免征或减征等优惠政策，直接降低应纳税额，从而实现税收负担的实质性减轻。这就要求纳税人必须密切关注税收政策的变化，特别是那些与税额筹划相关的优惠政策，以便及时抓住每一个可以优化税务的机遇。

税额筹划原理要求纳税人需要具备深厚的税务专业知识和敏锐的市场洞察力。他们需要深入了解税法中关于税额计算的具体规定，以及这些规定在实际操作中的运用；同时，他们还需要对税收政策的变化趋势进行预测和分析，以便及时调整筹划策略，确保在合法合规的前提下实现应纳税额的最小化。

三、税务筹划的特点

（一）前瞻性

税务筹划的第一个显著特点就是其前瞻性。这主要体现在税务筹划通常都是在应纳税行为实际发生之前进行规划、设计和安排的。由于税务筹划可以在事先对筹划的结果进行测算和预估，因此它为企业提供了一个在纳税义务发生前进行事先筹划和决策的机会。

在经济活动中，纳税义务往往具有滞后性。例如，企业在进行交易行为后，才会缴纳相关的流转税；在收益实现或分配后，才会缴纳所得税；在财产取得或特定行为发生后，才会缴纳财产税或行为税。这种纳税义务的滞后性在客观上为企业在纳税前进行事先筹划提供了可能性。

此外，企业的经营、投资和筹资活动是多方面的，而税法的规定也是具有针对性的。由于纳税人和征税对象的性质不同，他们所享受的税收待遇也往往不同。这种差异性为纳税人提供了选择较低税负决策的机会。然而，需要强调的是，如果涉税行为已经发生、纳税义务已经确定，那么再去谋求少缴税款就不能被认为税务筹划，而可能涉嫌违法行为。因此，税务筹划的前瞻性不仅体现在时间上的提前规划，还体现在对税法规定的深入理解和合理运用上。

（二）合法性

税务筹划的第二个核心特点是其合法性。税收本质上是国家（地区）和纳税人之间经济利益分配的一种体现，而税法则是明确国家（地区）和纳税人之间权利与责任关系的重要法律。税务筹划活动必须在严格遵守税法的基础上进行，税法为纳税人提供了进行税务筹划的明确权利。

在我国的税法体系中，对纳税人应承担的责任以及享有的权利都有明确且具体的规定。这意味着企业在日常经营管理过程中，必须严格按照相关税法规定进行纳税操作。任何违反税法的行为，都可能受到国家司法机关的严肃处理。

因此，合法性是税务筹划不可或缺的基本原则。纳税人在进行税务筹划时，必须确保所有筹划活动都在税法允许的范围内进行，以避免任何可能的法律风险。这种合法性的要求不仅保护了纳税人的权益，也维护了国家（地区）税收制度的公平性和稳定性。

（三）目的性

税务筹划的第三个显著特点是其明确的目的性。这种目的性主要体现在纳税人希望通过税务筹划活动来取得税收利益。这包含了两层核心意思：第一层是选择低税负。对于纳税人而言，低税负直接意味着低的税收成本。一般情况下，低的税收成本往往与高的资本回报率紧密相连。因此，纳税人在进行税务筹划时，会积极寻求各种合法途径来降低自身的税负，以期实现更高的资本回报率。第二层是递延纳税。这里所说的递延纳税，并不是指不按税法规定的期限缴纳税款的欠税行为，而是一种合法的税务筹划策略。在货币计量假设下，纳税期的推后可能会为纳税人带来税收负担的减轻，如避免在高边际税率时期纳税。同时，递延纳税还可能降低资本成本，如减少因借款而产生的利息支出。无论是哪种情况，其最终结果都应是税款的节省，这也是税务筹划目的性的直接体现。

（四）普遍性

税务筹划的普遍性主要体现在各个税种规定的纳税人、纳税对象、纳税地点、税目、税率、减免税政策及纳税期限等，通常都存在一定的差别。这些差别为所有纳税人提供了进行税务筹划的机会和空间，使税务筹划成为一种普遍现象。无论是大型企业还是中小型企业，无论是个人还是团体，都有可能通过税务筹划来优化自身的税收状况，降低税收成本，提高经济效益。这种普遍性使税务筹划成为税收领域中的一个重要话题，也是纳税人和税务机关共同关注的焦点。

因此，税务筹划并不是某些特定纳税人或特定情况下的专属行为，而是所有纳税人在遵守税法的前提下，都可以进行的一种合理、合法的经济活动。这种普遍性不仅体现了税务筹划的广泛适用性，也体现了税法体系的复杂性和多样性。

（五）多变性

税务筹划还具有多变性的特点，这主要体现在税收政策上，尤其是各税种的实施细则等，会随着政治、经济形势的变化而变化。由于税收政策的这种不稳定性，税务筹划也就相应地具有了多变性的特点。对于纳税人而言，这意味着他们需要随时关注国家税收法规的变动，以便及时对税务筹划策略进行应变调整。这种多变性要求纳税人具备高度的敏感性和灵活性，以便在税收政策发生变化时，能够迅速做出反应，调整税务筹划策略，以确保自身的税收利益最大化。

因此，税务筹划并不是一个一成不变的过程，而是一个需要不断关注税收政策变化并随时进行调整和优化的动态过程。这种多变性不仅增加了税务筹划的复杂性，也为纳税人提供了更多的筹划机会和可能性。

（六）专业性

这里所说的专业性，并不是指纳税人的税务筹划活动一定需要由会计专业人员进行，而是强调在全球经济一体化、国际经贸业务日益频繁且规模不断扩大的背景下，各国（地区）税制也变得越来越复杂。面对这样的形势，仅靠纳税人自身进行税务筹划已经显得力不从心。因此，作为社会中介的税务代理、税务咨询机构便应运而生。这些机构拥有专业的税务知识和丰富的实践经验，能够为纳税人提供更为精准、有效的税务筹划建议。当今各国和地区，尤其是发达经济体的会计师事务所、律师事务所、税务师事务所和税务咨询公司等，都纷纷开展有关税务筹划的咨询业务。这一趋势表明，税务筹划正呈现出越来越专业化的特点。

这种专业性不仅体现在税务筹划知识的深度和广度上，还体现在税务筹划实践的复杂性和多样性上。因此，对于纳税人而言，寻求专业税务筹划机构的帮助，已经成为优化自身税收状况、提高经济效益的重要途径之一。

第四节　税务筹划的基本手段与技术方法

一、税务筹划的基本手段

（一）节税筹划

节税指的是在税法框架内，当面临多种税收方案或计税途径时，纳税人出于最小化税负的考虑，对企业经营、投资、融资等经济活动做出的涉税选择。

节税策略具有合法性，它是在完全遵守税法规定的基础上，在税法所允许乃至倡导的领域内进行的纳税优化决策。同时，节税策略与政府的政策导向相一致。税收作为宏观调控的重要手段，各国和地区的政府部门往往会利用税收优惠和政策激励，引导投资和消费行为，纳税人在追求节税效益的同时，也在无形中响应了政府的政策指引。

节税策略具有普遍适用性。尽管各国和地区的税收制度都强调中性原则，但在纳税人身份、征税对象、征税时限、地点、环节等方面总是存在差异，这为纳税人的节税行为提供了广泛的空间。此外，节税策略还展现出多样性特征，不同国家和地区的税法、会计准则各不相同，甚至同一国家（地区）在不同时期，其税法、会计准则也会发生变化，加之地区间、行业间的差异，使节税的可能性和形式更加多样。

节税策略可以通过利用税收的优惠政策和鼓励措施来实现，这是节税的基本途径。同时，在税法允许的范围内，选择不同的会计政策和会计处理方法也是节税的有效手段。在企业设立、运营、投资与融资的各个环节，都可以进行旨在节税的选择。具体的节税方法包括免税方法、减税方法、退税方法、抵免税方法、扣除方法、税率差异方法、延期纳税方法等。

（二）税负转嫁

税负转嫁作为一种税务筹划的高级手段，既可以被视为降低税收负担的一种特殊形式，也可以作为一种独立的税务策略来运用。其核心在于针对流转税的特性进行操作，因为流转税通常具备税负转嫁的潜在特点。在这种情境下，纳税人可能并非税负的最终承担者，或者只是部分承担。重要的是要理解，税负转嫁并非逃避缴税的行为，也不是利用税法的漏洞或缺陷，而是在纳税人依法履行纳税义务后，通过特定方式将税负转移给他人，由他人实际承担税负。

税负转嫁策略的成功实施，关键在于价格的操纵与调整。价格水平的变动直接受到市场竞争环境的制约以及产品供求弹性的影响。在充分竞争的市场中，税负转嫁的难度较大，因为价格受市场供需关系紧密调控，难以单方面提高以转嫁税负；相反，在垄断或寡头市场中，企业拥有更大的定价权，税负转嫁的可能性则相对较高。

根据税负转嫁的不同路径和机制，可以将税负转嫁方法主要分为四大类：前转、后转、消转和税收资本化。前转是指，纳税人通过提高商品或服务的销售价格，将税负直接转嫁给购买者；后转是指，纳税人通过压低原材料等生产要素的购进价格，将税负逆向转嫁给供应商；消转是指，纳税人通过提高生产效率、降低生产成本等方式，自行消化部分或全部税负，不直接转嫁给他人；税收资本化则是指，税负在资本交易过程中，通过资本品价格的调整转嫁给资本品的购买者，常见于房地产等资产交易。

综上所述，税负转嫁作为一种复杂的税务筹划策略，要求纳税人深入理解税收制度、市场结构及产品特性，合理运用各种转嫁方法，以实现税负的有效管理与优化。

二、税务筹划的技术方法

（一）税制要素筹划法

税制要素，作为构成各税种的基本单元，是税务筹划工作的核心切入点。唯有深入理解并精准把握税制要素，税务筹划方能真正实现其预期效果，为纳税人带来实质性的利益。税制要素涵盖了纳税主体、课税对象、税率设定、纳税环节、纳税期限、纳税地点以及税务优惠政策等多个方面，这些要素与税务筹划活动紧密相连，直接作用于纳税人的税负水平。

因此，为了有效减轻纳税人的税负、提升其经济效益，对每一税种的税制要素进行深入的分析与研究显得尤为必要。这不仅要求筹划者具备扎实的税法知识，还需具备敏锐的市场洞察力与财务分析能力，以便在复杂的税制环境中，精准识别并利用各种筹划机会，为纳税人量身定制最合适的税务筹划方案。通过这一系列努力，税务筹划才能真正发挥作用，助力企业在合法合规的前提下，实现税负的最优化管理。

1. 纳税人筹划法

纳税人筹划法，其核心在于对纳税人身份的合理界定或巧妙转化，旨在使纳税人所承担的税收负担尽量减少或降低至最低限度。这种方法不仅能够有效降低税收负担，而且其操作方式相对简单，易于实践与应用。

实施纳税人筹划法的关键在于，必须准确把握纳税人的内涵和外延，即深入理解纳税人的定义及其适用范围。通过精细的界定，我们可以合理确定纳税人的具体范围，从而为后续的税务筹划工作奠定坚实的基础。在此基础上，我们可以进一步探索和利用税法中的相关规定，以实现税负的优化和降低。

2. 税基筹划法

作为计税的基石，税基是计算税金不可或缺的基本依据。不同的税种，其税基的计算方法各有千秋，体现了税法的多样性和复杂性。税基筹划法，正是一种纳税人通过精心调控计税依据，以期达到减轻税收负担的筹划策略。

大部分税种都遵循着一个基本的计算原则：应纳税额等于税基与适用税率的乘积。这一原则揭示了应纳税额与税基之间的紧密联系。当税率确定时，应纳税额的大小便与税基的大小形成了正比关系。换言之，税基越小，纳税人所承担的纳税义务便越轻，其税收负担也就相应减轻。

因此，对于纳税人而言，如果能够巧妙地控制税基，那么也就等同于掌握了控制应纳税额的钥匙。税基筹划法的核心在于通过对计税依据的精细调控，实现税负的减轻和优化。这要求筹划者不仅要对税法有深入的理解，还要对税基的计算方法有精准的把握，以便在合法的范围内，为纳税人量身定制出最为有利的税务筹划方案。

3. 税率筹划法

作为决定纳税人税负高低的关键因素之一，税率变动直接影响纳税人的经济利益。在税法的庞大体系中，各税种的税率往往存在一定的差异。一般情况下，税率较低则应纳税额相应减少，税后利益自然增多。然而，值得注意的是，税率低并不总是等同于税后利益的最大化，因为税后利益的计算还涉及诸多其他因素，如税基的确定、税收优惠政策的利用等。但无论如何，对税率进行精心的筹划，成为寻求税后利益最大化的重要途径。

税率筹划的核心在于，通过深入分析和比较不同税种的税率差异，以及同一税种在不同条件下的税率变化情况，探寻出能够实现税后利益最大化的最低税负点或最佳税负点。这需要筹划者具备敏锐的税务洞察力和深厚的税法知识。

在实际操作中，纳税人可以利用课税对象界定上的含糊性进行筹划。即使是同一税种，适用的税率也会因税基或其他假设条件的不同而发生相应的变化。因此，纳税人可以通过巧妙地改变税基的分布，调整适用的税率，从而达到降低税收负担、增加税后利益的目的。这种筹划方式要求筹划者不仅要熟悉税法的规定，还要对纳税人的经营状况和财务状况有深入的了解，以便制定出切实可行的筹划方案。

4. 税收优惠筹划法

税收优惠作为国家（地区）为了支持特定行业或应对某一特殊时期而出台的一系列包括减免税在内的优惠性规定或条款，不仅是国家税收导向的重要体现，也为纳税人提供了合法节税的重要途径。纳税人应当充分认识和了解这些税务优惠政策，因为它们是国家（地区）为了鼓励某些经济活动或社会发展而特别设定的。通过深入研究和解读这些优惠政策，纳税人可以明确自己是否符合享受优惠的条件，以及如何按照法定程序去申请和享受这些优惠。

在实际操作中，税收优惠筹划法要求筹划者不仅要熟悉税法的规定，还要对国家（地区）的税收政策和导向有深入的了解。这样，筹划者才能准确地为纳税人提供合法、合规且有效的节税建议，帮助纳税人在遵守法律的前提下，最大限度地享受税收优惠，实现税后利益的最大化。

5. 免税筹划法

免税作为国家（地区）对特定地区、行业、企业或应税项目的特别照顾与奖励，是税收制度中的重要组成部分。它不仅是国家（地区）税收照顾的具体体现，也是出于政策需要而设定的一种税收奖励。在我国，对从事农、林、牧、渔业生产经营的企业给予免税待遇，便是一种典型的行业性照顾与激励。在全球范围内，各国（地区）税法中均可见到免税的鼓励规定。这些规定为纳税人提供了依法节税的法律依据，使纳税人在遵守法律的前提下，有机会通过免税政策来减轻税负。

对于免税优惠，纳税人在筹划时可以考虑以下操作技巧：

（1）合法、合理争取免税待遇：在严格遵守国家（地区）法律法规的前提下，纳税人应积极研究和利用税法中的免税条款，通过合法的途径和方式，争取获得更多的免税待遇。因为与需要缴纳的税收相比，免征的税收即等同于节减的税收，所以免征的税收越多，节减的税收也就越多，这对于减轻纳税人的税收负担、提升经济效益具有重要意义。为此，纳税人需要密切关注税法变动，及时了解并掌握新的免税政策和优惠措施，以确保能够充分利用这些政策来降低税务成本。

（2）最大化免税期限：在合法、合理的情况下，纳税人应致力于使免税期限尽可能延长。由于许多免税政策都设有明确的期限规定，因此，免税期限的延长将直接带来节减税收的增加。为了实现这一目标，纳税人需要对免税政策进行深入的了解和研究，确保能够充分利用政策中的有利条款。同时，纳税人还需要在合适的时机积极申请免税，并在必要时寻求延长免税期的途径，以最大化节减税收的效益。这一策略要求纳税人具备高度的税务敏感性和筹划能力，以便在合法合规的前提下，最大限度地享受免税政策带来的优惠。

6. 减税筹划法

减税作为一种特殊的税收鼓励或照顾措施，其实质与财政补贴相似，都是通过减轻纳税人的税收负担来实现特定的政策目标。这种措施旨在鼓励或扶持特定行业的发展，或是奖励某些纳税人的优良行为，从而推动社会经济的进步。

政府为了实施减税政策，主要采取了两种减税办法。一种是出于税收照顾目的的减税。这类减税通常针对某些特定行业、地区或弱势群体。他们的税收负担的减轻体现了国家（地区）对他们的特别照顾和支持，帮助他们更好地发展。另一种则是出于税收奖励目的的减税。这类减税通常是为了鼓励纳税人积极投身某些社会活动或实现某些政策目标而设定的。通过给予税收优惠，政府能够激励纳税人更积极地参与社会活动，推动政策目标的实现。

对于企业和个人而言，深入了解和运用减税政策，是一种智慧的税务筹划策略。通过合理利用减税优惠，企业和个人可以减轻税收负担、提高经济效益、实现更好的发展。因此，在税务筹划过程中，应充分考虑减税政策的影响，合理规划纳税行为，以最大限度地享受减税带来的利益。

7. 免征额筹划法

免征额筹划法，又称扣除额筹划法，是指在征税对象全部数额中预先扣除一定数额，使这部分免于征税，只对超过该数额的部分征税的一种筹划方法。这种方法的核心在于合理利用免征额的规定，以减轻纳税人的税负。

免征额是税法中规定的一个具体数额，它代表了征税对象在一定标准以下的部分可以免于征税。对于纳税人而言，这意味着他们的部分收入或财产可以不必纳入计税范围，从而减少了应纳税额。

以工资薪金所得为例，我国税法规定每月可以扣除的免征额为 5000 元。这意味着，纳税人的工资薪金所得在每月 5000 元以下时，是不需要缴纳个人所得税的；只有当工资薪金所得超过 5000 元时，才需要对超出部分按照税法规定缴纳个人所得税。

因此，在进行税务筹划时，纳税人可以充分利用免征额的规定，通过合理安排收入或支出，使应纳税额尽可能减少。例如，可以通过调整工资发放时间、合理安排奖金和补贴的发放等方式，来降低应纳税额，实现税负的优化。

8. 起征点筹划法

起征点筹划法，也被称为征税起点筹划法，是一种税务筹划策略，其核心在于利用税法中规定的起征点来优化税务负担。起征点是指税法针对征税对象（如销售额、营业额等）所设定的一个具体标准，当纳税人的征税对象数量达到或超过这个标准时，就必须按照税法规定缴纳税款；反之，如果未达到这个标准，则可以免征相应税款。

该筹划法的应用原理主要基于税法中的起征点规定。由于起征点以下的部分是免征税款的，因此纳税人可以通过精心调整自己的经营行为或财务安排，使征税对象数量保持在起征点以下，从而合法地避免缴纳税款、减轻税负。这种筹划方式要求纳税人对自己的经营和财务状况有深入的了解和准确的把控，以便在合法合规的范围内，最大限度地利用起征点规定来优化税务负担。

在实践中，起征点筹划法需要纳税人密切关注税法变动，及时了解起征点的调整情况，以便根据最新的税法规定来调整自己的经营和财务策略。同时，纳税人还需要注意，虽然起征点筹划法可以在一定程度上减轻税务负担，但过度依赖这种方法也可能导致经营行为的扭曲和财务风险的增加。因此，在应用起征点筹划法时，纳税人需要权衡利弊，确保筹划策略的合理性和可持续性。

9. 退税筹划法

退税筹划法是一种纳税人通过巧妙利用退税政策，直接减轻税收负担的筹划策略。在国际贸易的广阔舞台上，退税政策常常被用作鼓励出口。对于出口企业而言，它们可以通过精心申请退税，获得之前已经缴纳的部分或全部的税款，这一举措无疑能够显著降低出口成本，进而增强企业在国际市场上的竞争力。

要成功实施退税筹划，纳税人必须时刻保持对税法变动的敏锐洞察，深入了解退税政策的具体内容和申请条件，确保筹划策略的合法性和有效性。与此同时，企业还应当不断加强内部管理，确保出口业务的每一个环节都符合税法规定，为顺利申请退税奠定坚实的基础。

退税筹划法的成功实施，不仅能为纳税人带来实实在在的税收减免，还能促进企业的健康发展，提升其在国际市场上的竞争力。因此，纳税人在进行税务筹划时，应当充分考虑退税筹划法的应用，以期在合法合规的前提下，实现税收负担的最小化和经济效益的最大化。

10. 优惠税率筹划法

优惠税率筹划法是一种精明的税务筹划策略，其核心在于纳税人充分利用税法中规定的优惠税率来有效降低税负。税法往往会针对特定条件的产业、企业或项目设定较低的税率，旨在吸引外部投资，并加速这些产业的发展。

在实施优惠税率筹划时，纳税人务必深入研读税法中的优惠税率政策，全面掌握其适用范围、申请条件以及享受期限等关键信息。同时，企业还需要紧密结合自身的经营特点和所处的行业状况，精心规划税务策略，力求最大限度地利用优惠税率政策所带来的税收减免。

优惠税率筹划法的成功实施，不仅能够显著降低纳税人的税负，还能为企业创造更为有利的经营环境，进而提升其市场竞争力和盈利能力。因此，在进行税务筹划时，纳税人应高度重视优惠税率筹划法的应用，以期在合法合规的前提下，实现税收负担的最小化和经济效益的最大化。

11. 税收抵免筹划法

税收抵免筹划法是一种巧妙的税务筹划策略，它允许纳税人在计算其境内、境外全部所得的应纳所得税时，在税法规定的范围内，用其在国外已经缴纳的税款来抵减其国内应纳税款，从而有效地避免国际重复征税。

税收抵免政策是税法中为了消除国际间重复征税而特别设立的一种机制。对于纳税人而言，在进行税收抵免筹划时，必须深入了解税收抵免的具体政策内容，包括抵免的限额、抵免的操作程序以及申请抵免所需提供的证明材料等。同时，企业还应加强国际税务管理，确保在境外缴纳的税款能够得到合理且合法的抵免，从而最大限度地减轻税务负担。

通过精心策划和实施税收抵免筹划，纳税人不仅可以有效避免国际重复征税，还能进一步优化其税务结构，降低整体税负。因此，在进行跨国经营或投资时，纳税人应充分考虑税收抵免筹划法的应用，以期在合法合规的前提下，实现税务效益的最大化。

（二）差异运用筹划法

在现实经济生活中，差异性无处不在，这种差异性在税制中也得到了充分的反映和认同。税制作为一种经济调控手段，自然会考虑各种经济活动的差异性，并制定相应的政策和制度来适应这些差异。这种差异性的存在，为税务筹划提供了广阔的空间。纳税人可以积极主动地研究和利用这些差异，在合法的范围内达到减轻税负的目的。

具体来说，税务筹划可以从以下四个角度进行：

1. 地域差异筹划

地域差异筹划的核心在于利用不同地域间税收政策的差异，为纳税人寻求税负最低化的路径。这种差异可能源自地方政府的经济发展策略、税收优惠政策的特别倾斜，或是资源分布的不均衡等多种因素。

通过深入研究和比较不同地域的税收政策，纳税人可以洞察各地的税收优惠和减免政策，从而做出明智的选择。他们可以选择在税负相对较低的地域进行投资或经营活动，这样，在遵守法律的前提下，纳税人就能有效降低整体税负，实现经济效益的最大化。

地域差异筹划的成功实施，要求纳税人具备敏锐的税务洞察力和深厚的筹划功底。他们需要时刻关注税收政策的地域差异，及时捕捉税务筹划的良机。同时，纳税人还应综合考虑其他经营因素，如成本、市场、资源等，以确保筹划策略的全面性和可持续性。

2. 行业差异筹划

行业差异筹划是一种富有策略性的税务筹划方法，其核心在于利用税法对不同行业设定的不同税收政策和制度，为纳税人寻求税负最优化的路径。这种差异的存在，往往是为了鼓励或调控特定行业的发展。

税法中，某些行业可能享受到特别的税收优惠政策，如高新技术企业、环保企业以及农业企业等。这些优惠政策可能包括税率减免、税收抵免、加速折旧等多种形式，为纳税人提供了减轻税负的宝贵机会。

纳税人可以通过精心调整经营业务或投资方向，巧妙地将资金投入这些享受税收优惠政策的行业中。这样，他们不仅能够在合法合规的前提下有效减轻税负，还可能因此获得更好的投资回报和经济效益。

然而，行业差异筹划并非一蹴而就的。纳税人需要深入了解不同行业的税收政策，准确把握税法的变动趋势，以便在筹划过程中做出明智的决策。同时，他们还应全面考虑市场的竞争状况、行业的发展前景以及自身的经营实力等因素，以确保筹划策略的可行性和可持续性。

总之，行业差异筹划是纳税人在税务筹划领域中的一项重要策略。通过巧妙利用行业间的税收政策差异，纳税人可以在合法合规的前提下，实现税负的最优化和经济效益的最大化。

3. 企业性质差异筹划

企业性质差异筹划是一种税务筹划的高级策略，其核心在于利用不同性质企业在税收政策上可能存在的差异，为纳税人探索税负最小化的路径。这种策略的实施，往往要求纳税人对企业组织形式或经营性质进行灵活调整。

在实际操作中，我们发现，小型微利企业、非营利组织以及高新技术企业等特定类型的企业，往往能享受到税法中的特定优惠政策。这些政策包括税率的减免、税收的抵免、特定的税前扣除项目等，为纳税人提供了减轻税负的宝贵机会。

为了充分利用这些税收优惠政策，纳税人可能会考虑调整企业的组织形式或经营性质。例如，他们可能会将一般企业转变为小型微利企业，或者注册为非营利组织，以符合享受税收优惠政策的条件。通过这样的调整，纳税人可以在合法合规的前提下，有效降低税负，提升企业的经济效益。

然而，企业性质差异筹划并非简单的转变或注册就能实现。纳税人需要全面考虑转变或注册后的运营成本、市场定位、法律法规限制以及税务风险等因素。同时，他们还应密切关注税法的变动，以确保筹划策略的合法性和有效性。

总之，企业性质差异筹划是纳税人在税务筹划领域中的一项重要策略。通过巧妙利用企业性质间的税收政策差异，纳税人可以在合法合规的前提下，实现税负的最小化和经济效益的最大化。这需要纳税人具备深厚的税务筹划功底和敏锐的市场洞察力。

4. 各国和地区税制差异筹划

在国际经济活动中，各国和地区税制之间的差异构成了一个重要的考量因素。这种差异的形成，往往根植于各国和地区不同的经济发展水平、税收政策导向、文化传统以及历史沿革等多重因素。对于参与国际经济活动的纳税人而言，深入研究和理解各国和地区税制的独特性，成了一项不可或缺的战略任务。

纳税人需要细致分析各国和地区的税收优惠政策和减免措施，这些政策和措施可能针对特定的行业、地区或投资形式，为纳税人提供降低税负的潜在机会。同时，各国和地区之间签订的税收协定也是纳税人需要重点关注的内容。这些协定旨在协调跨境经济活动中的税收权益，避免重复征税，并为纳税人提供在国际税收体系中寻求优化的空间。

通过对各国和地区税制差异的深入理解和综合运用税收协定的优惠政策，纳税人可以更加灵活地规划其跨境投资和贸易活动。这不仅包括选择税负相对较低的国家和地区进行经济活动，还包括在跨境经营中有效运用税收协定，以降低整体税负、提升经济活动的效益。因此，税制差异筹划成为纳税人在国际经济活动中不可忽视的一项重要策略。

（三）组织形式筹划法

企业的组织形式及其产权结构从根本上界定了企业的界限与资源配置的模式。选择恰当的组织形式和产权关系，对企业的运营、财务管理及税务状况具有深远的影响。因此，随着税制变革和税收政策的调整，适时地调整企业的组织形式，可以有效地减轻税收负担。组织形式与产权关系对税收的影响主要体现在它们能够改变税收环境与税收要素上，如纳税地点、时间、环节及纳税主体等。在某些情境下，产权关系和企业界限的变动会导致税收待遇出现差异，特别是税务优惠政策的享受往往与产权关系的变动紧密相连。众多企业通过外部拓展，涉足新行业、新领域，自然会面临不同的税收待遇；许多企业兼并重组的深层动机在于利用亏损抵补政策；而一些企业实施并购，则是为了转变身份或行业归属，以期享受特定的税务优惠。从某种程度上讲，税务筹划的一个重要方面就是探究产权关系和企业界限对税收的具体影响，并努力突破这种界限的"枷锁"，寻找税负最低化的"安全"界限，以构建最优的产权关系结构。

1. 延伸筹划法

当企业选择通过设立分支机构进行对外扩张时，其采取的组织形式——无论是总分机构还是母子公司——在很大程度上都会影响企业的税收负担。分公司并不具备独立的法人资格，在设立地被视为非居民企业纳税人。其盈利与亏损会与总公司进行合并，即通常所说的"合并财务报表"。然而，在分公司所在的东道国，仍然会对归属于分公司的收入行使税收管辖权，这体现了"收入来源地管辖权"的原则。对于那些实行法人企业所得税制度的国家或地区，与总公司位于同一国家或地区的分公司，允许将其利润与总公司的利润合并后统一纳税。相比之下，子公司则具备独立的法人资格，在设立地被视为居民纳税人，通常需要承担与该国家或地区其他居民企业相同的全面纳税义务。因此，子公司通常必须依法独立履行纳税责任。

2. 合并筹划法

合并筹划法是一种企业策略，旨在通过并购及资产重组的方式，调整企业的组织形式和股权结构，进而实现税负的降低。这种筹划方法深刻体现了税务筹划策略在企业运营中的核心作用，它不仅关乎企业的并购成本与纳税额度，更在某种程度上决定了企业的兴衰命运。

在实践中，合并筹划法通常涉及多方面的考量。企业需要审慎评估合并的动机，其目的无论是出于市场扩张、资源互补还是风险分散等，税务筹划都应是其中不可或缺的一环。通过巧妙的税务设计，企业可以在合法合规的前提下，有效降低并购过程中的税务负担，从而提升整体的经济效益。

合并筹划法的实施，要求企业具备高度的税务敏感性和筹划能力。企业需要深入了解税法政策，精准把握税务筹划的时机和方式，以确保筹划方案的有效性和可持续性。同时，企业还应注重税务风险管理，避免因筹划不当而引发的税务风险和法律纠纷。

3. 分立筹划法

分立筹划法，作为一种企业税务策略，旨在通过分拆手段有效改变企业的组织形式，进而实现整体税负的降低。这种方法的核心在于，通过合理的财产和所得分割，将原本单一的纳税主体转变为两个或多个独立的纳税实体，从而在税务上为企业带来诸多优势。

企业分立不仅能够发挥专业分工的优势，促进生产能力的提高，还能够有效开展税务筹划，减轻企业的税负。通过分立，企业可以将不同业务或资产板块进行剥离，形成独立的子公司或业务部门，这样每个实体都可以根据其自身的经营特点和税收政策进行独立的税务筹划，从而避免整体税负过高的情况。

分立筹划法的实施需要企业具备高度的税务筹划能力和对税法政策的深入理解。企业需要在分立前进行充分的税务评估，确保分立后的税务筹划方案合法合规，并能够实现预期的税务优化效果。同时，企业还需要考虑分立后的管理成本、业务协同等因素，以确保分立筹划的综合效益最大化。

（四）会计政策筹划法

会计政策，作为会计核算过程中遵循的基本原则及所采用的具体处理方法和程序，其表现为会计操作的技术规范；但实质上，它是一套涉及社会经济和政治利益博弈的规则与制度安排。企业对于会计政策的不同选择，会直接导致不同的财务与纳税结果，进而对利益相关者产生各异的影响。会计政策被视为会计的灵魂，正因为企业拥有选择会计政策的灵活性，才使企业的涉税活动变得多样化且充满变数。当面临多种会计政策选择时，选择那些能够最大化税后收益的会计政策，这成为税务规划的一项基本策略。

1. 分摊筹划法

分摊筹划法是一种针对企业费用分摊的税务筹划策略。在实践中，对于涉及多个分摊对象的费用，分摊依据的不同会导致分摊结果的显著差异。同样，对于拟摊销的费用，摊销期限和摊销方法的选择也会直接影响摊销结果。因此，分摊的处理不仅关乎企业损益的计量和资产的计价，更会在很大程度上影响企业的实际税负。

分摊筹划法涉及的主要会计事项包括无形资产摊销、待摊销费用摊销、固定资产折旧、存货计价方法选择以及间接费用的分配等。在这些方面，企业都可能通过合理的筹划来降低税负。

2. 会计估计筹划法

会计估计筹划法，是一种基于企业生产经营中存在的不确定因素进行的税务筹划策略。在企业的日常运营中，由于多种原因，某些项目无法精确计量，而只能依靠估计。因此，在会计核算过程中，对于那些尚在延续中、其结果尚未确定的交易或事项，需要进行估计并入账。这种会计估计的处理方式会直接影响计入特定会计期间的收益或费用的数额，进而对企业的税收负担产生显著影响。因此，通过合理的会计估计筹划，企业可以在合法合规的前提下，有效降低税负，提升经济效益。

会计估计筹划法涉及的主要会计事项包括坏账估计、存货跌价估计、折旧年限估计、固定资产净残值估计以及无形资产收益期限估计等。在这些方面，企业都需要根据自身的实际情况和市场环境，进行合理的估计和筹划，以实现税负的优化。

（五）会计临界点筹划法

税法中广泛存在着关于临界点的规定，一旦这些临界点被突破，相应税种所适用的税率及优惠政策等就会发生变动，这为纳税人进行税务筹划提供了操作空间。临界点筹划策略的核心在于识别并利用这些临界点以有效控制税负。通常情况下，临界点的变动会导致税负的显著变化。在我国现行的税制体系中，税基、税率以及税务优惠政策等方面均设有临界点的相关规定，因此，临界点筹划策略在实际应用中得到了广泛的运用。

1. 税基临界点筹划法

税基临界点筹划策略的核心在于识别关键的税基临界点，这些临界点主要包括起征点、扣除限额以及税率跳跃的临界点。由于税基相对于这些临界点的微小变动都可能引发税负的显著变化，即临界点的边际税率可能呈现递增或递减的趋势，因此，在进行税务筹划时，应特别关注并充分利用这些税基临界点。税务筹划的焦点应集中在临界点上，要密切关注、准确把握并有效利用这些临界点。例如，个人所得税的税率跳跃临界点、企业所得税的税前扣除限额等，都是典型的税基临界点，通过对其进行合理规划，可以有效降低税负。

此外，诸如公益性捐赠支出、业务招待费、广告费及业务宣传费等扣除项目，都设有税前扣除的限额，这些也都属于税基临界点的范畴。根据企业所得税法及其实施条例的规定，企业发生的公益性捐赠支出，在年度利润总额12%以内的部分，允许在计算应纳税所得额时扣除；与生产经营活动相关的业务招待费，可以按照实际发生额的60%进行扣除，但最高不得超过销售额的50%；符合条件的广告费和业务宣传费，则可以在不超过销售额15%的范围内进行扣除。

2. 优惠临界点筹划法

优惠临界点筹划法，是一种专注于税收优惠政策适用前提条件的筹划策略。其核心在于，只有满足特定的前提条件，企业才能享受税收优惠政策带来的利益。因此，精准把握这些临界点，对于企业优化税务负担、提升经济效益具有重要意义。

一般而言，优惠临界点主要包括以下三种情况：

（1）绝对数额临界点：绝对数额临界点是指企业在享受税务优惠时，其某项经济指标必须满足税法所规定的具体数额要求。这一临界点并非随意设定的，而是基于税法的明确规定，旨在确保税收优惠政策的针对性和有效性。以研发费用加计扣除政策为例，企业若享受研发费用加计扣除的税收优惠，其研发费用支出必须达到一定数额。这一要求体现了政策对企业经济实力或投资规模设定的一定门槛，鼓励企业在研发创新上投入更多资源，同时也保证了税收优惠政策的公平性和合理性。因此，企业在制定税务筹划策略时，需充分考虑这一临界点的影响，确保自身经济指标达到法定要求，以最大限度地享受税务优惠。

（2）相对比例临界点：相对比例临界点，是指企业在追求税务优惠时，其某项经济指标需满足税法所规定的特定比例要求。这一临界点同样基于税法的明确规定，旨在确保税收优惠政策的精准实施和有效激励。以高新技术企业认定为例，企业若享受高新技术企业的税收优惠，其研发费用占销售收入的比例必须达到一定标准。这一要求不仅体现了政策对企业研发创新能力的重视，也鼓励企业在经济活动中保持研发与销售之间的合理比例关系。通过设定相对比例临界点，可引导企业优化资源配置，加大研发投入，从而提升整体技术水平和市场竞争力。因此，企业在制定经营策略时，应充分考虑这一临界点的影响，确保经济指标达到税法规定的比例要求，以充分利用税收优惠政策，促进企业可持续发展。

（3）时间期限临界点：时间期限临界点是指企业在享受税务优惠时，必须遵守税法所规定的特定时间期限要求。这一临界点强调了税收优惠政策的时效性和阶段性特征，旨在鼓励企业在特定时间段内积极开展经济活动。以某些税收优惠政策为例，它们可能明确规定，只有在特定年份或时间段内进行的投资或研发活动，才有资格享受税收优惠。这就要求企业必须准确把握时间节点，精心规划经济活动的进度，以确保在规定的时间期限内完成相关活动，从而符合税收优惠的时间要求。因此，企业在制定经营计划和税务筹划策略时，应充分考虑时间期限临界点的影响，合理安排经济活动的时间，以确保能够充分利用税收优惠政策，实现经济效益的最大化。

在利用优惠临界点筹划法时，企业需要充分考虑量变引起质变的突破点。然而，如果距离优惠临界点太远，为了突破它而进行的量变可能会带来较大的成本损耗。因此，企业在筹划过程中应避免舍本逐末、本末倒置的做法，即不能为了追求税务优惠而忽视企业的整体利益和长期发展。

（六）税收递延筹划法

税收递延是获取税收利益的一条重要途径，也称为延期纳税或纳税期限的递延，即允许企业在规定的时间内分期或延迟缴纳税款。纳税期限的递延给纳税人带来的优势是显而易见的。《BFD 国际税收辞汇》对于延期纳税的注释做了精辟的阐述："延期纳税的好处包括：有利于资金周转，节省利息支出，并且由于通货膨胀的影响，延期后缴纳的税款币值下降，从而降低了实际纳税额。"

税务筹划的重点通常集中在货物和劳务税以及所得税上。货物和劳务税的计税基础是货物销售收入或劳务收入；而所得税的计税基础则是应纳税所得额，即纳税人的收入减去费用后的余额。因此，尽管推迟税款缴纳的方法有很多，但基本思路可以概括为以下两点：

1. 延迟收入的确认时机

在税务筹划的实践中，无论是涉及货物和劳务税还是所得税，收入的确认时间都成为一个至关重要的考量因素。从税务优化的角度出发，合理推迟收入的确认时机，无疑能为企业带来显著的税务优势。

推迟收入确认的直接效益在于延缓了税款支付的时间。这意味着企业可以在更长的时间内保留和使用这部分资金，而无需立即将其用于支付税款。这种策略在资金时间价值的作用下，为企业创造了更多的财务灵活性。企业可以利用这段时间差，将资金投资于其他高回报的项目，或者用于满足短期的资金需求，从而进一步提高资金的使用效率。

此外，延迟收入确认还有助于企业更好地管理其税务负担。在税务筹划中，企业往往需要平衡其税务支出和现金流之间的关系。通过推迟收入的确认，企业可以在保持现金流稳定的同时，降低当期的税负，从而为企业的长期发展创造更有利的税务环境。

2. 加速费用的确认过程

在税务筹划的实践中，费用的确认过程对于所得税的计算具有重要影响。与收入不同，企业应尽早确认费用，以减少应纳税所得额，进而降低税负。

（1）企业应优先将支出计入营业成本、期间费用和损失，而非生产成本。这是因为营业成本、期间费用和损失在计算所得税时可以直接减少应纳税所得额，从而降低税负。相比之下，将支出计入生产成本可能会导致资产的增加，而资产的折旧或摊销过程相对较慢，无法立即减少应纳税所得额。

（2）企业应尽量将支出归类为成本而非资产。这是因为成本可以直接在计算所得税时扣除，而资产则需要通过折旧或摊销的方式逐步减少应纳税所得额。因此，将支出归类为成本可以更快地减少应纳税所得额，从而降低税负。

（3）对于可预提的费用，企业应避免采取待摊销方式。待摊销方式会导致费用的确认时间延迟，无法立即减少应纳税所得额。相反，预提方式可以使企业在费用实际发生之前就将其计入当期成本或费用，从而减少应纳税所得额。

（4）在法律允许的范围内，企业应最大化费用计提额度，并加速摊销过程。这意味着企业应在税法规定的范围内尽可能多地计提费用，并尽快将资产通过折旧或摊销的方式转化为成本或费用。这样可以更快地减少应纳税所得额，降低税负。

（七）投资结构的优化组合筹划法

投资结构指的是社会投资（或特指企业投资）在分配流程后，在各种特定使用系统中所形成的数量比例关系。这一结构并非静止不变的，而是动态地影响着企业的应税利润，进而对企业的纳税负担产生深远且复杂的影响。

投资结构对企业税负及税后利润的影响，主要体现在三个方面：有效税基的综合比例、税率的总体水平，以及纳税过程中的综合成本。这三个核心要素的任何变动，都会如同蝴蝶效应一般，引发企业税后利润金额及水平的连锁反应。因此，由投资结构所塑造的应税利润来源的构成及其变动趋势，无疑是决定企业税务筹划成功与否的关键因素。

无论是宏观的经济社会发展目标，还是微观的企业管理目标，其实现均离不开投资这一强大引擎的推动。而企业经营理财的直接目标，便是追求投资收益的最大化。然而，现实总是充满挑战的，社会和企业可用于投资的资源总是有限的。为了在这有限的资源条件下，实现收益的最大化，就必须精打细算，进行资源的合理配置。这就需要在不同的经济空间和地理空间之间巧妙地运用各种方式，进行选择性分配。简而言之，就是要精心选择并确定一个合理的投资结构，以确保每一分投资都能带来最大的回报。这样的投资结构优化组合筹划法，不仅是对企业税务筹划智慧的考验，更是对企业整体经营策略的考验。

第二章

企业税务筹划的法律环境与政策解读

第一节　税务筹划的法律环境分析

一、企业税务筹划受法律环境影响分析

（一）税务法律制度对企业税务筹划的影响

现代税收体系遵循税收法定原则，意味着税收的征收与缴纳均须严格依据法律规定执行。《中华人民共和国税收征收管理法》第三条明确规定：税收的开征、停征以及减税、免税、退税、补税依照法律的规定执行；法律授权国务院规定的，依照国务院制定的行政法规的规定执行。任何机关、单位和个人不得违反法律、行政法规的规定，不得擅自作出税收开征、停征以及减税、免税、退税、补税和其他同税收法律、行政法规相抵触的决定。

一个健全且细致的税务法律制度，对于税务筹划而言至关重要。法律制度的法定性越强、规定越详尽，其可操作性便越强，进而使得税务筹划的技术和方法更加稳定和规范。仅当税务法律制度的约束力超越行政干预，且对纳税人而言，违法成本高于投机收益时，纳税人才会有足够的动力通过税务筹划来实现其税收利益。

在税务法律制度框架内，税法对税务筹划的影响尤为显著。税收本质上是国家（地区）凭借政治权力对社会财富进行分配的方式，而税法则是调整这种国家（地区）与纳税人之间利益分配关系的法律规范。同时，税法也是国家（地

区）实施宏观经济调控的重要手段。在遵循公平税负、税收中性等一般原则的基础上，税法往往会包含一些税收优惠政策，以体现国家（地区）对社会经济运行的导向意图。这些税收优惠政策实际上造成了税收法制的不完全统一性，为企业税务筹划提供了客观条件。

除了税收政策的导向性差异外，税务法律制度本身也可能存在一些难以避免的漏洞，如税法的不一致、不统一，税目、税率设置得不合理，税制过于复杂等。同时，经济情况的复杂多变使静态的税法无法全面涵盖所有动态的涉税行为。新情况、新问题的出现也可能导致原有税收规定出现漏洞和空白，例如，税法可能无法迅速应对网络经济、电子商务等新兴问题。这些因素都为企业进行税务筹划提供了可利用的条件。

可以看出，正是导向性的税收优惠政策以及税务相关的法律制度的"漏洞"为企业税务筹划提供了空间和可能性。企业利用这些税收优惠政策进行税务筹划以减轻税负，短期内可能影响国家（地区）税收的相对增长，但长期来看，这有助于涵养税源、增加就业，并促进社会经济的可持续发展。这实际上是对税法立法意图的有效贯彻和执行。另外，尽管企业利用税法制度的不完善之处进行税务筹划可能与国家立法意图不完全一致，但这种行为能够使国家（地区）及时发现税法和税收征管过程中的漏洞。纳税人在利用税法漏洞谋求税收利益的同时，也向征税机关揭示了税法和税收征管的缺陷。国家（地区）应根据纳税人税务筹划的具体情况，在立法和征税管理中权衡利弊，通过法律程序有针对性地对显露出的缺陷采取调整、补充、修正等改进措施，而非急于处罚或从道德上予以谴责。从这个角度来看，企业的税务筹划活动实际上起到了健全税法的作用，提高了税收制度安排的经济效率，形成了守法与"良法"之间的良性互动循环。

（二）税收执法环境对企业税务筹划的影响

税收执法环境，这一概念涵盖了税收征管人员的专业素养、执法能力及其在实际工作中的表现，是评估税收制度执行效果的重要维度。具体而言，税收征管人员的综合素质与业务水平，构成了企业税务筹划行为最直接的外部影响因素。企业在进行税务筹划时，势必要考虑成本与收益的平衡，而税收执法环境的优劣，直接决定了这一平衡点的位置。

若税收征管过程中，"人治"现象盛行，执法标准模糊，弹性空间过大，缺乏统一、明确的税款缴纳规范，那么纳税人就有可能利用这种混乱，采取简便易行的违法手段来规避或减轻税收负担。此时，由于违法行为的预期成本和风险都相对较低，追求利润最大化的企业往往不会倾向于选择成本高昂且复杂的税务筹划活动来合法减税；相反，它们可能会更倾向于采取非理性的偷逃税款行为，以获取更大的税后利益。

反之，若税收执法环境公正透明，执法严格且标准统一，那么企业进行税务筹划的成本与风险将得到有效控制，合法合规的税务筹划活动自然成为企业优化税负的首选策略。在这种情况下，纳税人更倾向于通过理性的税务筹划，如合理安排经营结构、利用税收优惠政策等，来实现税后利益的最大化。

二、我国税务筹划的法律环境存在的问题

（一）法律法规体系尚待健全

1. 税收基本法的缺失

我国税法体系在几十年的发展中已经初具规模，为国家的税收征管提供了有力的法律支撑。然而，我们也必须清醒地认识到，我国的税法体系仍面临着一个核心问题：缺乏一部具有统领性、基础性的税收基本法。

这一缺失无疑是我国税法体系中的一个重大遗憾。它不仅使税法体系的整体架构显得不够完整，缺乏一个明确的指导和规范，也使税务筹划的定义、范畴及其合法边界变得模糊不清。这种不确定性不仅给税务筹划活动带来了极大的困扰，阻碍了其普及与推广，也严重影响了税务筹划活动的健康、有序发展。

税务筹划作为企业经营管理中的重要环节，其合法性和合规性至关重要。然而，由于税收基本法的缺失，税务筹划的定义和范畴缺乏明确的法律界定，导致在实践中往往出现模糊和混淆的情况。这不仅使企业在进行税务筹划时难以把握合法与违规的界限，也提升了税务机关在执法过程中的难度和不确定性。

因此，我们必须高度重视税收基本法的制定工作，尽快填补这一法律空白。通过制定税收基本法，我们可以明确税务筹划的定义、范畴和合法边界，为税务筹划活动提供明确的法律指导和规范。同时，税收基本法的出台也将有助于完善税法体系的整体架构，提升税法体系的科学性和合理性，为国家的税收征管提供更加有力的法律保障。

2. 单项立法的不充分

除了税收基本法的缺失，我国在单项税种立法方面也存在明显的不足。以增值税这一重要税种为例，目前尚缺乏一部专门的单项立法来全面、系统地规范其征收管理。增值税作为我国的第一大税种，在保证国家税收收入稳定、提升财政治理能力方面发挥着至关重要的作用。然而，尽管增值税在我国已经实施了几十年，并且经过了多次改革，但至今尚未有一部专门的单项立法来全面、系统地规范其征收管理。目前，增值税的主要法律依据是《中华人民共和国增值税暂行条例》及其实施细则，这些暂行条例虽然在一定程度上规范了增值税的征收管理，但由于其法律层级较低，缺乏足够的权威性和稳定性，难以满足增值税立法和改革的需求。

这种立法上的空白，使相关税务筹划活动缺乏明确的法律依据，提升了筹划活动的不确定性和风险。企业和个人在进行税务筹划时，往往难以把握合法与违规的界限，容易导致税务争议和纠纷的发生。由于立法的不充分，税务筹划在实践中的有效运用也受到了制约。企业和个人在进行税务筹划时，往往需要考虑多种因素，包括税法规定、税收政策、税务风险等。这些因素使税务筹划更加复杂和多变，增加了税务筹划的难度和成本。

由此可见，单项立法的不充分是我国税法体系中存在的一个重要问题。通过加快单项税种立法进程、提高税法层级和权威性以及加强税法宣传和培训等措施，可以有效解决这一问题并推动税法的完善和发展。

（二）法律认可度偏低

1. 税务筹划合法性的法律争议

税务筹划在国际范围内已经得到了广泛的认可和应用，然而在我国尽管税务筹划的实践日益普遍，但其合法性在法律层面上的明确认可仍然显得不够充分。这种法律上的模糊状态，无疑为税务筹划的合法性与合规性带来了一定的争议和分歧，这种争议不仅存在于学术界，实务界也同样面临困惑。

在法律层面上，我国现行税法对于税务筹划的合法性并未给出明确的规定。这导致了有的学者和实务工作者对税务筹划的合法性持保留态度。他们认为，在没有明确法律依据的情况下，进行税务筹划可能涉及避税甚至逃税的嫌疑，从而提高了企业的法律风险。而有的学者和实务工作者则认为，税务筹划是企业合理利用税法规定进行财务管理的行为，只要不违反税法的明文规定，就应当被认为是合法的。

这种法律上的争议和分歧，不仅影响了税务筹划活动的规范发展，也使企业在进行税务筹划时面临更大的不确定性和法律风险。因此，对于税务筹划的合法性，需要在法律层面上进行更为明确和具体的规定，以便为实务操作提供更为清晰的指导，促进税务筹划活动的健康发展；同时，企业在进行税务筹划时，也应当充分考虑法律风险，确保筹划方案的合法性和合规性。

2. 社会认知的偏差与误解

除了法律层面的认可问题，税务筹划在社会认知上也同样面临着严峻的挑战。税务筹划作为一种专业的财务管理策略，其核心理念在于通过合理的财务安排来优化企业的税负，实现税收利益的最大化。然而，部分公众和纳税义务人对于税务筹划的理解却存在明显的偏差和误解。

这种偏差和误解主要体现在将税务筹划等同于偷逃税款等违法行为。部分公众和纳税义务人错误地认为，税务筹划是通过不正当的手段来规避税收，从而损害国家（地区）的税收利益。这种错误的认知不仅忽视了税务筹划在合法合规前提下的正当性，也严重阻碍了税务筹划的推广和应用。

实际上，税务筹划是在遵守税法的前提下，通过合理的财务安排来优化企业的税负。它并不涉及任何违法行为，更不会损害国家（地区）的税收利益。相反，税务筹划有助于提升企业的财务管理水平，增强企业的竞争力，同时也为国家税收的稳定增长提供了有力的支持。

因此，纠正公众和纳税义务人对税务筹划的错误认知、提升税务筹划的社会认可度，是当前税务筹划行业面临的一项重要任务。只有消除误解，才能让更多的人了解并接受税务筹划，进而推动税务筹划行业的健康发展。

（三）税收征管执法不严

1. 违法成本低，削弱合法税务筹划动力

当前，我国税收征管执法面临的一大挑战是执法不严和税务稽核水平的相对不足。这种现状为企业通过不正当手段降低税收负担提供了可乘之机，且其违法成本和风险都相对较低。在这种情况下，一些企业可能会更倾向于采取非合规手段来减轻税负，从而削弱了其进行合法税务筹划的积极性和动力。

长此以往，税收征管执法不严不仅可能损害税收的公平性和公正性，破坏税收秩序，还可能对国家财政收入造成不利影响。因为当企业通过非合规手段降低税收负担成为常态时，国家的税收基数将受到侵蚀，进而影响到公共服务的提供和社会福利的改善。

因此，加强税收征管执法，提高税务稽核水平，是保障税收公平、公正，促进合法税务筹划发展的重要举措；同时，也需要通过宣传教育等手段，提升企业和社会公众对合法税务筹划的认知和接受度，共同营造一个公平、透明、有序的税收环境。

2. "人治"现象阻碍公平、透明税收环境

在税收征管过程中，"人治"现象仍然是一个较为普遍且不容忽视的问题。这一现象主要表现为税款征收缺乏统一、明确的标准和规范，执法人员在执法过程中拥有过大的弹性空间。这种现状对税收执法的公正性和一致性构成了严重挑战，使税收环境难以达到应有的公平和透明。

在这种"人治"现象较为突出的环境下，企业往往难以准确预期其税务筹划行为的法律后果。由于缺乏明确的指导和规范，企业在税务筹划过程中可能面临诸多不确定性和风险；同时，这种环境也使企业难以在公平的基础上进行竞争，因为不同企业可能受到不同程度的待遇。

此外，"人治"现象还可能滋生腐败和不正之风。在执法过程中，过大的弹性空间可能为执法人员提供"寻租"和腐败的机会，从而损害税收征管的公正性和廉洁性。这种不正之风不仅破坏了税收环境的公平和透明，还可能对国家财政收入和税收秩序造成严重影响。

因此，为了营造公平、透明的税收环境，要求税务机关加强规范化建设，制定统一、明确的税款征收标准和规范，并加强对执法人员的培训和监督；同时，还需要建立健全的内部控制机制和外部监督机制，确保税收征管的公正性和廉洁性。只有这样，才能为企业提供一个公平、稳定、透明的税收环境，促进企业的健康发展和税收的可持续增长。

（四）专业人才短缺

1. 从业人员素质差异显著

在我国，税务筹划领域的从业人员构成多元但不尽理想。这一现状主要体现在从业人员的专业背景上，其中许多人要么是精通税务但法律知识相对欠缺的会计人员，他们在实际操作中可能更注重税务技术的运用，但缺乏法律风险的全面把控；要么是熟悉法律但对税务了解不深的律师，他们在处理税务筹划事务时可能更侧重于法律合规性，但对税务筹划的具体操作和财务管理方面的理解可能相对不足。

这种专业背景的单一性无疑导致了税务筹划实践中的诸多局限。在实际操作中，税务筹划往往需要综合考虑税法、财务管理、企业运营等多方面的因素，这就要求从业人员必须具备跨学科的专业知识和实践能力。然而，当前税务筹划行业缺乏既精通税法又熟悉财务管理的复合型人才，这无疑成为制约税务筹划行业发展的关键因素。

因此，为了推动税务筹划行业的健康发展，必须重视从业人员的专业素质的提升和复合型人才的培养。这既需要税务机关和行业协会加强培训和指导，提升从业人员的税法知识和财务管理能力，也需要高校和科研机构加强税务筹划相关学科的建设和人才培养，为税务筹划行业输送更多具备跨学科知识和实践能力的复合型人才。

2. 税务代理机构发展滞后

尽管税务代理机构在市场上数量众多，呈现出一定的市场活跃度，但其发展速度和规模普遍不尽如人意。这一现状的背后，是税务代理机构在专业人才方面的短缺问题。由于缺乏既精通税法又具备丰富实践经验的专业人才，这些机构往往难以提供高质量的税务筹划服务，无法满足企业对税务筹划的深度和广度需求。

这种专业人才短缺的现状不仅限制了税务代理机构自身的成长和发展，也对其服务质量和市场竞争力产生了负面影响。更重要的是，它还影响了整个税务筹划行业的专业化和规范化进程。税务筹划作为一个高度专业化的领域，需要代理机构提供高质量、规范化的服务来推动行业的持续健康发展。然而，由于专业人才短缺，许多代理机构无法提供这样的服务，导致整个行业的专业化水平提升缓慢，规范化进程也受到影响。

因此，为了推动税务筹划行业的专业化和规范化发展，必须重视税务代理机构的专业人才建设。这既需要代理机构自身加强人才培养和引进，提升服务质量和市场竞争力，也需要行业协会和相关部门加强监管和指导，推动税务代理机构向更加专业、规范的方向发展。只有这样，才能为税务筹划行业的持续发展注入活力。

（五）对税务筹划策略的认知模糊

1. 概念分歧影响实施与征管

"税务筹划"作为一个相对新兴且在我国引入时间并不长的概念，其定义和内涵在学术界和实务界尚未形成统一的认识。这种概念上的分歧，无疑给税务筹划的实践带来了诸多挑战。

具体来说，纳税人和税务机关对税务筹划的理解存在较大的差异。纳税人往往将其视为一种合法且有效的降低税负的手段，希望通过合理的税务筹划来优化企业的财务结构，实现税收利益的最大化；然而，税务机关则可能更倾向于将税务筹划视为一种逃税的行为，对其持有一种相对谨慎甚至排斥的态度。这种分歧不仅影响了税务筹划策略的实施效果，使一些原本合法且合理的税务筹划策略无法得到有效的执行，而且提高了税收征管的难度和复杂性。税务机关在面对纳税人的税务筹划行为时，往往需要花费更多的时间和精力进行甄别和判断，以确定其是否合法合规。这不仅增加了税收征管的成本，也可能导致税收征管的不公平和效率低下。

因此，为了推动税务筹划行业的健康发展、提高税收征管的效率和公平性，我们需要加强对税务筹划概念的研究和宣传，促进学术界和实务界对其形成统一的认识；同时，税务机关也需要更新观念，正确看待税务筹划的合法性和合理性，为纳税人提供更加明确和一致的税务筹划指导和服务。

2. 信任缺失损害税法严肃性

部分纳税人借税务筹划之名，实则进行偷逃税款的行为，这种行径无疑是对税法严肃性和公平性的严重破坏。它不仅损害了税收秩序，还侵蚀了国家财政的基石。这种行为导致的一个直接后果是，税务机关对税务筹划产生了明显的抵触情绪，对纳税人的税务筹划行为普遍持怀疑态度。

这种信任缺失的状况对税务筹划的正当应用构成了显著的障碍。原本，税务筹划是一种合法的财务管理策略，旨在帮助企业优化税务结构，实现税收利益的最大化。然而，由于部分纳税人的不当行为，税务机关对税务筹划的整体认知受到了扭曲，这在一定程度上阻碍了税务筹划的正当应用和推广。

更为严重的是，这种信任缺失还损害了税务机关与纳税人之间的合作关系。在税收征管过程中，税务机关与纳税人之间的合作是至关重要的。然而，由于部分纳税人的不诚信行为，这种合作关系受到了严重的冲击。不仅提升了税收征管的难度和成本，还可能对税收环境的公平性和透明度造成长期的不利影响。

为了维护税法的严肃性和公平性，促进税务筹划的正当应用，我们必须坚决打击借税务筹划之名、行偷逃税款之实的行为。同时，税务机关也应加强对税务筹划的宣传和指导，帮助纳税人正确理解和应用税务筹划策略，以重建税务机关与纳税人之间的信任关系。

三、完善企业税务筹划法律环境的建议

(一) 构建完善的税收法律法规体系

1. 健全税收法律制度

为了给企业税务筹划提供一个明确、稳定的法律框架，首要任务是确保税收法律法规的健全、合理与规范。这要求我们对现有的税法体系进行全面而深入的

审视，发现并填补其中的空白之处，修正潜在的矛盾和不一致之处，确保各项税收法律制度之间具有内在的逻辑性和一致性。

一个健全、合理且规范的税收法律制度，对于压缩企业通过非法手段减轻税收负担的空间具有至关重要的作用。当税法体系明确、稳定且无漏洞时，企业难以找到利用法律空白或矛盾进行税负优化的机会，从而有效遏制了非法逃税行为的发生。

同时，一个完善的税收法律法规体系还能鼓励并引导企业通过合法、合规的税务筹划来追求税收利益的最大化。当企业知道税法体系是公平、透明且稳定的，它们会更愿意投入时间和精力去研究和应用合法的税务筹划策略，以实现税收负担的优化和税收利益的提升。因此，构建完善的税收法律法规体系，健全税收法律制度，不仅是维护税收公平、公正的需要，也是促进企业合法税务筹划、推动税收可持续增长的重要保障。

2. 保持法律法规的及时更新

税收法律法规作为规范税收行为、维护税收秩序的重要基石，应当是一个动态调整的系统，能够灵活应对社会经济环境的变化。随着市场经济的快速发展和新的经济形态、业务模式的不断涌现，税收法律法规也需要与时俱进，及时更新和完善，以确保其与新经济环境相契合。

及时更新税收法律法规，不仅是为了适应新经济环境的发展需要，更是为了维护税法的权威性和企业的合法权益。新法规的公布与执行应当高效、透明，以便企业能够及时、准确地了解法规变化，并据此调整其税务筹划策略。这样，企业就能在合法的框架内进行税务筹划，实现税收利益的最大化，同时也维护了税务秩序的公平和公正。因此，税务机关应当密切关注社会经济环境的变化，及时研究和制定与新经济环境相适应的税收法律法规；同时，也应加强与企业、行业协会等社会各界的沟通与协作，共同推动税收法律法规的完善与更新。这样，才能构建一个既适应新经济环境发展又维护税法权威的税收法律法规体系。

（二）强化税收优惠政策的制定与执行力度

1. 明确并丰富税收优惠政策内容

政府在企业税务筹划中扮演着至关重要的角色，其中，出台明确、具体的税收优惠政策是政府应积极作为的重要方向。这些优惠政策应当涵盖适用范围、优惠力度、有效期限等关键要素，为企业提供一个清晰、可操作的税收优惠框架。明确税收优惠政策的适用范围，意味着政府需要清晰地界定哪些企业或行业可以享受这些政策，以及享受政策的具体条件。这样，企业就能明确自己是否符合政策要求，从而有针对性地进行税务筹划。同时，优惠力度也是企业关注的重点，政府应当根据企业的实际税负情况和税收贡献，合理设定优惠力度，确保企业能够获得实质性的税收减免。这样，企业才能更有动力地去利用这些政策，实现税负的降低。此外，税收优惠政策的有效期限也是企业需要考虑的重要因素。政府应当设定合理的政策有效期限，既要保证政策的稳定性，又要根据经济环境的变化适时调整政策。这样，企业就能在稳定的政策环境下进行长期的税务筹划，实现税收利益的最大化。

2. 加大税收优惠政策的宣传力度

为了让更多的企业能够了解和利用税收优惠政策，政府应积极采取行动，通过多种渠道进行广泛宣传，包括政府官方网站、税务部门的公告栏、专业的财税咨询机构等，确保信息能够覆盖到广大企业，特别是中小型企业和新兴企业。

政府官方网站是一个权威且便捷的信息发布平台。政府应及时在各大官方网站上更新税收优惠政策的相关内容，包括政策的详细解读、申请流程、所需材料等，以便企业能够轻松获取并了解这些信息。税务部门的公告栏也是宣传税收优惠政策的重要窗口。税务部门可以在公告栏上定期发布最新的税收优惠政策信息，提醒企业关注并利用这些政策来降低税负。此外，专业的财税咨询机构也是政府可以借助的力量。政府可以与这些机构合作，共同举办税收优惠政策宣讲会、培训班等活动，帮助企业深入了解政策内容，提高税务筹划能力。

通过这些广泛的宣传渠道，企业可以及时获取最新的税收优惠政策信息，了解政策的适用范围、优惠力度和有效期限等关键要素。这将有助于企业做出更合理的税务筹划决策，充分利用政策红利来降低税负、提高市场竞争力；同时，这也将促进税收政策的有效实施，推动经济的持续健康发展。

3. 优化税收优惠政策的执行机制

政府在企业税务筹划中的角色不能仅限于制定和出台优惠政策，更应关注这些政策的执行效果。为了确保税收优惠政策能够真正惠及企业，政府需要优化政策的执行机制。

在此过程中，简化税收优惠政策的申请流程是至关重要的。烦琐的申请流程不仅会增加企业的行政成本，还可能降低企业申请税收优惠的积极性。因此，政府应致力于简化申请流程，减少不必要的环节和文件要求，使企业能够更加便捷地申请税收优惠。

政府提高审批效率也是优化执行机制的重要一环。长时间的审批周期会导致企业资金被长期占用，进而导致成本的增加，影响企业的正常运营。政府应采取措施提高审批效率，如建立专门的审批团队、优化审批流程等，以确保企业能够及时获得税收优惠。

此外，政府还应加强对政策执行情况的监督检查。通过定期的检查和评估，政府可以了解政策的实际执行情况，发现存在的问题和不足，并及时进行调整和改进。这将有助于确保每一项政策都能够得到有效落实，真正惠及企业。

（三）强化税务合规性管理

1. 建立健全税务管理制度

在税务筹划的过程中，强化税务合规性管理是企业不可或缺的一环。为了实现这一目标，企业应当建立一套完善、科学的税务管理制度和流程。这一制度的核心在于明确各级人员的税务职责、工作要求以及操作流程，确保每个环节都有明确的规范和指导。

（1）明确各级人员的税务职责是制度建设的基础。从高层管理人员到基层员工，每个人都应当清楚自己在税务管理中的角色和责任。高层管理人员需要制定税务筹划策略，监督税务管理制度的执行；而基层员工则需要按照制度要求，准确、及时地完成税务申报和缴纳等工作。

（2）制度应当包含详细的工作要求和操作流程，包括税务筹划的具体步骤、税务申报的流程和时限、税务档案的保管要求等。通过明确这些要求和流程，企业可以确保税务工作的规范性和准确性，降低因操作不当而引发的税务风险。

（3）建立健全的税务管理制度还需要考虑制度的更新和完善。随着税收法律法规的变化和企业业务的发展，税务管理制度也需要不断地进行调整和优化。企业应当定期对制度进行审查和修订，确保其始终与最新的税收法律法规和企业实际情况保持一致。

2. 加强税务自查与审计

在税务合规性管理中，企业定期进行税务自查和内部审计是至关重要的环节。这一做法不仅是发现和纠正税务问题的有效手段，更是企业自我规范、自我提升的重要途径。

通过税务自查，企业可以主动审视自身的税务管理状况，及时发现潜在的税务风险。这种自查不仅包括对税务申报的准确性和完整性的核查，还涉及对税务筹划策略的合理性和合法性的评估。一旦发现问题，企业可以立即采取措施进行纠正，从而避免税务违规行为的发生。而内部审计则是对企业税务管理制度的执行情况和效果进行深入的检查和评价。通过内部审计，企业可以评估税务管理制度的有效性和合规性，发现制度执行中存在的问题和不足，进而对制度进行完善和优化。

除了自查和审计，企业还应加强与税务部门的沟通和协调，建立良好的税企关系。此举可以让企业在遇到税务问题时，能够得到税务部门及时、有效的指导和帮助。这种互信和合作的关系，不仅有助于企业解决具体的税务问题，还能为企业提供一个更加稳定、可预期的税务环境。

3. 提升税务人员的专业素质

在企业税务筹划和风险管理的版图中，税务人员的专业素质和业务能力无疑是至关重要的核心要素。他们的专业水平和业务能力直接影响到企业税务筹划的质量和效果，以及企业面临税务风险时的应对能力。因此，企业应将对税务人员的培训和教育视为一项长期且重要的投资。通过定期举办税法政策解读、税务筹划技巧分享、税务风险管理策略等培训课程，企业可以帮助税务人员不断更新税法知识，提升税务筹划和风险管理的能力。

这样的培训和教育不仅能让税务人员更好地理解税法政策，使他们能够准确把握税法的变化和趋势，还能提升他们在税务筹划方面的准确性和创新性，使税务人员能够更灵活地运用税法政策，为企业量身定制更为优化、合规的税务筹划方案。

同时，提升税务人员的专业素质还能有效降低企业的税务风险。具备丰富税法知识和筹划经验的税务人员能够更敏锐地识别潜在的税务风险点，并及时采取措施进行防范和应对。这可以使企业在面临税务审计、税务争议等风险时，能够更有底气、更有策略地进行应对，从而保护企业的合法权益。

（四）推动税务筹划服务的专业化进程

1. 扶持专业税务咨询机构成长

在税务筹划领域，专业税务咨询机构的作用日益凸显。它们凭借深厚的专业知识和丰富的实践经验，为企业提供精准、高效的税务筹划服务，帮助企业有效降低税务负担，实现税务合规与效益的最大化。为了进一步提升税务筹划服务的专业化水平，政府应鼓励和支持这些专业税务咨询机构的发展壮大。

政府的扶持可以从多个方面入手：首先，可以提供政策上的优惠和支持，如税收减免、资金补贴等，以降低专业税务咨询机构的运营成本，鼓励它们扩大规模、提升服务质量；其次，政府可以搭建平台，促进专业税务咨询机构与企业之间的对接和合作，使这些机构能够更好地了解企业的需求，为企业提供更加定制化的税务筹划方案。此外，政府还可以加强对专业税务咨询机构的监管和指导，确保它们的服务质量和合规性，维护市场的公平竞争环境。

通过政府的扶持，专业税务咨询机构将能够进一步提升自身的服务能力和水平。它们将投入更多的资源进行研发和创新，不断推出新的税务筹划产品和服务，以满足企业日益多样化的需求；同时，这些机构还将加强与其他专业机构的合作和交流，共同推动税务筹划服务的专业化进程。

2. 强化税务咨询行业的监管力度

在积极鼓励并促进税务咨询机构发展的同时，政府应当承担起对该行业进行有效监管的责任。这不仅仅是为了确保税务咨询机构所提供的服务质量达到一定的标准，更是为了保障这些服务在合法性和合规性方面不出现任何问题。具体来说，政府需要采取措施，防止部分机构利用其可能掌握的信息不对称优势，或者凭借其他不正当手段，为企业客户提供不合法或不合理的税务筹划方案。这样的监管工作对于维护税务咨询市场的健康秩序至关重要，它有助于防止市场混乱，减少不合规行为，进而保障企业的合法权益不受侵害；同时，通过强化监管，还可以促进税务咨询行业长期、稳定、健康地发展。

（五）深化国际税务合作与协调机制

1. 积极应对国际税收环境的挑战

随着企业经营范围的不断国际化，国际税务筹划日益成为企业税务筹划策略中的关键环节。这一趋势不仅反映了全球经济一体化的加深，而且对企业如何在复杂的国际税收环境中有效管理税务风险提出了更高的要求。因此，我国必须积极加强与其他国家和地区的税务合作与协调，共同面对和解决国际税收环境中出现的各种挑战。

这种加强国际合作与协调的策略，不仅有助于我国企业更好地适应国际税收规则，减少因不熟悉规则而产生的税务风险，还能为我国税务法律环境的完善提供有益的外部支持。通过与其他国家和地区的税务机构进行交流和合作，我们可以借鉴和学习国际上的先进经验和做法，进一步完善我国的税务筹划法律体系，使其更加符合国际标准和最佳实践。同时，积极应对国际税收环境的挑战也是我国企业提升国际竞争力的重要途径。通过有效的国际税务筹划，企业可以在合法的范围内降低税务成本、提高盈利水平，从而在国际市场上获得更大的竞争优势。因此，我国政府和企业都应高度重视国际税务筹划工作，加强人才培养和制度建设，不断提升我国在国际税务领域的竞争力和影响力。

2. 积极参与国际税收规则的制定与修订

为了为我国企业争取更有利的国际税收环境，我国应积极、主动地参与国际税收规则的制定和修订工作。这不仅是一个争取权益的过程，更是一个展现我国在国际税务领域影响力和话语权的重要机会。在国际税收舞台上的积极发声，可以为我国的经济利益和企业发展争取更多的权益，确保国际税收规则更加公平、合理，并有利于我国企业的国际化发展。

同时，参与国际税收规则的制定和修订工作，也是我国学习和借鉴国际上先进经验和技术手段的重要途径。我们应密切关注国际税收规则的发展趋势，及时了解和掌握最新的国际税务管理理念和技术手段，不断提升我国税务管理的水平和效率。这样，我们可以更好地适应国际税收环境的变化，为我国的税务筹划法律环境的完善提供有力的支持。

总的来说，积极参与国际税收规则的制定、修订，以及提升话语权，是我国应对全球化挑战、维护国家经济利益、促进企业发展的重要举措。我们应充分利用国际税务合作与交流的平台，不断提升我国在国际税务领域的影响力和竞争力，为我国企业创造一个更加有利、更加公平的国际税收环境。

（六）深化税务创新研究与应用实践

1. 积极鼓励税务创新研究

为了持续提升企业的税务筹划能力和效果，我们应积极鼓励并支持高校、专业研究机构以及企业本身深入开展税务创新研究。这类研究具有探索性质，旨在发掘和尝试新的税务筹划方法和手段，为税务筹划实践提供新颖的思路和实用的工具。

税务创新研究的范围广泛，涵盖税务政策解读、税务风险管理、税务筹划策略优化等多个方面。通过深入研究，我们可以发现税务规则中的新机遇，探索如何更有效地利用这些规则来为企业创造价值。同时，创新研究还可以帮助我们更好地了解国际税务趋势，使企业的税务筹划策略更加具有前瞻性和国际竞争力。

通过积极推动税务创新研究，我们可以不断拓宽税务筹划的边界，提升税务筹划的深度和广度。这不仅有助于提高企业的税务管理水平，还可以增强企业在复杂多变的税务环境中的竞争力。因此，政府、学术界和企业界应共同努力，为税务创新研究提供良好的环境和支持，共同推动税务筹划的进步与发展。

2. 广泛应用先进技术手段以提升税务管理

在税务筹划和管理的实践中，我们应积极寻求并充分利用大数据、人工智能等先进技术手段，旨在显著提高税务管理的智能化水平。这些现代技术手段的应用，不仅能够极大地加快税务信息的处理速度，还能实现更为精准的数据分析，从而为企业的税务筹划策略提供更为强大和有力的支持。

具体而言，大数据分析技术的运用可以帮助我们更深入地挖掘税务数据中的潜在价值，更准确地预测和识别潜在的税务风险，进而制定出更为有效和更有针对性的税务筹划策略。例如，通过对历史税务数据的分析，我们可以发现税务筹划中的潜在问题和改进点，及时调整策略以避免类似问题的再次发生。

人工智能技术的应用可以在税务管理中实现自动化处理大量数据，可显著提高税务管理的效率和准确性。例如，利用自然语言处理技术，我们可以自动提取和分类税务文档中的关键信息，减少人工操作的时间，降低错误率；而机器学习算法的应用，则可以根据历史数据和实时数据，自动优化和调整税务筹划策略，以适应不断变化的税务环境。

第二节　我国主要税收优惠政策指引

一、税收优惠政策的基本原理

从经济学的深邃视角出发，税收优惠政策作为政府调控经济的重要手段，其背后蕴含着丰富而深刻的基本原理。以下是对这些原理的详细剖析：

（一）有效竞争与规模利益原理

在一个充满有效竞争的市场环境中，企业为了争夺市场份额和利润，不断进行着激烈的较量。这种竞争环境促使企业不断创新、提高效率，以期在市场中脱颖而出。政府在这一过程中扮演着重要的角色，通过实施有针对性的税收优惠政策，为特定行业的企业减轻税负，从而降低了它们的生产经营成本。

税收优惠政策的实施，实际上是对市场机制的一种有益补充。它使受惠企业在与其他企业的竞争中，能够凭借更低的成本获得更大的优势。这种优势不仅体现在价格上，还体现在产品质量、创新能力等多个方面。因此，受惠企业的市场份额逐渐增加，规模利益得以显现。

以高新技术企业为例，这类企业通过享受税收优惠，得以更有效地控制研发与生产成本。这使它们能够更加专注于技术创新和产品研发，加速将新产品投放市场。新产品的推出不仅为企业带来了更多的收入，还进一步提升了企业在市场中的竞争力和市场份额。

总的来说，有效竞争与规模利益原理在税收优惠政策的支持下得到了充分的体现。政府通过税收优惠手段，引导市场资源向特定行业和企业倾斜，促进了这些企业的发展和壮大；同时，这种发展反过来又增强了市场的有效竞争，形成了良性循环。

（二）非对称信息原理

在市场经济中，信息不对称是一个普遍且重要的现象。它存在于各种经济交易和关系中，无论是投资方与投资机构之间，还是产品与消费者之间，都可能出现信息不对称的情况。这种不对称性往往导致企业在决策时面临很大的不确定性，难以准确判断市场趋势和消费者需求，进而可能影响到企业的利润水平和市场竞争力。

信息不对称可能带来多重影响：首先，信息不对称可能增加企业的交易成本，因为企业需要投入更多的资源去获取和处理信息；其次，信息不对称可能导致企业做出错误的决策，如误判市场需求、错过商业机会或者投资失误；最后，长期的信息不对称还可能抑制企业的创新动力，因为企业难以准确评估创新带来的潜在回报。

为了缓解信息不对称带来的问题，政府可以通过制定税收优惠政策来为企业经济活动提供正向激励。这些优惠政策可以降低企业的税负，从而增加企业的可支配收入，为企业提供更多的资源去应对信息不对称带来的挑战。例如，政府可以为研发活动提供税收减免，鼓励企业加大研发投入，通过技术创新来降低信息不对称的影响；同样，政府还可以为市场调研和营销活动提供税收支持，帮助企业更好地了解市场需求和消费者行为。

总的来说，非对称信息原理揭示了市场经济中一个重要的现象，即信息不对称对企业经济活动的影响。政府通过制定税收优惠政策，可以为企业提供有力的支持，帮助企业降低甚至消除信息不对称带来的不利影响，促进企业健康发展。

（三）正向外溢效应原理

根据庇古法则①，当企业经济活动的社会边际成本等于边际效益时，社会福利会达到最大化。然而，在复杂的现实市场中，由于信息不对称、市场竞争不完全等多种原因，这种理想状态往往难以实现。为了引导企业行为，使其更加符合社会福利最大化的目标，政府可以通过实施税收优惠政策来发挥作用。

税收优惠政策的实施，不仅是为了减轻企业的税负，更重要的是通过政策引导，使企业合理利用资源，进行有益于社会的经济活动。这种政策的巧妙之处在于，它不仅仅使企业自身受益，还产生了正向外溢效应。也就是说，企业的经济活动在追求自身利益的同时，也对社会产生了额外的积极影响。

这种正向外溢效应可能体现在多个方面。例如，企业可能会增加对环保技术的投资，减少生产过程中的污染排放，从而改善环境质量；或者，企业可能会加大对员工的培训和教育投入，提高员工技能水平，这不仅提升了企业的竞争力，也为社会创造了更多高素质的人才；此外，企业还可能通过技术创新和产业升级，推动整个行业的进步和发展，进而带动区域经济的繁荣。

正向外溢效应的存在，使税收优惠政策的经济利益更加广泛和深远。它不仅促进了企业的健康发展，还推动了社会的整体福利水平的提升。因此，政府在制定税收优惠政策时，应充分考虑政策可能带来的正向外溢效应，以期实现经济效益和社会效益的双赢。

二、税收优惠政策的重要性

税收优惠政策作为国家宏观调控的重要工具，在我国经济发展中发挥着至关重要的作用。以下是对税收优惠政策重要性的详细分析：

（一）政府投资与企业发展的双赢机制

税务优惠政策，作为政府调控经济的重要手段，实质上体现了政府将一部分税收收入让渡给纳税方的战略考量。这种政策安排，可以视为政府对特定企业的间接投资方式，旨在通过税收优惠来激励和扶持企业的发展。

在这种政策框架下，企业能够显著减轻税负，从而释放出更多的资金，这些资金随后可以被用于生产和发展活动。税负的减轻不仅直接降低了企业的运营成

---

① 庇古法则，又称庇古税，是由英国经济学家阿瑟·赛西尔·庇古提出的。庇古税是根据污染所造成的危害程度对排污者所计征的税，用税收来弥补排污者生产的私人成本和社会成本之间的差距，使两者相等。

本，还为企业提供了更大的财务灵活性，使其能够更自信地面对市场挑战，把握发展机遇。

更为重要的是，这种税务优惠政策不仅促进了企业竞争力的提升，还通过企业的蓬勃发展进一步推动了市场的繁荣和发展。企业的成长和壮大意味着更多的就业机会、更高的产值和更广泛的市场影响力，这些都是市场繁荣的重要标志。

因此，税收优惠政策实现了政府与企业之间的双赢。政府通过让渡部分税收收入，换来了企业的健康成长和市场的活力四射，这不仅符合政府的长期发展战略，也为企业的可持续发展奠定了坚实基础。这种双赢机制为政府和企业之间的合作提供了新的思路和模式，有望在未来发挥更大的作用。

（二）维护经济稳定性的重要保障

税收优惠政策，作为一种享受型政策，在维护我国经济稳定性方面扮演着至关重要的角色。它不仅是政府调控经济、促进发展的重要手段，更是稳定市场预期、增强投资者信心的有力保障。

政府通过税收支出的投资效应，可以精准地引导资金流向那些对经济发展具有关键作用的领域和相对薄弱的环节。这种精准的引导机制，有助于优化资源配置，使有限的资源能够发挥出最大的经济效益。同时，税收优惠政策的实施还能够提高经济效率，促进产业结构的优化和升级，为经济的持续健康发展提供有力支撑。

更为重要的是，税收优惠政策的实施有助于稳定市场预期，增强投资者的信心。在充满不确定性的市场环境中，投资者往往对政策的变化和市场的走向保持高度的敏感性，而税收优惠政策的出台，无疑为投资者提供了一个相对稳定和可预期的投资环境，从而有助于维护经济的平稳运行。

（三）推动区域经济均衡发展的有力手段

在我国内部区域性经济的发展版图中，税收优惠政策无疑是一个提升区域竞争力的关键因素。它不仅为地方经济注入了活力，更为实现区域经济的均衡和可持续发展提供了有力支撑。

政府通过精心制定针对不同地区的税收制度，巧妙地平衡了不同区域间的资本流动。这一政策手段，既能够吸引资本流入相对落后的地区，促进其经济发展，又能够确保发达地区的资本不会因为税负过重而流失。同时，税收优惠政策还进一步强化了区域特色产业和地域性优势，使各地区能够根据自身的资源禀赋和比较优势，发展出独具特色的经济产业。

更为重要的是，税收优惠政策的实施有助于显著缩小地区间的发展差距。通过为欠发达地区提供更多的税收优惠和支持，政府能够激发这些地区的经济潜力，加快其经济发展的步伐。这种政策的长期实施，有望推动全国范围内区域经济的均衡和可持续发展，实现全国经济的整体繁荣。

（四）促进行业投资与技术创新的强大动力

税收优惠政策在促进企业投资与技术创新方面扮演着至关重要的角色。通过显著降低企业的投资成本并提高投资收益率，这一政策为企业创造了更为有利的投资环境，使其在行业内部的投资和技术创新活动中更具竞争力和活力。

在投资条件平等的情况下，享受税收优惠的企业无疑更容易获得资金支持。这种资金上的优势不仅为企业提供了更多的资源和动力进行行业内部的投资，还鼓励企业积极投身于技术创新活动：企业可以利用这些资金引进先进的生产设备、研发新技术、优化生产流程，从而提升自身的核心竞争力。

更为重要的是，税收优惠政策所激发的行业投资与技术创新活动不仅有助于提升企业的竞争力，还能对整个行业产生积极的推动作用。行业内的众多企业为了保持竞争地位，会纷纷加大投资和技术创新力度，从而形成良性竞争循环。这种良性循环将不断推动整个行业的升级，为经济的高质量发展提供有力支撑。

三、我国主要税收优惠政策指引

（一）增值税小规模纳税人减免增值税政策

具体政策：①自 2023 年 1 月 1 日至 2027 年 12 月 31 日，对月销售额 10 万元以下（含本数）的增值税小规模纳税人免征增值税。②自 2023 年 1 月 1 日至 2027 年 12 月 31 日，增值税小规模纳税人适用 3% 征收率的应税销售收入，减按 1% 征收率征收增值税；适用 3% 预征率的预缴增值税项目，减按 1% 预征率预缴增值税。

适用范围：增值税小规模纳税人。

政策依据：《财政部 税务总局关于明确增值税小规模纳税人减免增值税等政策的公告》（财政部 税务总局公告 2023 年第 1 号）。

（二）延续实施有关个人所得税优惠政策

1. 支持居民换购住房个人所得税退税政策

具体政策：①自 2024 年 1 月 1 日至 2025 年 12 月 31 日，对出售自有住房并在现住房出售后 1 年内在市场重新购买住房的纳税人，对其出售现住房已缴纳的个人所得税予以退税优惠。②自 2024 年 1 月 1 日至 2025 年 12 月 31 日，新购住房金额大于等于原住房转让金额的，全额退还已缴纳的个人所得税；新购住房金额小于原住房转让金额的，按新购金额占原金额比例退还。

适用范围：出售和重新购买住房的居民个人，且需满足产权关联性要求（新购房产权人须包含原售房人）。

政策依据：《财政部 税务总局 住房城乡建设部关于延续实施支持居民换购住房有关个人所得税政策的公告》（财政部 税务总局 住房城乡建设部公告 2023 年第 28 号）。

2. 全年一次性奖金单独计税政策

具体政策：①截止到 2027 年 12 月 31 日，居民个人取得全年一次性奖金，符合《国家税务总局关于调整个人取得全年一次性奖金等计算征收个人所得税方法问题的通知》（国税发〔2005〕9 号）规定的，不并入当年综合所得，以全年一次性奖金收入除以 12 个月得到的数额，按照本公告所附按月换算后的综合所得税率表，确定适用税率和速算扣除数，单独计算纳税。计算公式为：应纳税额＝全年一次性奖金收入×适用税率－速算扣除数。②截止到 2027 年 12 月 31 日，居民个人取得全年一次性奖金，也可以选择并入当年综合所得计算纳税。

适用范围：符合国税发〔2005〕9 号文件规定的居民个人。

政策依据：《财政部 税务总局关于延续实施全年一次性奖金个人所得税政策的公告》（财政部 税务总局公告 2023 年第 30 号）。

3. 综合所得汇算清缴免办政策

具体政策：2024 年 1 月 1 日至 2027 年 12 月 31 日居民个人取得的综合所得，年度综合所得收入不超过 12 万元且需要汇算清缴补税的，或者年度汇算清缴补税金额不超过 400 元的，居民个人可免予办理个人所得税综合所得汇算清缴。

适用范围：符合条件的居民个人，但居民个人取得综合所得时存在扣缴义务人未依法预扣预缴税款的情形除外。

政策依据：《财政部 税务总局关于延续实施个人所得税综合所得汇算清缴有关政策的公告》（财政部 税务总局公告 2023 年第 32 号）。

4. 小微企业和个体工商户减半征收个人所得税政策

具体政策：①自 2023 年 1 月 1 日至 2027 年 12 月 31 日，对个体工商户年应纳税所得额不超过 200 万元的部分，减半征收个人所得税。②自 2023 年 1 月 1 日至 2027 年 12 月 31 日，个体工商户在享受现行其他个人所得税优惠政策的基础上，可叠加享受本条优惠政策。

适用范围：所有小微企业和个体工商户。

政策依据：《关于进一步支持小微企业和个体工商户发展有关税费政策的公告》（财政部 税务总局公告 2023 年第 12 号）。

（三）延续新能源汽车免征车辆购置税政策

具体政策：对购置日期在 2024 年 1 月 1 日至 2025 年 12 月 31 日期间的新能源汽车免征车辆购置税，其中，每辆新能源乘用车免税额不超过 3 万元；对购置日期在 2026 年 1 月 1 日至 2027 年 12 月 31 日期间的新能源汽车减半征收车辆购置税，其中，每辆新能源乘用车减税额不超过 1.5 万元。

适用范围：①享受车辆购置税减免政策的新能源汽车，是指符合新能源汽车产品技术要求的纯电动汽车、插电式混合动力（含增程式）汽车、燃料电池汽车。另，购置列入《减免车辆购置税的新能源汽车车型目录》的新能源汽车可按规定享受车辆购置税减免政策。②2024 年 6 月 1 日前购置的不符合新标准的车型仍可享受减免，此后新申请车型需达标。

政策依据：《财政部 税务总局 工业和信息化部关于延续和优化新能源汽车车辆购置税减免政策的公告》（财政部 税务总局 工业和信息化部公告 2023 年第 10 号）。

（四）延续实施残疾人就业保障金优惠政策

具体政策：自 2023 年 1 月 1 日起至 2027 年 12 月 31 日，延续实施残疾人就业保障金分档减缴政策，其中：用人单位安排残疾人就业比例达到 1%（含）以上，但未达到所在地省、自治区、直辖市人民政府规定比例的，按规定应缴费额的 50% 缴纳残疾人就业保障金；用人单位安排残疾人就业比例在 1% 以下的，按规定应缴费额的 90% 缴纳残疾人就业保障金。在职职工人数在 30 人（含）以下的企业，继续免征残疾人就业保障金。

适用范围：机关、团体、企业事业单位及其他城乡各类经济组织。

政策依据：《关于延续实施残疾人就业保障金优惠政策的公告》（财政部公告 2023 年第 8 号）。

第三节　新税收政策下的企业税务筹划问题

一、新税收政策下企业税务筹划的重要性

2024 年上半年，我国出台了一系列新税收政策。这些新政策的出台，标志着我国企业税务缴纳体系的一次重大完善，也进一步丰富了我国的税务制度和政策框架，不仅弥补了以往企业税务缴纳中存在的诸多不足，更为企业税务筹划提供了新的指导思想和行动准则。在新税收政策的引导和制约下，企业税务筹划的重要性日益凸显。结合企业的实际经营状况，制定科学合理的缴税方案，并及时确定税务筹划的核心内容，已成为企业税务管理的重要组成部分。

税务筹划工作者在满足税务要求的前提下，通过精细的筹划和优化，帮助企业降低实际缴税金额，从而实现企业利益的最大化。这一过程不仅考验税务筹划工作者的专业能力，也体现了税务筹划在企业经营管理中的核心价值。更重要的是，税务筹划工作的深入进行，还能顺势提升企业相关人员的工作能力，使他们在税务管理、财务规划等方面得到锻炼和提升。同时，通过合理的税务筹划，企业可以降低经营风险，减轻税负压力，为企业的稳健发展创造更加有利的环境。

（一）提升企业税务筹划人员的工作能力

新税收政策的实施带来了税务环境的深刻变革，这对企业的税务筹划人员提出了更高的要求。如果企业的会计人员能够紧跟新税收政策的步伐，及时更新筹划手段、优化筹划机制，那么将极大地提升公司经营的效率。然而，现实情况却不容乐观。一些会计人员由于自身业务能力不足，自我提升意识薄弱，在面对新税收政策带来的挑战时，往往选择因循守旧、墨守成规，而不是积极应对，抓住机遇实现自我价值的提升。

因此，企业应当给予税务筹划人员足够的支持和鼓励，让他们在新税收政策的背景下顺利开展税务筹划工作。这样不仅能够提升税务筹划人员的工作能力，还能使新税收政策下企业税务筹划的意义和重要性得到充分的体现。

（二）降低企业的经营风险

税务筹划工作对于降低企业的经营风险具有重要意义。通过合理、有效地开

展税务筹划相关工作，企业可以累积更多的可用资金，降低实际需要付出的资金成本，使资金的存续和积累朝着有利于企业运营的方向发展。

现代企业应当深刻认识到税务筹划的重要性，并对其工作内容进行细化。通过税务筹划工作的落实，企业可以在管理成本控制、资金积累等方面取得显著效果，从而为企业竞争力的提升奠定坚实的基础。因此，做好税务筹划工作对于降低企业的经营风险、实现可持续发展至关重要。

（三）减轻税负压力

依法缴税是每家企业应尽的义务，企业需要按照具体法规定期缴纳相应的税务款项。新税收政策的出台，针对既往存在的问题进行了修改和完善，有效缓解了企业在经济方面的压力。如果企业能够更好地贯彻新税收政策，在其引领下进行企业税务筹划，那么将能够帮助企业进一步减轻税负压力。通过合理的税务筹划，企业可以优化税务结构，降低税务成本，从而将更多的精力和资金投入到核心业务上，推动企业不断进步和发展。这样一来，企业资金压力将不再是压垮企业的"最后一根稻草"，而成为推动企业稳健前行的重要支撑。

二、新税收政策下企业税务筹划存在的问题及改进策略

（一）新税收政策下企业税务筹划存在的问题

1. 税务筹划意识不够强

新税收政策下部分企业存在税务筹划意识不够强的问题，主要原因是这部分企业将工作重心放在运营部和销售部的发展壮大上，忽略了税务筹划对企业发展的重要作用[①]。税务支出构成企业成本的重要部分，有效的税务筹划能显著减轻企业的税务负担，间接提升企业的经营利润。企业税务筹划意识的薄弱，一方面可能导致会计人员对税务筹划工作的忽视，进而影响企业税务筹划的整体质量；另一方面也可能引发企业其他部门对财务部门的轻视态度，这不仅会削弱财务工作人员的职业荣誉感和工作积极性，还可能对财务部门其他工作的高效、高质量执行造成不利影响。总体而言，这种状况不利于企业的税控管理、税务筹划、财务核算以及项目评估等工作的有效开展。

2. 税务筹划观念亟待更新

在新税收政策实施的背景下，部分企业暴露出税务筹划理念滞后的问题。这

---

① 陈莹. 新税法下企业税务筹划存在的问题及改进策略［J］. 企业改革与管理，2021（10）：211-212.

一现象的根源可以追溯到我国改革开放以来的经济高速发展阶段，由于那一时期的发展模式相对粗放，企业税务筹划理念的不足并未充分显现。然而，随着我国经济从高速增长转向高质量发展，企业税务筹划理念的滞后不仅阻碍了其在新经济态势下的发展，还可能对我国先进税务体系的构建造成阻碍。企业税务筹划理念的滞后主要体现在两个方面：一是部分企业未能清晰界定偷税漏税与税务筹划的界限，导致一些企业因惧怕税务风险而一概拒绝会计人员的税务筹划提议；二是部分企业的会计人员倾向于沿用传统工作经验进行税务筹划，未能根据新税收政策的规定调整筹划方案，缺乏运用新税收政策助力企业合理降低税收负担的能力。

3. 会计人员筹划能力不足

在新税收政策实施的环境下，部分企业会计人员面临着财务筹划技能不足的挑战，这主要体现在两个方面。一方面，部分企业会计人员的专业能力有待加强，他们未能将税法、会计和金融等相关知识有机融合，进而未能帮助企业有效降低税负，致使企业未能充分享受到新税收政策带来的"红利"。另一方面，部分企业会计人员在税务筹划过程中缺乏全局观念和统筹合作意识，导致税务筹划策略与企业战略发展方向脱节；同时，他们在税务筹划过程中未能与其他部门的项目负责人进行有效沟通和交流，使税务筹划策略与项目实际情况不相匹配。此外，企业会计人员筹划能力不足令税务筹划创新成为"空谈"，不利于企业的高质量、可持续发展[①]。

4. 税务筹划结构体系混乱

在新税收政策背景下，部分企业面临着税务筹划结构体系混乱的问题。税务筹划过程本身具有复杂性和多环节性，这使一些企业在实际操作中为了减少筹划流转环节带来的税负，而倾向于向上游企业或下游服务业发展。然而，这种发展趋势带来了诸多不利影响。

企业的这种发展趋势可能导致企业结构变得庞大而臃肿，不利于企业信息的快速传输。在复杂的企业结构中，信息的传递往往受到阻碍，导致决策效率低下，影响企业的响应速度和竞争力。

企业的这种发展趋势不利于企业未来的优化产业结构和转型升级。当企业过于分散资源，涉足多个领域时，很难在某个特定领域形成核心竞争力，从而难以

---

① 周晶莹. 新税法下的企业会计税务筹划分析［J］. 财经界，2022（33）：168-170.

实现产业结构的优化和转型升级。

企业的这种发展趋势与我国当前倡导的"专注细分领域"的"专精特新""小巨人"企业发展方向相悖。国家鼓励企业在特定领域深耕细作，形成专业化和精细化的竞争优势，而税务筹划结构体系的混乱可能导致企业偏离这一发展方向，影响企业的长期发展和国家产业政策的实施效果。

因此，企业需要重视税务筹划结构体系的混乱问题，并采取有效措施进行整改和优化，以确保税务筹划工作的顺利进行，并推动企业的健康发展。

（二）新税收政策下企业税务筹划问题改进策略

1. 提升对税务筹划工作的重视

在新税收政策颁布实施的背景下，企业应提升对税务筹划工作的重视程度，特别是在收入结算、投资核算、企业融资及企业经营等各个环节中，都应充分融入税务筹划的理念。为此，企业可从两方面着手。一方面，企业应重视企业文化对工作氛围的塑造作用，通过加大对税务筹划的宣传力度，提升全体员工的税务筹划意识。例如，企业可以组织以"税务筹划"为主题的知识竞赛，邀请会计人员及税务知识爱好者参与，通过答题过程增进全体员工对税务筹划的认识，强化筹划意识。另一方面，企业应为税务筹划工作提供必要的人才和资金支持。例如，在信息化社会背景下，企业可以为会计人员配备高性能的工作计算机，并购买正版税务筹划相关软件，以减轻会计人员的工作负担，提升企业税务筹划工作的信息化水平。同时，企业还可以通过人才引进或公开招聘的方式，为财务部门引进高质量的会计人才，从而提升企业会计人才队伍的整体素质。

2. 及时引进先进的税务筹划理念

为了在新税收政策背景下更好地进行税务筹划，企业需要及时引进先进的税务筹划理念，并不断提升会计人员的专业素养和筹划能力。

首先，企业应组织会计人员统一学习新税收政策，深入了解新税收政策相比于旧税收政策所做出的改变，并研究新税收政策指导下企业合理降低税收负担的有效措施。其次，企业应定期挑选骨干会计人员外出学习先进的税务筹划知识。一方面，企业可以鼓励在职会计人员通过考取非全日制学历的方式继续深造，不断精进专业能力，提升他们在税务筹划方面的理论和实践水平；另一方面，企业可以与社会财务培训机构达成合作，及时了解国内外企业税务筹划的知名案例和最新税务筹划理念，从而将这些先进理念和方法应用到企业的实际税务筹划工作中。

通过及时引进先进税务筹划理念并不断提升会计人员的专业素养和筹划能力，企业可以更好地应对新税收政策的挑战，实现税务筹划工作的优化和升级。

3. 加强会计人员专业能力培训

企业应当为会计人员提供有针对性的职业能力培训体验，即根据企业发展状况和各类企业税收特点来确定职业培训主题，使会计人员接受专业性强、重点突出的职业培训。例如，针对企业增值税计算比较复杂、涉及层次比较多、政策变化比较大的特点，企业可为会计人员提供增值税专题的职业能力培训，帮助会计人员加强对财税政策的理解和应用。企业还应该为会计人员进行"自我培训"提供机会。例如，企业可建设企业税务筹划微信公众号，定期更新公众号内容，令会计人员可以利用微信公众号推送内容随时随地开展"自我培训"。又如，企业可为会计人员购买线上培训课程，要求会计人员在规定时间内完成线上课程观看、线上答题和证书获取等工作。需要注意，会计人员专业能力培训一般见效比较慢，企业可以通过聘请事务所专业人员进行财务筹划的方式暂时解决企业"燃眉之急"。但这类咨询的费用比较高，对于小微企业来说，会计人才培养和储备工作要常态化地开展。

4. 完善会计管理的模式和制度

为了有效应对新税收政策带来的挑战，企业必须完善会计管理的模式和制度，确保税务筹划工作的顺利进行。

（1）企业应根据实际发展状况、短期发展战略以及行业发展趋势，制定相对应的税务筹划方案。这一方案应明确各部门、各岗位的税务筹划职责，确保每个部门和每个人都能明确自己在税务筹划中的角色和任务。财务部门作为税务筹划工作的主体部门，应起到主导和控制作用，而财务部门内的各岗位则应按照岗位职责制的规定承担具体的工作任务。

（2）企业应明确税务筹划的目标，并制定与企业发展战略相符合且具备高度可行性的税务筹划目标。这一目标不仅应关注税务成本的降低，还应考虑企业整体利益的最大化。为了激励会计人员更好地完成税务筹划工作，企业应根据税务筹划目标设计合理的人才激励制度，调动会计人员的工作积极性，从而提升税务筹划工作的质量。

（3）企业应落实和完善与税务筹划相关的基础设施和管理模式，其中包括：建立完善的税务筹划信息系统，确保税务数据的准确性和及时性；加强税务筹划人员的培训和教育，提高他们的专业素养和筹划能力；以及将税务筹划工作贯穿企业会计处理的始终，确保税务筹划与企业日常经营活动的紧密结合。通过这些措施的实施，企业可以更好地应对新税收政策的挑战，实现税务筹划工作的规范化和高效化。

5. 提升企业税务筹划的创新性

在新税收政策颁布实施的背景下，企业应当积极提升税务筹划的创新性，将具有企业特色的税务筹划目标和方案作为核心竞争力之一。为了实现这一目标，企业可以从以下两个方面着手：

一方面，企业应加强对税务筹划创新方案的重视，鼓励会计人员积极设计并上交创新性的税务筹划方案。对于被采纳的优秀方案，企业应当提供丰厚的物质奖励，以此激励其他会计人员也积极参与到创新中来，不断提升企业的税务筹划水平。这种奖励机制不仅能够激发会计人员的创新热情，还能够促进税务筹划工作的持续优化和改进。

另一方面，企业应组建优质高效的协税网络，确保企业会计人员与政府税务部门之间的直接沟通与合作。企业会计人员应积极配合税务部门完成各项税收相关工作，以便及时了解和掌握最新的税收政策和减税降费相关信息。同时，税务部门也可以为企业财务部门提供个性化的指导和建议，帮助企业更好地进行税务筹划和风险管理。通过这种紧密的合作关系，企业可以更加准确地把握税务政策的变化趋势，及时调整税务筹划策略，以实现税务效益的最大化。

三、税收政策变化对税务筹划的影响及应对策略

（一）税收政策变化对税务筹划的影响

税收政策变化对企业税务筹划及经济效益具有显著的影响。企业需要密切关注税收政策的动态，制定合理的税务筹划策略，并加强税务管理和风险管理，以适应新的经济形势和税务环境。

1. 税收政策变化影响税务筹划的灵活性

税收政策的变动往往会对税务筹划的灵活性造成一定的影响。每当新的税收政策被颁布，企业都不得不调整既有的税务筹划策略，以确保其与新的政策环境相契合。这一调整过程可能需要消耗相当多的时间和资源，有时甚至需要全盘重新规划税务筹划方案。因此，税收政策的变动在某种程度上可能会制约税务筹划的灵活性。然而，换一个视角来看，具备高度灵活性的税务筹划方案实则更能顺应税务政策的变化。一些具有前瞻性的企业会根据对税收政策变动的预测，提前

布局并制定相应的税务筹划方案。这样一来，当政策真正发生变化时，它们便能迅速做出反应，有效减轻政策变动带来的负面影响。

2. 税收政策变化影响税务筹划的有效性

税收政策的变动往往会对税务筹划的效力带来影响。在新的税收政策背景下，企业或许需要对其原有的税务筹划方案进行调整，以确保其与新政策的规定相适应。这一调整过程可能会导致原有筹划方案失效，或使其难以达到预期的税负降低效果。因此，税收政策的变动可能在某种程度上削弱税务筹划的效力。然而，若企业能及时洞悉并适应新的税收政策，便有可能抓住新政策中的优惠条款，弥补原有方案的不足，从而使新的筹划方案更加高效。另外，一些大型企业可能会采取多元化的经营策略，以降低对特定政策的依赖，从而削弱政策变动对税务筹划效力的冲击。

3. 税收政策变化影响税务筹划的合法性

税收政策的变动往往对税务筹划的合法性构成影响。在新的税收政策框架下，企业必须遵循新规定来开展税务筹划。倘若企业未能遵守新政策的要求，其筹划方案可能会失效，甚至可能触犯法律法规。因此，企业需时刻保持对税务政策变动的关注，以确保其筹划方案的合法性。然而，经验丰富的税务筹划人员或许能精准把握新政策的规定与要求，灵活调整原有筹划方案，使其与新政策相契合。此外，部分企业可能会选择聘请专业的税务顾问，以助力其进行合法且有效的税务筹划，从而确保筹划方案的合法性和实施效果。

4. 不同企业应对税收政策变化的策略与效果

面对税收政策的变动，不同企业会采取不同的应对策略，并产生不同的效果。一些企业倾向于采取保守策略，尽量避免涉足新的税收政策领域，坚守传统且熟悉的税务筹划方式。这类企业通常严格遵循税收法规和政策，确保税务筹划的合规性，但可能在税务筹划的创新性和灵活性方面有所欠缺。还有一些企业则采取更为积极的策略，主动深入了解并掌握新的税收政策和信息，尝试利用这些政策为企业创造更多价值。这类企业通常具备较强的税务风险防范能力和创新意识，能够灵活应对政策变动，从而在市场竞争中占据更多优势。综上所述，企业在应对政策变动时，应根据自身实际情况和市场环境，制定合理的税务筹划策略，以确保税务筹划的合规性，并实现企业经济效益的最大化。

（二）应对税收政策变化的策略

面对税收政策的持续变动，企业需进一步强化税务筹划意识，提升对其的重视程度。企业应加强政策学习与培训，深化对政策的理解与应对能力，构建有效的税务风险防范机制以降低潜在风险；同时，积极利用外部资源，寻求专业的税务咨询服务。这些举措将助力企业更有效地应对税收政策变动，降低税务风险，进而提升企业的经济效益与竞争力。

1. 强化和提高税务筹划意识与重视度

在当今复杂多变的经济环境中，税务筹划已成为企业经营管理中不可或缺的一环。为了充分发挥税务筹划的积极作用，企业必须充分认识到其重要性，并切实增强税务筹划意识。

首先，企业要提升领导层对税务筹划的关注度。领导层作为企业的决策核心，其对税务筹划的认知和态度将直接影响企业的税务筹划策略和管理效果。因此，企业领导层应明确税务筹划对企业发展的推动作用，将其视为提升企业竞争力、优化资源配置的重要手段，并将税务筹划纳入企业战略管理的关键环节。

其次，企业需加强全体员工的税务宣传与教育。税务筹划并非只是财务部门或税务专员的职责，而是需要全员参与、共同推进的工作。通过加强税务宣传与教育，提升员工的税务意识与筹划能力，使员工在日常工作中能够自觉遵循税收法律法规，积极配合税务筹划工作，从而有效降低企业税负。

最后，企业应强化与税务部门的沟通联系。税收政策与法规的变动将直接影响企业的税务筹划策略和实施效果。因此，企业应保持与税务部门的密切沟通，及时掌握最新的税收政策与法规，确保企业税务筹划合法、有效且及时。同时，企业还可以借助税务部门的专业指导，优化税务筹划方案，提升税务管理水平。

2. 深化政策学习，提升理解与应对能力

在税务筹划领域，企业对税收政策的理解与应对能力是其筹划工作成功与否的关键。为了提升企业在这方面的能力，深化政策学习、加强培训与研究分析，并积极寻求专业协助，是必由之路。

企业首要之务是及时了解和掌握国家最新的税收政策。税收政策是企业进行税务筹划的基础和依据，其变动将直接影响企业的筹划方案和实施效果。因此，企业必须加强政策学习与培训，确保相关人员能够准确理解国家政策的要求与变动，从而及时调整和优化自身的筹划方案。

其次，企业应加强对税收政策变动的研究与分析。税收政策的变动往往蕴含着机遇与挑战，企业需要敏锐地捕捉这些变动，深入分析其对自身的影响，以便更好地把握机遇、应对挑战。通过加强研究与分析，企业可以提升对税收政策变动的敏感度和应对能力，为税务筹划工作提供有力的支持。

最后，企业应积极寻求专业税务筹划机构或人员的协助。税务筹划是一项复杂而专业的工作，需要深厚的专业知识和丰富的实践经验。通过与专业税务筹划机构或人员合作，企业可以获取最新的税收政策信息、专业的筹划建议和实施方案，从而提升税务筹划的专业性和实施效果。同时，专业机构的协助还可以帮助企业更好地应对税务风险，确保筹划工作的合法性和合规性。

3. 构建税务风险防范机制，降低潜在风险

在税务筹划过程中，潜在风险无处不在，企业必须构建有效的税务风险防范机制，以确保税务筹划的合法合规，并减轻潜在风险对企业的影响。

企业的首要之务是加强对税务筹划人员的监督与管理。税务筹划人员是企业税务筹划工作的直接执行者，其行为将直接影响筹划的合法性和合规性。因此，企业必须加强对税务筹划人员的培训和管理，确保其具备专业的税务知识和筹划能力，并严格遵守国家法律法规和企业规定，规避人为因素带来的风险。

其次，企业应紧密跟踪并评估税收政策。税收政策是企业税务筹划的基础，其变动将直接影响筹划方案的有效性。因此，企业必须密切关注税收政策的变动，及时评估其对筹划方案的影响，并根据政策变动及时调整筹划方案，确保其与国家政策保持同步。

再次，企业应建立完善的风险预警机制。通过建立风险预警机制，企业可以及时发现并处理潜在风险，防止其进一步扩大。风险预警机制应包括风险识别、风险评估、风险应对等环节，以确保企业能够及时、有效地应对潜在风险。

最后，企业可积极寻求专业税务顾问或律师的支持。专业税务顾问或律师具备深厚的税务法律知识和实践经验，能够为企业提供专业的税务筹划建议和风险防范方案。通过与专业税务顾问或律师合作，企业可以提升税务筹划的专业性和实效性，并更好地应对潜在风险。

4. 借助外部资源，寻求专业税务咨询助力

在复杂的税务环境中，企业单凭自身力量难以全面应对各种税务挑战。因此，充分利用外部资源、寻求专业的税务咨询服务，成为企业增强税务筹划与风险防范能力的重要途径。

企业可聘请经验丰富的税务顾问或咨询公司，这些外部专家拥有深厚的专业知识和丰富的实践经验，能够为企业提供科学合理的税务筹划建议。他们不仅了解最新的税收政策，还能根据企业的实际情况，制定个性化的税务筹划方案，确

保企业的税务筹划活动合法合规并紧跟政策步伐。

此外，专业的税务顾问或咨询公司还能及时为企业提供最新的税收政策信息。税收政策的变动对企业税务筹划有着直接影响，而这些外部专家能够敏锐地捕捉政策的变动，及时为企业提供解读和建议，帮助企业迅速掌握政策动态，有效应对潜在风险。

除了税务筹划，这些外部资源还能为企业提供税务风险评估与预警服务。他们能够对企业的税务状况进行全面分析，识别潜在风险，并提供相应的预警和应对方案。这有助于企业及时发现并处理潜在风险，防止风险扩散，保护企业的税务安全。

第四节　企业税务筹划的未来趋势与挑战

一、数字化税务筹划崭露头角

数字化税务筹划崭露头角，预示着税务筹划领域即将迎来一场深刻的变革。随着科技的飞速发展，企业纷纷开始探索并采纳先进的数字工具和数据分析技术，以期在税务筹划方面实现效率与准确性的双重提升。

数字化工具的应用为企业带来了税务合规流程的自动化革新。这些工具能够显著减少手动操作，降低人为错误的风险，从而大幅提升合规性。无论是税务申报、数据报告还是账务处理，都可以通过专业的软件和系统来完成，使整个税务过程变得更加合规、高效、便捷。

数据分析在税务筹划中扮演着至关重要的角色。借助大数据分析技术，企业能够更深入地了解自身的税务状况，发现潜在的优化筹划机会。这不仅有助于降低税收成本，还能进一步提升企业的盈利能力。

数字化税务筹划还为企业提供实时监测税务风险的能力。面对不断变化的法规和政策环境，数字化工具能够帮助企业迅速做出反应，有效规避潜在的法律风险，并降低未来可能发生的税务争议。这一优势使数字化税务筹划成为企业应对未来挑战、实现可持续发展的重要手段。

二、全球税务趋势对企业影响深远

全球税务趋势对企业的影响是深远且多维度的，这种影响主要体现在投资决策、企业运营以及跨国公司运营等核心方面。

全球税费的改革无疑会影响企业的投资决策。一方面，低税率的国家和地区可能因此吸引更多的境外资本流入，为企业提供新的投资机会。另一方面，这种改革也可能提高境外公司投资决策的复杂性，因为不同国家和地区的税收政策差异可能导致投资回报的不确定性。

新的税收政策对企业的成本结构和盈利能力也会产生显著影响。税收政策的调整可能改变企业在不同国家和地区的资源配置，进而要求企业做出相应的战略调整，以确保其竞争力和盈利能力。

对于跨国公司而言，全球税务改革带来的挑战更为显著。不同国家和地区的税收政策差异可能会提高其运营成本和复杂性，同时，跨国公司还需要确保遵守各国和地区的税收法规，否则可能面临税收风险和法律诉讼。这种环境要求跨国公司具备高度的税务筹划能力和风险管理能力。

三、政策导向性显著增强

税收政策作为宏观调控的重要工具，其导向性在未来将越发显著。这意味着税收政策将更加注重引导企业行为，促进经济结构调整和产业升级。

对于企业而言，密切关注税收政策的变化变得尤为重要。税收政策的调整往往伴随着国家（地区）经济战略和产业政策的调整，因此，企业需要时刻保持警觉，以便及时捕捉政策变化的信号。

在税收政策导向性增强的背景下，企业需要更加灵活地调整税务筹划方案。这不仅要求企业具备敏锐的政策洞察力，还需要企业拥有专业的税务筹划团队，以确保税务筹划方案能够与税收政策的变化保持同步。

此外，充分利用政策红利也是企业在税务筹划中需要关注的重要方面。税收政策往往蕴含着丰富的优惠政策和减免措施，企业通过深度的税务筹划，合理利用这些政策红利，以降低税收成本、提升竞争力。

四、机遇与挑战并存

展望未来，企业在税务筹划领域将面临一个机遇与挑战交织的新篇章。在这个充满变数的时代，企业可从税收优惠政策中获益，通过数字化技术提升筹划效率，并积极拓展跨境业务，开创发展的新篇章；同时，也需应对全球税务趋势、法规复杂性以及透明度要求等带来的重重挑战，这些挑战无疑将加重和提高企业的合规负担和风险。

为了在这个复杂多变的环境中稳步前行，企业必须密切关注税收法律法规的变化，不断提升内部的税务筹划能力。这要求企业不仅要拥有一支专业的税务筹划团队，还需要建立完善的税务管理制度和内部控制机制，以确保税务筹划活动的合法性和有效性。

同时，企业还应强化与外部合作伙伴的沟通与协作机制。通过与税务机关、专业税务顾问以及其他相关方的紧密合作，企业可以更好地理解和应对税收法律法规的变化，共同探索税务筹划的新路径。

在这个过程中，透明度、风险管理和数字化工具仍然是企业需要重点关注的焦点：通过提高税务筹划的透明度，企业可以增强与利益相关方的信任；通过加强风险管理，企业可以更好地应对潜在的税务风险和挑战；而通过充分利用数字化工具，企业则可以进一步提升税务筹划的效率和准确度。

第三章

企业税务筹划管理与技巧

第一节 企业税务筹划管理的重要性

一、控制企业经营成本

随着社会经济的快速发展，企业迎来了前所未有的发展机遇，经营规模和范围都在不断扩大。在这一良好的发展背景下，企业的涉税项目也随之增多，复杂性日益提升。面对这一现状，税务筹划的合理性与有效性成为企业成本控制的关键。

税务筹划在企业经营中扮演着至关重要的角色。一个精心设计的税务筹划方案，能够帮助企业有效降低税收成本，从而提高整体收益。为了实现这一目标，企业需要站在全局的高度，从各个层面入手，对税务筹划方案及其具体实施过程进行优化。

税务筹划的实施效果对企业成本支出具有显著影响。因此，大多数企业在制定税务筹划方案时，都会以国家和地区的法律法规为依据，确保筹划工作的合法性和合规性。这样，企业既能在不违反法律的前提下降低税收成本，又能为未来的持续发展奠定坚实的基础。

二、规避企业税务风险

针对企业的实际情况，合理规划并不断优化税务筹划的各个环节，是确保税务筹划工作顺利进行的关键。通过这一举措，企业可以有效避免税务筹划过程中出现的各种问题；即使遇到问题，也能够迅速发现并采取科学合理的方法予以解决，从而显著降低税务风险。

税务筹划工作虽然能够为企业带来更高的效益，但同时也伴随着一定的税务风险。为了有效规避这些风险，企业需要在战略规划阶段就着手开展税务筹划工作。例如，企业可以通过运用多样化的方法，积极推进税务筹划的有效进行；并充分利用国家给予的税收优惠政策，从自身经营的角度出发，将税务管理工作做到位。

同时，进一步优化税务筹划的工作流程也是至关重要的。这不仅可以高效解决纳税环节出现的诸多问题，还可以提高企业的抗风险能力，减少不必要的损失。因此，企业应该高度重视税务筹划工作，通过不断优化和完善，确保其在合法合规的基础上，为企业带来最大的税收效益和风险控制效果。

三、增强企业竞争力

税务筹划在企业战略中扮演着举足轻重的角色，它不仅是降低税收成本的工具，更是提升企业整体竞争力的关键。以下从成本优势和优化财务结构两个方面，详细阐述税务筹划如何为企业带来战略价值。

（一）成本优势：直击税务筹划的要点

税收作为企业经营成本的重要组成部分，其管理与优化直接关系到企业在市场上的竞争力。在激烈的市场竞争中，企业都力求通过各种手段降低成本，以获得更大的市场份额和利润空间。而税务筹划，正是企业实现这一目标的重要手段之一。

通过精细的税务筹划，企业可以有效地降低税负，从而在市场上获得显著的成本优势。这种成本优势不仅仅体现在财务报表上数字的改善，更重要的是，它还体现在转化为企业在产品定价上的灵活性。有了这种灵活性，企业就能够在保证盈利的前提下，提供更具吸引力的价格，从而吸引更多的消费者，提升产品的市场竞争力。

税务筹划带来的成本优势，是企业实现可持续发展、赢得市场份额的重要基石。在长远的发展中，企业需要通过不断地创新和优化来保持其竞争优势。而税务筹划作为一种有效的成本管理手段，将为企业在这一过程中提供有力的支持。通过合理的税务筹划，企业可以降低运营成本，提高盈利能力，从而为未来的投资和发展积累更多的资金和资源。

（二）优化财务结构：税务筹划的深层效应

税务筹划的深远影响不局限于税收成本的降低，其更深层次的价值在于对企业财务结构的优化上。一个经过精心设计的税务筹划方案，能够巧妙地调整企业的财务结构，使资本的利用效率得到显著提升。这意味着企业能够更有效地运用有限的资源，实现更高的经济效益，从而在市场竞争中脱颖而出。

财务结构优化不仅可提升企业的内部运营效率，还可显著增强企业的融资能力。当企业展现出健康的财务状况和高效的资本利用时，它在寻求外部资金支持时就会更具吸引力。这无疑为企业的发展壮大提供了有力的财务支撑，使企业在扩张、创新或应对市场挑战时能够更加游刃有余。

因此，税务筹划的深层效应使它成为企业战略中不可或缺的一部分。通过税务筹划，企业不仅能够在短期内实现税收成本的降低，而且能够在长期优化财务结构中，提升整体竞争力。这种战略性的考量使税务筹划成为企业长远发展的重要基石，为企业的持续稳健发展提供了坚实的保障。

四、提升企业的形象和信誉

税务筹划在企业的运营中不仅仅是一项经济活动，它还在塑造和提升企业形象与信誉方面发挥着举足轻重的作用。以下，我们将从积极履行社会责任和促进可持续发展两个方面，深入探讨税务筹划如何为企业带来形象和信誉的显著提升。

（一）积极履行社会责任：税务筹划的社会效应

合理的税务筹划不仅体现了企业对纳税义务的严谨态度和合规精神，更深层次地，它是企业积极履行社会责任的重要标志。税务筹划的实施过程，实际上也是企业对自身社会责任进行深刻认识和积极承担的过程。

在追求经济效益的同时，企业能够充分认识到自身作为社会成员所应承担的义务，并通过合理的税务筹划来积极履行这些义务。这种对社会责任的坚守和诚信经营原则的遵循，无疑会为企业赢得社会的广泛赞誉和高度认可。

更重要的是，一个始终将社会责任放在首位的企业，更容易在消费者心中树立起正面的形象。消费者往往更倾向于支持那些有社会责任感、诚信经营的企业。因此，这样的企业在市场竞争中无疑将占据更为有利的位置，获得更多的市场份额和消费者的忠诚。

（二）促进可持续发展：税务筹划的长远视角

税务筹划通过合法合规的方式降低企业的纳税负担，为企业创造了一个更为宽松和有利的经营环境。这一筹划过程不仅关注短期的经济效益提升，而且着眼于企业的长期发展，体现了其深远的战略考量。

在短期内，税务筹划帮助企业优化税务结构，减轻税负，从而释放更多的资金用于核心业务的投入和创新；而其真正的价值在于为企业长期发展奠定坚实的基础。通过税务筹划，企业能够更好地规划资金流，确保在面临市场波动或挑战时具备足够的财务缓冲，保持稳健的经营态势。更重要的是，税务筹划所体现的可持续发展理念，使企业在追求经济效益的同时，也注重社会责任和环境保护。这样的企业不仅能够在市场竞争中保持领先地位，还能够持续为员工、客户和社会创造更多的价值，实现经济效益与社会效益的双赢。

长远的发展眼光和稳健的经营策略，无疑会进一步提升企业的形象和信誉。一个注重可持续发展、积极履行社会责任的企业，更容易赢得员工、客户、合作伙伴以及社会各界的信任和尊重。这种信任和尊重都是企业宝贵的无形资产，使企业在市场拓展、品牌建设、人才引进等方面获得更多优势。

第二节　企业税务筹划管理的原则

一、合法合规原则：税务筹划的基石

法律是企业经营行为的约束与规范，无论是生产、投资还是其他任何活动，都必须严格在法律规定的范围内进行。税务筹划作为企业经营管理的重要组成部分，同样必须遵循合法合规的原则。这意味着，税务筹划必须基于国家（地区）税收政策的相关规定，确保筹划管理工作的合理性和合法性。只有这样，企业才能从税务筹划中真正受益，实现经济效益与社会效益的双赢。

在税务筹划过程中，企业必须坚决避免为了达到获利的目的而采取不正当手段的行为。任何违反税法规定的行为，都可能给企业带来严重的法律风险和声誉损失。因此，企业必须严格遵守税法要求，对于税法中明确规定的缴纳项目，必须按时、足额缴纳。

同时，企业在进行税务筹划时，应充分利用国家（地区）出台的税收优惠政策。这些优惠政策是国家（地区）为了鼓励企业发展、促进经济结构调整而制定的，企业可以在合法合规的前提下，通过合理利用这些政策，有效降低税负压力、提升经济效益。

二、经济效益原则：税务筹划的核心导向

经济效益原则是企业税务筹划的核心导向，它强调税务筹划应当追求企业的经济利益最大化。这一原则要求企业在严格遵循税法的基础上，通过运用合理的税务筹划手段，有效减轻税负，进而提升企业的财务效率和整体经济效益。

在经济效益原则的指导下，企业税务筹划不仅关注短期的税收减免，而且注重长期的财务优化和经济效益提升。它鼓励企业在税务筹划过程中寻求成本最优化，通过精细的筹划和管理，促使企业在履行纳税义务与享受税收优惠之间找到平衡。

为了实现经济效益最大化，企业应当充分利用国家（地区）提供的各项税收优惠政策，合理规划税收成本，包括选择适合的税务年度、税种申报和税率应用等，以确保企业在合法合规的前提下，最大限度地减轻税收负担。

同时，经济效益原则还要求企业密切关注税收政策的变化，灵活调整税务筹划策略，以适应市场和财务状况的不断变化。这意味着企业的税务筹划不能是一成不变的，它必须是一个动态调整、持续优化的过程。

三、风险控制原则：税务筹划的稳健基石

风险控制原则是企业在进行税务筹划时必须坚守的重要原则。这一原则要求企业充分评估和控制与税务筹划相关的各种风险，以确保税务筹划的稳健性和可持续性。

税务风险主要来源于多个方面，包括税法的变化、税务筹划的不确定性以及潜在的税务争议等。这些风险都可能对企业的财务状况和声誉造成严重影响。因此，基于风险控制原则，企业应建立一套健全的税务风险管理体系。

这套风险管理体系应包括风险识别、评估、监控和应对机制。在税务筹划过程中，企业应全面评估各种税务风险，如税收政策变动风险、税务审计风险以及因筹划不当导致的法律和声誉风险。通过科学的风险评估，企业能够更准确地把握税务筹划的可行性和潜在风险。

在选择税务筹划方案时，企业应坚持风险可控、效益合理的原则。这意味着企业应在降低税负的同时，充分考虑税务筹划方案可能带来的风险，并选择那些风险相对较低、效益相对较高的方案。

此外，企业还应持续监控税务环境的变化，及时调整筹划策略。税务环境是一个动态变化的环境，税法的调整、税收优惠政策的变动等都可能对企业的税务筹划产生影响。因此，企业必须保持对税务环境的敏感性，及时调整筹划策略，以适应新的税务环境。

为了确保税务筹划的决策过程符合企业的整体风险管理框架，企业还应建立有效的内部控制机制。这包括建立健全的税务筹划审批流程、加强税务筹划人员的培训和管理、定期对税务筹划进行内部审计等。通过这些措施，企业能够确保税务筹划的决策过程科学、合理、合规。

四、一致性原则：税务筹划与企业战略的和谐共生

在企业发展的宏伟蓝图中，战略目标的设置无疑是最为关键的一环。而税务筹划，作为企业管理的重要组成部分，必须与企业战略目标保持高度的一致性。二者之间并非对立关系，而是相互促进、共同发展的。

企业发展目标的制定是一个全面而复杂的过程，它需要考量市场、竞争、资源等多个方面。在这个过程中，税务筹划应该被纳入其中，作为一个重要的考量因素。税务筹划的合理性和有效性，将直接影响到企业战略目标的实现。

同样，税务筹划也应该在一定程度上引导和支持企业战略目标的实施。税务筹划不仅仅是为了降低税负、提高经济效益，更是为了服务企业的整体发展战略。因此，税务筹划应该与企业战略目标紧密相连，形成一个有机的整体。

换言之，税务筹划是企业战略发展目标实现过程中的一个重要决策子系统，它必须服从并服务于企业的整体战略，为战略目标的实现提供有力的支持和保障。在这个过程中，税务筹划需要不断调整和优化，以适应企业战略的变化和发展。

五、与时俱进原则：税务筹划的时代要求

在企业经营与运作的复杂环境中，各种情况层出不穷，这些变化无疑会对税务管理与筹划产生深远影响。为了充分发挥税务筹划的积极效应，企业必须紧跟时代发展的步伐，突出管理的时效性和创新性。

这意味着企业不能故步自封，长期使用同一种税务筹划方案。当国家（地区）调整税收政策时，过时的筹划方案可能会引发偷漏税问题，不仅损害企业声誉、增加成本，还可能受到相关部门的处罚。因此，企业必须保持对税收政策变化的敏锐洞察力。

现代社会的发展日新月异，国家（地区）为了满足各行各业的发展需求，必然会适时地调整税收政策。新政策的出台与实施对企业提出了更高的要求。因此，企业的税务筹划人员必须及时了解并掌握新政策，不断优化税务筹划方案，确保企业的所有经营和运作活动都符合政策规定，从而最大限度地降低因失误而导致的税务成本增加等问题。

除了紧跟新政策，税务筹划人员还应不断提升自己的专业能力和增强税务筹划意识。他们应该实时关注税收法律法规的变化，及时改进税务筹划方案，以确保税务筹划工作始终与时俱进，为企业的发展提供有力的支持。只有这样，企业才能在瞬息万变的市场环境中立于不败之地，实现持续稳健的发展。

第三节　企业税务筹划管理的策略与技巧

一、企业税务筹划的管理策略

（一）优化税务筹划体系

1. 构建多元化的专业税务筹划团队

税务筹划工作的复杂性和专业性要求企业必须拥有一支具备高度专业素养和丰富实践经验的团队，因此，需要组建一支由财务专家、税务顾问、数据分析师等多领域专业人才构成的税务筹划团队。在团队成员的选择上，除了要保证其具备扎实的财务和税务知识，还要特别注重团队成员在数据采集、分析以及大数据应用方面的能力。这样，团队就能在大数据技术的支持下，更加准确地把握税务筹划的方向，深入挖掘财务数据背后的价值，为企业的税务筹划工作提供有力的数据支撑。

同时，还应注重团队成员的多元化发展，鼓励团队成员不断学习和提升自我，以适应不断变化的税务环境和政策要求。打造一支多元化、专业化的税务筹划团队，可以更加全面地分析企业的税务状况，制定更加科学、合理的税务筹划策略，为企业的稳健发展保驾护航。

2. 完善与优化税务筹划制度

在拥有了专业的税务筹划团队后，企业还需要进一步完善与优化税务筹划的相关制度。这些制度不仅应涵盖税务核算的具体流程和操作方法，还应明确税务筹划工作的总体要求、具体标准和各岗位工作人员的权责划分。通过制度的完善与优化，企业可以确保每一位财务人员都能明确自己的工作职责和内容，实现分工清晰、责任到人的工作目标。

此外，在税务筹划制度的执行过程中，企业还应特别注重各环节之间的衔接与配合。税务流程的各个环节总负责人应切实履行好自己的职责，确保税务筹划工作的顺利进行。同时，他们还应积极与其他部门进行有效沟通，实现部门之间的无缝衔接，共同应对可能出现的税务问题。这样，企业就能在问题发生时迅速响应，有效避免互相推诿的现象发生，确保企业的税务筹划工作始终保持在高效、有序的状态下进行。

（二）健全税务筹划风险管理机制

1. 构建全面而细致的税务筹划管理制度

在税务筹划的风险管理中，人员与流程是两大不可或缺的核心要素。为了确保税务筹划工作的顺利进行，企业必须构建一套全面而细致的税务筹划管理制度，以确保财务人员严格按照既定的流程进行工作。税务筹划涉及众多复杂的环节，特别是在一些重要环节和审核环节上，财务人员必须做到严谨无误，确保每一步操作都符合税收法律法规，避免任何可能的疏漏或错误。财务人员还需及时上交各类证明和信息数据。税务筹划需要依据大量的财务信息和数据来进行，如果资料不全或延误，将直接影响税务筹划的进度和准确性。因此，财务人员必须保持高度的责任心和紧迫感，确保所有所需资料都能及时、准确地提交。

除了人员方面的管理，企业还需要在制度层面进行持续优化。税收政策经常变动，这是税务筹划工作必须面对的现实。因此，企业必须实时了解并跟进国家（地区）的相关政策，不断对税务筹划风险管理的内容进行调整和优化。这样，企业的税务筹划工作才能始终保持在最新的政策框架内，确保税务筹划方案既合法又有效。

2. 成立独立的监督管理小组

税务筹划管理是一个复杂而细致的过程，它涉及多个部门、人员和环节。为了确保税务筹划工作的顺利进行，并有效防范潜在的风险，企业需要成立一个独立的监督管理小组。

这个监督管理小组主要由高层管理人员和专业财务人员构成，他们具备丰富的税务知识和管理经验，能够对税务筹划工作进行监督和指导。小组的主要职责是定期对各项目的税务情况进行核算和审查，确保税务筹划的准确性和合规性；同时，他们还需要及时公布审核结果，让所有人都了解税务筹划的进展和效果。

通过这样的监督机制，企业可以确保每一次的税务筹划流程都是公正、公开和准确的。这不仅可以提高税务筹划的效率和准确性，还可以有效避免因管理不善而导致的假账问题。假账问题不仅会对企业的财务状况造成严重影响，还可能损害企业的声誉和信誉。因此，成立监督管理小组是维护企业合理利益、保障税务筹划工作顺利进行的重要举措之一。

总的来说，成立独立的监督管理小组是完善税务筹划风险管理机制的重要一环。它有助于提升税务筹划工作的质量和效率，确保企业的税务筹划工作始终保持在合规的轨道上，为企业的长期稳定发展提供有力保障。

（三）深化内部管理制度

1. 全面提升财务人员的技术技能水平

财务人员作为税务筹划的核心执行者，其技术技能水平的高低直接关系到税务筹划的质量和效果。因此，企业必须高度重视财务人员的培训工作，致力于全面提升他们的专业能力和技术水平。

为了实现这一目标，企业应建立多样化的学习平台，为财务人员提供持续的专业知识和技能提升机会。这些学习平台包括内部培训、外部研讨会、在线课程等多种形式，以确保财务人员能够不断更新自己的知识体系，跟上税收政策和法规的变化。通过这样的培训和学习，财务人员将能够更好地了解和应用新的税收政策，为企业的税务筹划工作提供更准确、更有效的支持。

同时，为了激发财务人员的学习积极性和工作热情，企业还应将员工的工作能力、业绩与工资报酬紧密挂钩。通过设立明确的奖惩机制，企业可以督促员工在工作时间之外也能自主学习，不断提升自身的专业技能和筹划水平。这种机制不仅有助于提升财务人员的个人能力，还能够增强团队的整体实力，为企业的税务筹划工作提供更强大的支持。

2. 优化税务筹划工作流程，提高管理效率

税务筹划工作涉及面广、内容繁多，从申报、审核、核算到规划、总结等各

个环节都不可或缺。然而，由于税务筹划的周期长、数据多，很容易造成数据的丢失或非法篡改等问题。这不仅会影响税务筹划的准确性，还可能给企业带来不必要的法律风险和经济损失。

因此，企业必须下大力气优化税务管理及筹划流程。这包括：突出重点、难点，确保每一项资金的来源和去向都能得到精准掌握；采用先进的信息技术手段，如大数据分析、云计算等，来提高数据处理和分析的效率；建立严格的数据管理制度，确保数据的安全性和完整性。

通过优化流程，企业不仅可以有效节约时间成本，还能大大降低人力资源管理成本；更重要的是，优化后的流程可以使税务筹划工作更加高效，保障其有序进行，从而提高企业的整体竞争力和市场地位。

二、企业税务筹划的管理技巧

（一）税率筹划

"营改增"等税收政策的实施，标志着我国税制改革的深入推进。增值税、税率调整等政策的变动，对企业税务筹划提出了更高的要求。税率，作为衡量税额的关键指标，其波动直接影响着企业的税务成本和经济效益。因此，企业必须时刻保持对税率的敏锐洞察，动态跟踪其变化趋势。

财务部门作为企业税务筹划的前沿阵地，应紧密结合企业实际发展情况，根据税率波动合理安排税务筹划工作。这要求财务部门工作人员不仅要准确了解"营改增"等新税收政策的相关内容，还要深入学习、掌握并明确多种类型税率的范畴及界定。通过这样的努力，企业可以确保税务筹划思路的清晰性和方法的有效性，进而制定出切实可行的税务筹划方案。

此外，在精准税率筹划的基础上，企业还需进一步完善税率管理体系。这一体系应涵盖对税率基本点及特征的全面了解，以及通过多样化渠道获取与税率变化相关的内容。为了提升税务筹划的效率和准确性，企业可以充分利用现代信息技术，构建智能化的税务管理平台。这一平台应能够实现税务数据的实时更新和分析，帮助企业及时掌握税务方面的关键内容。通过对这些指标的深入分析，企业可以及时发现异常情况，并采取有效措施予以解决。同时，结合企业制度标准和新税收政策的特点，企业可以制定出更加完善的税务筹划管理措施。这些措施应在对税率起伏进行合理把控的同时，依托有效的税务管理体系，确保税务筹划管理工作的高质量开展。

（二）税基筹划

税基作为政府向企业征收税款或实施制度的重要依据，其对企业纳税额度的影响不言而喻。所得税税基，即企业需要缴纳的应纳税所得额，是通过一系列复杂的公式计算得出的。这个公式涵盖了收入总额、不征税收入、免税收入、各项扣除以及允许弥补的以前年度亏损等多个因素，每一个因素都直接关系到企业最终的税务负担。

因此，企业必须严格把控应纳税所得额，这既是对政府税务政策具体要求的积极响应，也是企业整体发展视角下税务筹划方案的综合性衡量。财务管理层人员需要站在全局角度，不仅要考量税收成本，还要深入分析我国财政税务管理的相关内容，全面研究企业的一切经济活动，确保税务筹划工作能够精准化开展。

在这个过程中，明确每一项应纳税所得额之间的关联性至关重要。财务管理层人员需要深入理解这些关联，站在全局视角下进行税务筹划管理。只有这样，才能确保税务筹划工作的有序进行，实现税务优化和企业发展的双赢。

（三）税种筹划

随着税收政策的不断调整与优化，税种日益呈现出多元化的趋势，流转税、增值税、所得税等纷纷纳入税务筹划的考量范围。各个税种的税率也随之发生变化，且进项的抵扣规则也各不相同。面对如此复杂的税种环境，企业必须时刻保持高度关注，准确把握税额和税种的变化，以确保税务筹划工作的有效进行。

为实现这一目标，企业应细致划分并分析多种税种的优惠政策，确保税务筹划方案的及时性、有效性和针对性。为降低税种变化对企业经营的影响，企业需要构建一套切实可行的权责体系，明确税种管理的具体责任人，确保税种管理工作的有序和高效开展。

同时，借助现代信息技术的优势，企业可以构建智能平台或系统，对税种进行细致划分，并实时监控、分析税率和税种的变化。这将大大提高税务筹划管理工作的有效性，使财务人员能够随时分析不同税种税率的变动政策，及时发现异常情况，并采取有效的措施来应对。

此外，企业还应完成多种模块表格的制作工作，以辅助税务筹划工作。在制作申报表、登记表等表格时，企业应结合税种类型，运用技术手段将各流程串联起来，实现各环节的连接和各层面的信息共享。这将为税务筹划方案的制定提供更加充足的依据，确保方案的准确性和可行性。

第四节 企业税务筹划高质量发展的路径探究

一、加强税务筹划的意识

在当前复杂多变的税制环境中，税务筹划对企业而言占据着举足轻重的地位。然而，令人遗憾的是，部分企业在实际操作中并未充分认识到税务筹划的重要性，缺乏正确的税务筹划意识。实际上，税务筹划在我国现行税制下具有深远的积极意义，它不仅是降低税收负担的有效途径，更是优化企业财务管理的关键手段。

从降低税收负担的角度来看，税务筹划能够对企业的财务管理进行合理调整。当企业将其纳入财务管理范畴时，可以对各项税收项目进行统筹规划和安排，从而消除其中的不合理因素。这使节税和税负优化成为企业财务管理工作的核心目标，为企业带来实实在在的利益。

而从优化企业财务管理的角度来看，税务筹划的积极作用更为显著。它不仅能够有效降低企业的税收成本，还能使企业将更多的资金用于其他领域，进而创造更多的利润。同时，通过充分利用税收优惠政策，企业可以进一步提高经济效益，实现收入的最大化和利润的最大化。

此外，税务筹划在提升财务管理水平和效率方面也发挥着重要作用。税务筹划工作需要多个部门和人员之间的紧密配合与协作，要求相关部门加强沟通和协作，共同完成。这种跨部门、多人员的合作模式不仅有助于提升税务筹划的效率和准确性，还能推动企业财务管理的整体优化。

二、提升财务人员的专业能力

随着市场经济体制改革的不断深入，企业税务筹划工作的重要性日益凸显。然而，当前许多企业在税务筹划方面面临困境，其中财务人员专业能力不足是一个核心问题。为了提升企业税务筹划水平，为企业创造更多经济效益，企业必须高度重视并致力于提升财务人员的专业能力。

当前企业税务筹划工作的开展情况揭示了一个不容忽视的事实：许多企业在

财务人员培训方面存在明显不足，特别是中小型企业，往往忽视了财务人员专业能力的培养，这直接导致了企业在税务筹划工作中无法充分发挥其应有的作用。

因此，企业必须采取积极措施，加强对财务人员的专业培训，提升他们的税务筹划能力，包括定期组织税务筹划相关的培训课程，邀请税务专家举办讲座，以及鼓励财务人员参加专业的税务筹划师资格考试等。通过这些措施，企业可以确保财务人员具备扎实的税务知识和筹划技能，为企业的税务筹划工作提供有力的人才保障。

同时，企业还应注重培养财务人员的实践经验和实际操作能力。税务筹划工作不仅需要理论知识，还需要丰富的实践经验和实际操作能力。因此，企业应鼓励财务人员积极参与税务筹划的实践活动，如参与企业的税务审计、税务咨询等项目，以提升他们的实践经验和实际操作能力。

三、制定健全的税务筹划制度

税务筹划工作的有效开展，离不开一个完善、健全的税务筹划制度作为支撑。因此，企业若想切实做好税务筹划工作，提升税务筹划水平，就必须在制度建设上狠下功夫。

企业要加强税务筹划相关制度的制定与完善。当前，我国许多企业在制定税务筹划制度时面临诸多问题，如制度过于原则化、缺乏针对性，或制度过于落后、不符合经济发展形势，或制度不够科学、全面。这些问题都严重制约了企业税务筹划工作的有效开展。因此，企业必须加强税务筹划制度的制定与完善工作，确保制度能够科学、全面、具有针对性，并能有效指导企业税务筹划工作的开展。

企业要加强对纳税风险的防控。纳税风险是影响企业税务筹划效果的主要因素之一。为了充分利用税收优惠政策进行税务筹划工作，企业必须高度重视纳税风险的防控。为此，企业应建立完善的纳税风险预警机制，通过对不同税种进行对比分析，及时发现税收风险点，并制定相应的解决措施。同时，企业还应不断提高财务人员和其他专业人员在纳税风险防控方面的能力，充分发挥他们在税收工作中的重要作用。

企业还应定期对全体员工进行相关业务培训和学习，提高全体员工对税收法律法规和政策的掌握程度。这不仅有助于提升员工的税收意识和筹划能力，还能为企业营造一个良好的税务筹划氛围，推动税务筹划工作的有效开展。

四、加强信息管理

随着我国社会经济的蓬勃发展，市场竞争越发激烈，企业若想在激烈的市场竞争中获得持续健康的发展，就必须高度重视税务筹划工作。而税务筹划工作的顺利开展，离不开一个健全、高效的税务筹划信息管理系统作为支撑。

企业应明确自身的发展目标，并据此制定合理的税务筹划战略。这一战略应与企业长期发展规划紧密相连，确保税务筹划工作能够为企业发展提供有力支持。

企业应完善内部管理制度，制定科学有效的税务筹划管理制度。这包括严格规范税务筹划工作流程，确保每一步操作都符合法律法规要求，同时提高税务筹划人员的专业素质，使他们能够胜任复杂多变的税务筹划工作。

企业应积极与国家相关部门进行沟通协调，及时获取国家税收政策信息。通过保持与税务部门的紧密联系，企业可以确保自身税务筹划工作与国家税收政策保持一致，避免因政策变动而带来风险。

企业应注重提高税务筹划人员的综合素质、专业水平和工作责任心。通过定期培训、考核和激励机制，激发税务筹划人员的工作热情和创新精神，使他们能够更好地为企业税务筹划工作贡献自己的力量。

五、注重税务筹划与经济活动的有机结合

税务筹划作为企业财务管理的重要组成部分，其本质在于在遵守相关法律法规的前提下，合理、科学地安排和规划企业的财务活动，以使企业获得最佳的经济利益。因此，企业在开展税务筹划工作时，必须将税务筹划与企业经济活动紧密结合起来。

为了实现税务筹划与经济活动的有机结合，企业必须充分考虑税收法律法规和政策的具体要求。这意味着企业在进行税务筹划时，必须深入研究和理解国家税收法律法规和政策，确保筹划方案的合法性和合规性。同时，企业还应充分利用国家所提供的优惠政策进行税务筹划，以最大化企业的经济利益。

此外，企业在进行税务筹划时，还必须充分考虑到企业自身情况以及国家对这些行业或地区所制定的具体税收政策要求等因素。不同行业、不同地区、不同经济类型的企业所适用的税率是存在差异性的。因此，企业在进行税务筹划时，必须深入分析和研究这些因素，以选择最佳的纳税方法，实现税务筹划与经济活

动的有机结合，最大化企业的经济利益。

六、合理选择纳税时间

我国税法体系对于纳税时间的选择要求非常严格。企业必须紧密结合国家的相关法律法规，对不同的纳税时间进行综合、全面的考虑，以确保税务筹划的合法性和有效性。

在选择纳税时间时，企业应充分利用税法所给予的优惠政策，合理安排各项业务活动。在不违反相关法律法规的前提下，选择最有利于自身发展的纳税时间，以降低税负、提高经济效益。例如，企业可以通过合理安排业务活动和收入核算工作，充分利用税收优惠政策，降低税负。

在进行增值税纳税时间的选择时，企业应根据国家对增值税税率的调整情况及本企业所处行业、产品、地区等具体情况来确定纳税时间。对于新兴产业或新产品行业，其产品对市场具有较强的竞争力，企业可以根据增值税税率的调整情况来灵活选择纳税时间；而对于高科技、高附加值产品、旅游服务等行业，由于产品销售和收入结算较为频繁、周期较长、时间跨度较大，其纳税时间可以相对延长一些，以更好地匹配企业的资金流和业务流程。

然而，在进行其他税种纳税时间选择时，企业需要注意不同税种之间存在的差异性。例如，营业税与企业所得税在计算和缴纳方面就存在很大的差异性。因此，在进行其他税种纳税时间选择时，企业应根据自身实际情况和各项税种的特点，合理选择纳税时间，以确保税务筹划的有效性和合法性。

此外，企业在进行税务筹划时，还应充分考虑纳税行为对自身发展和收益产生的影响。如果企业在进行业务活动中存在违规行为、偷税漏税等行为，不仅会受到税务机关的处罚和追缴税款，还会严重损害企业的声誉和长期发展。因此，企业必须严格遵守税法规定，合理规划税务筹划，以确保企业的稳健发展和持续收益。

七、完善相关法律法规，充分利用国家税收优惠政策

随着我国市场经济的持续发展，企业税务筹划工作的重要性日益凸显，而税务筹划的顺利开展，离不开相关法律法规的有力支撑。因此，企业必须高度重视对相关法律法规的完善工作，确保税务筹划活动在科学、合法的框架内进行。

税法中明确规定的纳税期限、优惠政策等条款，对企业的税务筹划工作具有

至关重要的指导作用。企业务必深入研究这些法律法规，确保税务筹划方案的合规性，并充分利用法律赋予的优惠政策，实现税负的最小化。

同时，企业应根据自身的实际情况和发展规划，积极参与国家税收优惠政策的制定和实施工作。这意味着企业要密切关注自身所处地区的经济发展水平、产业结构以及当地政策等，深入分析税收优惠政策与国家产业政策之间的内在联系。通过积极参与政策制定和实施，企业可以更好地把握政策导向，为自身的税务筹划工作创造有利条件。

此外，企业还应积极参与到税收优惠政策实施情况和效果的调查研究中去。通过调查研究，企业可以更加深入地了解相关政策的具体内容和实施效果，从而更加精准地把握政策脉搏，优化税务筹划策略。例如，企业可以关注哪些行业、哪类企业符合税收优惠条件，以便在税务筹划中充分利用这些政策，降低税负、提升竞争力。

八、加大税务筹划方案的执行力度，提升税务筹划质量

为了确保税务筹划方案的有效执行并提升税务筹划质量，企业需要从多个方面入手，形成一套完善、高效的执行体系。

企业务必加强对税务筹划方案执行力度的重视，并着力提高企业税务筹划人员的素质。这要求企业对税务筹划人员进行专业培训，使他们充分认识到税务筹划工作的重要性和必要性，并明确自身的职责和义务。在培训过程中，要严格按照培训计划进行，注重培训的针对性和实效性，确保税务筹划人员能够熟练掌握税务筹划工作的方法和技巧。

企业需要完善相关工作制度，为税务筹划工作的顺利开展提供有力保障。这包括对税务筹划工作制度进行完善和优化，制定详细的税务筹划方案执行流程，明确各个流程中需要完成的任务和步骤，等等。同时，企业还应定期组织相关部门对工作制度进行审核和调整，以确保其在实际执行中能够达到预期效果。

企业在进行税务筹划时，还应对财务管理制度进行完善和优化。通过合理规划和设计财务管理制度，制定科学、合理、可行的财务管理制度，可以提高财务管理制度的执行效率和效果，为税务筹划工作的顺利开展提供有力支持。

企业应充分利用现代信息技术，加大税务筹划方案的执行力度。随着计算机信息技术的快速发展与应用，企业在开展税务筹划工作时，可以利用计算机网络技术对税务筹划方案进行制定、修改与调整；同时，还可以利用现代化信息技术

对有关信息进行收集和整理，以提高工作效率和质量。

　　总之，在我国社会主义市场经济体制不断完善和发展的背景下，企业在开展税务筹划工作时，必须提高和加大重视程度和执行力度。只有这样，才能确保税务筹划方案的有效执行，提升税务筹划质量，为企业带来更大的经济效益和社会效益。

第四章

企业税务筹划的实务操作

第一节　增值税的税务筹划

一、增值税概述

（一）增值税的概念

增值税是以商品和劳务在流转过程中产生的增值额作为征税对象而征收的一种流转税。按照《中华人民共和国增值税法》（以下简称《增值税法》）的规定，增值税是对在我国境内销售货物或者加工、修理修配劳务、销售服务、无形资产、不动产以及进口货物的单位和个人，就其销售货物、劳务、服务、无形资产、不动产的增值额和货物进口金额为计税依据而课征的一种流转税。

进一步而言，《增值税法》是由国家立法机关制定的一套法律规范，旨在明确和调整增值税征收与缴纳过程中，税务机关与纳税义务人之间的权利与义务关系。这套法律体系确保了增值税征收的公正性、合理性和有效性，为国家的财政收入和经济发展提供了重要的法律保障。通过《增值税法》的实施，国家能够有效地对商品和劳务的增值部分进行征税，既促进了社会经济的健康发展，也保证了国家财政的稳定收入。

（二）增值税的特点

1. 不重复征税的中性特性

增值税作为一种中性税收，具有鲜明的特点，即在商品和劳务的流转链条中，确保每个环节的增值额仅被征收一次税，从而有效避免了重复征税的问题。这一设计体现了税收的公平性和效率性。对于企业而言，增值税减轻了其税收负担，使企业不再因为税收问题而处于不利地位，可以更加专注于提升自身的核心竞争力和市场创新能力。同时，增值税还有助于促进市场的公平竞争。通过避免重复征税，增值税为各类市场主体创造了一个更加公正、透明的税收环境。在这样的环境下，企业可以更加自由地竞争，市场也能够更加有效地发挥资源配置的作用。此外，增值税还有助于优化资源配置和提高市场效率。由于增值税只对增值额征税，企业会更加注重提高生产效率和降低成本，以实现更大的增值，这有助于推动整个经济体系的优化和升级，提高市场的整体效率。

2. 逐环节征税与扣税的机制

增值税作为一种新型的流转税，不仅保留了传统间接税按流转额全值计税和道道征税的特点，还实行了一种独特的税款抵扣制度。这种制度的核心在于，在商品的流转过程中，每个环节都会产生相应的税款，但同时又允许在每个环节进行税款的抵扣。这种设计确保了税收的公平性和合理性，使税收负担能够更均匀地分布在各个生产环节，避免了某些环节承担过重税负的情况。

逐环节征税、逐环节扣税的机制是增值税的一大特色。它不仅体现了税收的精细化管理，也使增值税的征管变得更加复杂和精细。税务机关需要对每个环节的税收情况进行精确监控和管理，以确保税款的正确征收和抵扣。这要求税务机关具备高度的专业能力和严谨的工作态度，以确保增值税的正确实施和有效征管。同时，这种机制也对企业的财务管理提出了更高的要求。企业需要在每个环节都进行精确的税款计算和抵扣，以确保自身的税收合规性。这不仅提高了企业财务管理的复杂性，而且要求企业具备更加专业的财务团队和更加完善的财务管理制度。

3. 征收范围的广泛性和普遍性

增值税的征收范围极其广泛，涵盖了商品的生产、批发、零售以及劳务的提供等多个环节，这使增值税具有广泛的税基。从原材料采购到生产加工，再到批发零售，每一个环节都涉及增值税的征收，确保了税收的连续性和稳定性。增值税因此成为国家财政收入的重要来源之一，它对于支撑国家公共服务和基础设施建设具有举足轻重的作用。

同时，增值税的征收还体现了普遍性特点。在我国境内，无论是销售货物、提供加工、修理修配劳务，还是销售服务、无形资产、不动产，以及进口货物的单位和个人，都被纳入增值税的纳税范畴。这种普遍性的征收方式确保了税收的公平性和一致性，避免了税收漏洞和逃避税收的行为。无论是大型企业还是个体工商户，都需要按照法律规定缴纳增值税，共同为国家的发展做出贡献。

4. 征管的严密性

增值税的征管机制展现了其严密性，主要体现在两个方面：交叉审计和信息化管理。

在交叉审计方面，增值税实行凭增值税专用发票注明的税额进行税款抵扣的制度。由于购销环节紧密相连，形成了一种相互交叉的审计关系。这种审计关系不仅使税收征管更加严密，还有效地降低了偷税漏税的可能性。税务部门可以通过对增值税专用发票的审核，确保税款的正确抵扣，防止税收的流失。

在信息化管理方面，随着信息技术的飞速发展，增值税的征管也逐渐实现了信息化。税务部门通过"金税工程"等先进的税务管理系统，可以实时监控企业的纳税情况，包括税款的申报、抵扣、缴纳等各个环节。这种信息化的管理方式不仅提高了征管效率，还增强了税收征管的准确性和公正性。税务部门可以更加便捷地获取企业的纳税信息，进行数据分析和风险预警，及时发现并处理潜在的税收违规行为。

（三）增值税的纳税人

在中华人民共和国境内，从事销售货物、提供劳务和服务、转让无形资产、销售不动产的单位和个人，均被界定为增值税的纳税人。这些纳税人必须按照国家统一的会计制度进行增值税的会计核算，以确保税收的准确性和合规性。

对于采用承包、承租、挂靠方式经营的单位，纳税人的界定则相对复杂。具体来说，如果承包人、承租人、挂靠人（以下统称承包人）以发包人、出租人、被挂靠人（以下统称发包人）的名义对外经营，并且由发包人承担相关的法律责任，那么发包人将被视为纳税人；反之，如果不同时满足这两个条件，则以承包人为纳税人。这种界定方式旨在确保税收责任与经营实体的法律责任相一致，避免税收逃避和混乱。

此外，对于资管产品在运营过程中发生的增值税应税销售行为，也有明确的纳税人界定。在这种情况下，资管产品的管理人将被视为增值税的纳税人，负责相关的税收申报和缴纳。

二、企业增值税税务筹划的必要性

（一）对企业的整体效益有积极影响

税务筹划作为企业经营管理中的重要环节，其核心目标在于优化企业的整体效益。这一目标的实现不局限于税务成本的降低，更是一个综合性的考量过程。在税务筹划的过程中，企业需全面审视自身的业务环节，深入分析各环节所涉及的税务因素及管理要素。通过精细化的税务筹划，企业能够有效规避潜在的涉税风险，如避免因税务违规而引发的罚款、声誉损失等。同时，合理的税务筹划还能助力企业在合法合规的基础上，最大限度地利用税收政策，从而进一步降低税务成本，提升企业的经济效益。因此，从长远来看，税务筹划对于提高企业的整体效益具有不可估量的价值。

（二）递延纳税时间，缓解企业资金压力

资金是企业运营的血液，其流动性与充足性直接关系到企业的生死存亡。在激烈的市场竞争中，企业时常面临短期的资金压力，但这可能对日常运营和项目投资造成严重影响。而税务筹划，作为一种策略性的财务管理手段，能够在此时发挥关键作用。

通过巧妙的税务筹划，企业可以合法合规地递延纳税时间。这意味着，企业可以在不影响正常运营的前提下，暂时将一部分资金留在内部使用，从而获得资金的时间价值。这种"时间差"为企业创造了一个宝贵的"资金缓冲期"，使其能够更灵活地应对市场变化和短期的资金困境。

进一步来说，如果企业能够深入研究和充分利用税务筹划，那么这种策略性管理将给企业带来更大的助益：不仅可以有效缓解资金压力，还可能为企业创造额外的经济效益，如通过税收优惠政策减轻税负、提高资金使用效率等。

（三）提高税法遵从度，构建和谐征纳关系

税务筹划作为企业财务管理的重要组成部分，不仅关注税务成本的优化，更注重提升企业对税法的遵从度。这一过程的实现，离不开会计人员专业素养的不断提升和企业财务管理体系的持续完善。

在税务筹划的推动下，会计人员需要不断学习最新的会计知识和税法政策，以确保企业的税务处理符合法律法规的要求。这种持续的学习和提升，不仅增强了会计人员的专业能力，也为企业财务管理体系的健全和会计核算体系的准确提供了有力保障。

随着税务筹划的深入实施，企业能够更加清晰地了解自身的税务状况，从而减少违法违规行为的发生。这不仅有助于降低企业的税务风险，还能够构建和谐的征纳关系，增强企业与税务部门之间的互信与合作。

三、企业增值税筹划要点

税收作为国家的主要财政收入来源，其重要性不言而喻。它不仅是国家运转的经济基础，也是实现社会公共服务和基础设施建设的关键支撑。对于企业而言，税务筹划则是日常经营管理过程中不可或缺的一环。在企业的经营管理中，税务筹划发挥着极为重要的作用。它不仅仅关乎企业税务成本的降低，更涉及企业整体经营策略的规划和实施。通过合理的税务筹划，企业可以确保自身经营活动的合规性，降低税务风险，避免不必要的法律纠纷和经济损失。企业要想对增值税进行科学合理筹划，需要准确把握以下三大要点：

（一）选择最优方案

在企业的日常经营与发展征途中，追求经济效益与实现经营目标是企业不变的航向。为了实现这一目标，企业需要借助多样化的经营手段和管理方式作为前行的帆与桨。在这一过程中，增值税税务筹划成为企业财务人员必须精心策划的重要一环。

增值税税务筹划并非简单的税务计算，而是一项涉及企业经营全局的战略性决策。企业财务人员在进行筹划时，必须坚守"利润最大化"的原则，这一原则如同指南针，指引着他们在复杂的税务环境中找到正确的方向。

为了实现利润最大化，财务人员需要对达成经营目标所使用到的所有经营手段与管理方式进行深入的分析、估算与权衡。他们需要对每一项可能带来税务影响的因素进行细致的考量，确保筹划方案的全面性和准确性。

在这一过程中，选择对企业经营发展有利的增值税筹划方案成了关键。这要求财务人员不仅要具备扎实的税务知识，还需要对企业的经营策略和市场环境有深入的了解。他们需要通过敏锐的洞察力，从众多筹划方案中挑选出那个最能助力企业扬帆远航的方案。

（二）充分利用政策

在增值税税务筹划的广阔舞台上，企业财务人员不仅是精明的计算者，更是政策的敏锐洞察者。他们深知，政策是企业税务筹划的重要风向标，只有紧跟政策的步伐，才能在税务筹划的征途中稳步前行。

因此，加强对相关政策的关注与研究，成为企业财务人员在税务筹划过程中的一项重要任务。他们需要像敏锐的猎豹，时刻捕捉着政策变动的蛛丝马迹，以便及时调整筹划策略，确保企业能够充分享受到政策带来的税收优惠。

以环保设备的购置为例，企业财务人员通过深入研究相关政策，发现企业在购置环保设备时，若获取普通型发票，便能享受"设备投资抵免税企业所得税"的优惠政策，从而减少10%的应缴纳所得税税款。这一发现，无疑为企业节省了一大笔开支，也为企业绿色发展之路提供了有力的税务支持。

又如，2023年最新的增值税政策调整将生活服务业、餐饮住宿业和文化创业服务业的适用税率进行了下调。这一政策的出台，对于相关企业来说无疑是一个重大的利好消息。企业财务人员需要迅速响应，调整税务筹划策略，确保企业能够充分享受到税率下调带来的税收优惠，进一步提升企业的经济效益和市场竞争力。

（三）充分利用规定

在增值税税务筹划的复杂任务中，企业财务人员不仅需要关注政策的宏观导向，还要深入洞悉财务会计规定的细微之处，进行精细化的操作。他们要对财务会计规定进行深入分析，确保每一项可以计提的费用都被充分考虑，为企业税务筹划打下坚实的基础。

在这个过程中，企业财务人员需要展现出他们的专业素养和细致入微的工作态度。他们要以会计原则为指引，对各类事项进行妥善处理和解决，确保税务筹划的合规性和有效性。当遇到税法中未明确体现的事项时，他们需要以"权责发生制"和"配比原则"等会计原则为指导，进行科学合理的税务筹划。

这种充分利用财务会计规定进行税务筹划的方法，不仅能够帮助企业合法合规地降低税负，还能提升企业的财务管理水平，增强企业的市场竞争力。企业财务人员通过精细化的操作，将税务筹划与企业的实际经营情况紧密结合，实现税务筹划与企业发展的良性互动。

四、企业增值税税务筹划方案

（一）了解企业涉税环境，完善会计核算体系

在增值税税务筹划的征途中，企业的首要任务是深入了解自身的涉税环境。涉税环境如同企业税务筹划的土壤，只有对其有了全面的认识，才能为后续的筹划工作奠定坚实的基础。因此，企业需要对涉税环境进行细致的梳理和分析，确保筹划工作有的放矢。

与此同时，完善会计核算体系也是税务筹划的重要一环。会计核算体系如同企业的财务骨架，支撑着企业的财务管理和税务筹划工作。只有对现有的会计核

算体系进行不断的完善和优化，才能确保企业会计工作的准确性和高效性。在完善会计核算体系的过程中，企业应注重会计核算方式的优化和会计核算精确度的提高，以确保税务筹划工作的顺利进行。

随着大数据时代的来临，企业会计核算体系的完善也应与时俱进。企业应积极借助现代科学技术的优势，建立会计核算数据中心，对企业会计核算工作中面临的各种数据进行收集、整合与汇总。这一数据中心的建立，不仅能为企业提供更全面、更准确的会计信息，还能帮助企业规避税务筹划工作中的风险隐患，提升税务筹划工作的整体质量。

（二）重视各个环节的筹划

从企业整体运营的角度来看，增值税税务筹划不局限于会计核算体系的完善，更需要深入企业运营的每一个环节，构建一个全面的税务筹划体系。

企业应当慎重选择运营模式，这是税务筹划的起点。在选择运营模式时，企业需要全面考虑各地区、各产业的税务政策、税收优惠政策等因素，确保所选模式能够最大限度地享受税收优惠，降低税务风险。

在日常经营发展过程中，企业涉及生产、销售、流通等多个环节，这些环节都需要进行税务结算。因此，企业需要根据实际情况和相关工作需要，选择合适的结算方式，并严格按照税法的相关规定操作，以延迟纳税时间、获取资金的"时间价值"。

此外，增值税作为一种流转税，其筹划还涉及商品销售价格的调整。企业可以通过合理地调整商品的价格，将税款转移到消费者身上，从而减轻企业在日常经营发展过程中承担的税负压力。这种价格调整策略需要综合考虑市场需求、竞争状况以及消费者的接受程度，以确保既能够有效降低税负，又不会对企业形象和市场份额造成负面影响。

（三）扎实落实税务申报

在增值税税务筹划时，税务申报是不可或缺的实践环节，它如同筹划工作的基石，支撑着整个筹划体系。从企业税务工作的实际出发，增值税税务筹划的核心目的便是在法律的框架内，对企业的纳税金额进行精细化的控制，从而为企业保留更多的周转资金，助力企业的持续发展。

为了实现这一目标，企业需要对传统的纳税主体进行灵活的调整，或者对涉税机构的规模与等级进行策略性的变更。因为不同的纳税人类型，其适用的税率与税款征收方法各不相同，这为企业的税务筹划提供了广阔的操作空间。

具体而言，企业可以通过精心选择纳税人身份，来优化税务筹划的效果。借助无差别平衡点增值率判别法和无差别平衡点抵扣率判别法，企业可以精准地计算出不同纳税人身份下的税负情况，从而选择出最有利于减轻企业税负压力的纳税人身份。通常情况下，与一般纳税人相比，小型纳税人的纳税税率更为优惠，这为企业节税提供了有力的法律支持。

因此，企业在税务筹划的过程中，应充分重视对纳税人规模的选择，并在此基础上进行扎实的税务申报工作。通过合法合规的税务申报，企业可以实现合理节税的目标，为企业的长远发展奠定坚实的基础。

五、两种代销方式的税务筹划

1. 筹划案例

例：甲品牌商（一般纳税人），进项税额为 100 元，和乙超市（一般纳税人）签订代销协议。协议约定：乙超市代销甲电器 800 元/台，按 1200 元/台的协议价格对外销售，乙超市决定采用两种方案：

（1）收取手续费形式代销，向甲公司收取 200 元/台的代销手续费。

（2）按买断方式代销，即乙超市代销甲电器按协议价 1000 元/台支付货款，但是对外销售仍然按 1200 元/台的价格销售，销售价格与协议价的差价属于乙超市，乙超市能取得甲品牌商的进项发票。

2. 两种方案涉及不同的增值税分析

（1）收取手续费方式代销方式，乙超市收取的代销手续费属于代理经纪服务，按 6% 增值税适用税率。

（2）采用买断代销方式，相当于乙公司进货后又销售，适用销售商品 13% 增值税税率。

3. 两种方案纳税比较

（1）收取手续费方式代销税前利润计算如下：

①甲品牌商应缴纳增值税 $= 1200 \times 13\% - 100 = 56$（元）

附加税 $= 56 \times 12\% = 6.72$（元）

所得税前利润 $= 1200 - 800 - 200$（应付手续费）$- 6.72 = 193.28$（元）

②乙超市应缴纳增值税 $= 200 \times 6\% = 12$（元）

附加税 $= 12 \times 12\% = 1.44$（元）

所得税前利润 $= 200 - 1.44 = 198.56$（元）

（2）按买断方式代销：乙超市代销甲电器按协议价1000元/台收取货款，但是对外销售仍然按1200元/台的价格销售，销售价格与协议价的差价属于乙超市。

税务筹划后税前利润计算如下：

①甲品牌商应缴纳增值税=1000×13%-100=30（元）

附加税=30×12%=3.6（元）

所得税前利润=1000-800-3.6=196.4（元）

②乙超市应缴纳增值税=销项税额-进项税额=（1200-1000）×13%=26（元）

附加税=26×12%=3.12（元）

所得税前利润=200-3.12=196.88（元）

4. 两种方式的优劣

税前利润比较：

采用买断方式导致甲公司比税务筹划前甲公司税前利润多3.12元（=196.4-193.28）。

乙超市用收取手续费方式比采取买断式方式税前利润多1.68元（=198.56-196.88）。

结论：采用买断的方式对甲有利，采用手续费方式乙方能够获取更多的利润。

所以对乙方来说采取手续费方式较好。

第二节　企业所得税的税务筹划

一、企业所得税概述

（一）企业所得税的概念

企业所得税是以企业为纳税人、以企业的生产经营所得和其他所得为课税对象而征收的一种税。企业所得税税额的确定涵盖企业生产经营活动的每一个细节，与企业的会计核算紧密相连，因此，企业所得税被公认为筹划空间较大的税种，为税务筹划提供了广阔的舞台。

在我国现行的税制体系中，企业所得税的地位举足轻重，是仅次于增值税的第二大税种。这一税种的重要性不仅体现在其税收规模上，更在于其对企业经营活动的深远影响。与原先内外两套制度并行的企业所得税体系相比，新的税法带来了诸多实质性的变化。这些变化涵盖了纳税人、计税依据、税率以及税收优惠等核心内容，对企业所得税的筹划提出了新的挑战和要求。

作为税务筹划的关键和重点，企业所得税的这些变化要求企业必须重新审视税务筹划的策略和方法。税务筹划人员需要深入理解新税法的精髓，把握其对企业所得税筹划的深远影响，以更加精准、高效的筹划策略，应对新的税务环境，为企业创造更大的税收效益。

（二）企业所得税的特点

1. 税负通常不能转嫁

企业所得税是对纳税人的净所得征收的一种税，其显著特点在于税负通常不能转嫁。这一特性意味着纳税人即负税人，税负不会轻易转移到其他经济主体上，有效避免了税负转嫁和重复征税的问题。

由于税负不能转嫁，企业所得税在征收过程中对社会经济发展和市场的正常运行产生的干扰相对较小，它不会像某些税种那样，可能通过税负转嫁导致市场价格扭曲或经济行为变形。这种设计使企业所得税更加符合税收的公平性和效率性原则。

企业所得税更加注重企业的实际经营成果，依据企业的净所得来征税。这种征税方式更加公平、合理地反映了企业的税负能力，使企业在税收方面能够更加公平地竞争。同时，由于税负不能转嫁，企业会更加注重提高自身的经营效率和盈利能力，以实现更大的净所得和更低的税负。

2. 体现了税收的公平性原则

企业所得税的另一个显著特点，是其体现了税收的公平性原则。这一税种以纳税人的净所得额为课税对象，即在计算税额时，会从纳税人的总收入中扣除各项成本、费用开支，确保税收负担与纳税人的实际收入水平和负担能力相匹配。

企业所得税按累进税制对纳税人的净所得进行征收，能够有效地调节纳税人的收入水平，实现税收的"纵向公平"。这意味着，所得多、负担能力大的纳税人，将承担更多的税收；而所得少、负担能力小的纳税人，则相应承担较少的税收；对于无所得、没有负担能力的纳税人，则无须承担税收。

这一特点不仅体现了税收的公平性，也有助于激发企业的生产积极性，促进经济的持续健康发展。企业所得税的征收方式，确保了税收负担与企业的实际经营状况相匹配，避免了因税收负担过重而对企业发展造成不利影响。

3. 计算缴纳比较复杂

企业所得税的计税依据为应纳税所得额，这一数额并非简单地从企业的收入中直接得出，而是需要经过一系列复杂的计算和调整。

具体来说，应纳税所得额是纳税人在每一纳税周期的收入总额，减除不征税收入、免税收入、各项扣除以及允许弥补的以前年度亏损后的余额。这一计算过程涉及多个因素，包括企业的收入、成本、费用、损失等，需要纳税人根据税法的相关规定，对会计核算数据进行大量的调整与计算。

因此，所得税的汇算清缴工作显得尤为复杂。纳税人需要确保所有数据的准确性和完整性，同时还需要遵守税法的各项规定，以确保税额的正确计算和缴纳。这一过程的复杂性要求纳税人具备较高的会计和税务知识水平，或者需要寻求专业的税务筹划机构或人员的帮助。

4. 税赋弹性较大

企业所得税税赋弹性较大这一特点，主要体现在企业所得税的税基（应纳税所得额）通常会随着一国或地区的经济增长以及纳税人收入水平的提高而增加；反之，也会随着经济衰退和纳税人收入水平的下降而减少。由于所得税通常采用的是累进税制，这种税制的设计使企业所得税在调控经济方面发挥着"自动稳定器"的功能。

在经济繁荣时期，企业所得税的税额会因税基的扩大以及实际税率的提高而快速增长。这种增长不仅反映了企业盈利能力的提升，也有助于抑制经济过热，降低通货膨胀的风险。通过增加税收，政府可以减少市场上的货币流通量，从而减缓物价上涨的压力。相反，在经济衰退时期，企业所得税的税额会因税基的缩小以及实际税率的降低而自动减少。这种减少减轻了纳税人的负担，有助于企业保留更多的资金用于生产和投资，从而刺激经济的复苏。税收减少，企业的可支配收入增加，可促使企业扩大生产规模，增加就业机会，进而推动经济的恢复和增长。

（三）企业所得税的纳税人

《中华人民共和国企业所得税法》第一条规定，凡是在中华人民共和国境内的企业（个人独资企业与合伙企业除外）和其他取得收入的组织均为企业所得税的纳税人，依照本法规定缴纳企业所得税。根据纳税义务范围的不同，企业所得税的纳税人分为居民企业和非居民企业。

"居民企业"具体指的是那些依据中国法律在中国境内成立的企业，或是尽管依照外国（地区）法律设立，但其实际管理机构位于中国境内的企业。这一范畴广泛涵盖了国有企业、集体企业、私营企业、联营企业、股份制企业、外商投资企业、外国企业，以及一切有生产、经营所得和其他收入的其他组织形式。对于居民企业而言，其征税范围涵盖了来源于中国境内外的全部所得，具体可细分为销售货物所得、提供劳务所得、转让财产所得、股息红利等权益性投资所得、利息所得、租金所得、特许权使用费所得、接受捐赠所得以及其他各类所得。

相对而言，"非居民企业"则是指那些根据境外国家（地区）法律成立且实际管理机构不在中国境内，但在中国境内设有机构、场所的企业；或是虽未在中国境内设立机构、场所，但有来源于中国境内所得的企业。对于在中国境内设立了机构、场所的非居民企业，它们需要就其机构、场所从中国境内的所得，以及虽发生在中国境外但与其境内机构、场所有实际联系的所得，依法缴纳企业所得税。而对于那些在中国境内未设立机构、场所的非居民企业，或是虽设立了机构、场所但其所得与这些机构、场所无实际联系的情况，则需就其来源于中国境内的所得部分，履行缴纳企业所得税的义务。

二、企业所得税税务筹划的目的和意义

（一）企业所得税税务筹划的目的

就企业所得税税务筹划的目的而言，企业在开展税务筹划工作之前，必须从自身发展的具体情况与潜在的风险因素出发，进行全面的统筹分析与综合考虑。这一过程的本质在于，通过精细化的税务筹划，尽可能地减轻企业的税负压力，同时严格遵循成本效益原则，确保在降低税额的同时，不会因筹划措施的不当而增加不必要的成本。

为了实现这一目标，企业需要基于经济效益最大化的核心目的，开展高质量、高效率的税务筹划工作。这意味着税务筹划不仅仅是一项单纯的技术性任务，它必须紧紧围绕企业的整体战略目标，服务于企业的长期可持续发展。在筹划过程中，企业应有效管控各类风险，综合分析与考量自身发展各个阶段的实际情况，包括市场环境、政策法规、财务状况、业务模式等多个方面。

尤其重要的是，企业要重点安排税务筹划工作，确保其在整个经营策略中占有举足轻重的地位。这意味着税务筹划不应是事后考虑或辅助性的工作，而应成为企业战略制定与执行过程中的一个关键环节。通过这样的筹划策略，企业才能充分实现税务筹划的目标，即在合法合规的前提下，最大化经济效益，提升市场竞争力，实现可持续发展。

（二）企业所得税税务筹划的意义

企业所得税税务筹划的意义体现在多个方面。企业通过科学、合理的税务筹划，能够有效地减轻税负压力，优化税务结构，从而在激烈的市场竞争中保持稳健的发展动力。这种筹划不仅关注当前的税务负担，还着眼于长远的税务策略，确保企业在不同发展阶段都能保持良好的税务状况。

高质量的税务筹划对于提高企业的整体经济效益具有显著作用。通过精细化的税务管理，企业可以合理减少不必要的成本费用，有效节约发展资金，进一步缓解资金压力。这不仅增强了企业的财务稳健性，还为企业的战略投资和市场拓展提供了有力的资金支持。

此外，基于相关税务法规政策开展的税务筹划工作，对于增强企业财务工作的合规性与合法性具有重要意义。通过严格遵守税法规定，企业能够有效防止税务违规行为的发生，降低税务风险，从而提高企业对税法的遵从度。这不仅有助于维护企业的良好声誉，还为企业的可持续发展奠定了坚实的法律基础。

三、企业所得税税务筹划的思路和原则

（一）企业所得税税务筹划的思路

企业要形成科学、先进的税务筹划观念，明确税务筹划的具体要求。税务筹划与偷税漏税存在本质上的不同：税务筹划工作必须合法、合理，充分采取一切正规手段和措施降低企业的税费成本，帮助企业提高日常运营管理的规范化程度，有效落实国家政策，所以需要企业予以重视，形成科学、先进、正确的税务筹划意识，积极、有效地规避税务筹划过程中的风险，如此才能为企业所得税税务筹划寻求最佳方案，实现预期的筹划目标。

企业要梳理和优化内部组织架构，完善内部规章制度，以此提高企业的内控水平，切实提高财务管理和风险控制能力，保证科学、有序地开展企业所得税税务筹划工作。

企业要从可持续发展的战略高度出发，开展税务筹划工作，综合分析企业整体的税种，统筹考虑整个筹划工作，如此才能为企业创新发展提供助力，也能更好地评估企业的税负压力，充分发挥税务筹划的作用，切实提高企业整体的经济效益。

（二）企业所得税税务筹划的原则

1. 战略导向原则

尽管企业逐渐意识到税务筹划的重要性，但由于没有将其同企业自身的战略目标紧密结合起来，导致在开展税务筹划工作的过程中过于注重形式。因此，企业在开展所得税税务筹划时，要坚持战略导向原则，明确企业的战略目标，并将税务筹划工作同企业战略目标充分结合起来，如此才能有效指导企业各项生产经营和管理活动，更好地解决企业在筹划过程中遇到的现实问题，切实提高企业经济效益。

2. 依法筹划原则

国家针对企业所得税税务筹划工作制定了相关法规和政策，要求企业严格遵守；要充分意识到税务筹划与偷税漏税的本质区别，并根据国家关于所得税的法规政策开展税务筹划工作，严格贯彻和执行税务筹划的具体措施和要求，更加深刻地领会法律精神，有效防范和降低税务筹划过程中的税务风险。此外，税收优惠政策是国家宏观调控的具体体现，也是企业迎合国家产业结构调整的现实需要，所以必须予以重视。

3. 风险管理原则

企业进行所得税税务筹划，尽管能减轻税负压力，但此过程中也潜藏着一定的风险隐患，所以需要坚持风险管理原则，开展高质量的税务筹划工作。企业的税务筹划风险防范能力除了同企业内部筹划人员的业务能力和综合水平有关，也与国家相关政策法规紧密相关，这就需要相关筹划人员不断提高自身的专业能力和水平，全面理解和领会各类法规政策的内在精神，如此才能增强税务筹划风险防范意识，提前制定好风险应对策略，将风险带来的影响和损失降到最低。

四、企业所得税的税务筹划方法及案例分析

（一）巧用餐饮费的税务筹划

1. 业务招待费理解误区

餐饮费涵盖范围广，包括业务招待费、职工用餐、董事会会务就餐等，这些都属于餐饮活动。

《中华人民共和国企业所得税法实施条例》规定，企业发生的与生产经营有关的业务招待费支出，按照发生额的60%扣除，但最高不得超过当年销售（营业）收入的5‰。

业务招待费是指企业为经营业务招待客户所发生的一系列包括餐饮费、住宿费、礼品、娱乐活动等产生的费用。在实际操作中，财务人员习惯将这些费用记在业务招待费中。可想而知，这样势必导致企业多缴了很多税，因为招待费有税前扣除限制。由于餐饮费的类目很多，业务招待费只是其中一种表现形式，很多财务人员喜欢把餐饮支出都列在招待费项目中，但由于业务招待费有税前扣除的限制，把有些不属于业务招待费的餐饮支出单独列在正确的项目下就不会受到税前扣除的限制。

税收监管也越来越严格，所以，拿到餐饮发票后应该怎样入账才能避免多缴税就成了一门学问。

可以将企业招待费转化成如下项目：

（1）会务费中布展招待可含餐费。

（2）业务宣传费中为业务洽谈或展览就餐。

（3）职工教育经费中职工培训就餐。

（4）董事会费中开会就餐。

（5）职工福利费中员工聚餐、误餐补助、加班餐、统一供应午餐。

（6）差旅费中餐补标准。

除了这些小门道，餐饮发票入账还有一些注意事项：

（1）合规。一定是符合规定的餐费，不能太过离谱。

（2）结合实际。应根据发生的费用性质、目的、用途、对象等多方向进行入账。

2. 筹划案例

例：甲公司年终举行董事会会议，定在某酒店会务厅里举行，其间发生就餐费5000元，财务人员将费用列在业务招待费。本年度招待费早已超限，该笔支出在所得税汇算调增应纳税所得5000元。

3. 筹划前后所得税计算比较

（1）筹划前：

该公司所得税汇算应调增应纳税所得额为5000元。

增加应纳所得税额 = 5000×25% = 1250（元）

（2）实施筹划：

筹划思路：董事会费中开会发生的就餐费直接作为董事会费，不列在招待费中，这样可以全额税前扣除。

具体操作：财务人员将这笔5000元的餐饮支出计到"管理费用—董事会费"中，而不是列在业务招待费中，这样该笔支出就可税前扣除了。

政策依据：

《企业会计准则——应用指南》中对核算企业为组织和管理企业生产经营所发生的管理费用，包括董事会和行政管理部门在企业的经营管理中发生的或者应由企业统一负担的公司经费（包括行政管理部门职工工资及福利费、物料消耗、低值易耗品摊销、办公费和差旅费等）、董事会费（包括董事会成员津贴、会议费和差旅费等）等。

董事会费的开支范围：

董事会会务费的开支，包括董事会开会和工作期间董事会成员和有关工作人员的差旅费、住宿费、伙食费以及有关的必要开支。

（3）筹划后计算应纳税：

甲公司将餐饮支出记在管理费中的董事会费，可以税前扣除，不需要纳税调增，调增为零。

（4）筹划前后节税效应对比：

甲公司税务筹划前调增应纳所得税额＝1250元，

筹划后调增应纳所得税额＝0元，

节税金额＝1250－0＝1250（元）。

（二）通过企业分立获得小型微利企业优惠的税务筹划

1. 小型微利企业的认定

小型微利企业需要同时符合以下条件：

工业企业；年度应纳税所得额不超过300万元，从业人数不超过300人，资产总额不超过5000万元。

2. 享受优惠政策的程序

采取自行申报方法享受优惠政策。年度终了后汇算清缴时，通过填报企业所得税年度纳税申报表中"资产总额""从业人数""所属行业""国家限制和禁止行业"等栏次履行备案手续。

3. 筹划思路

对于规模较小的企业，应时时关注最新小型微利企业的税收优惠政策。超过标准的企业，可以通过分拆、设立新企业，降低所得额和缩小每个纳税主体的人员和资产规模，来享受优惠政策。

4. 筹划案例

例：A 公司下属的 B 企业有两个相对独立的销售部门，预计 2019 年应纳税所得额两个部门共 400 万元，从业人数 300 人，资产总额低于 5000 万元，该企业应如何进行筹划？

（1）筹划前，A 公司应纳税所得超过 300 万元不符合小微企业的优惠政策，因此，

应纳企业所得税＝400×25%＝100（万元）

（2）筹划思路：

将 A 公司按照部门分立为两个独立的企业 C 公司（100 万元）与 D 公司（300 万元）。

C 应纳企业所得税＝100×5%＝5（万元）

D 应纳企业所得税＝100×5%+200×10%＝25（万元）

筹划后应纳企业所得税＝5+25＝30（万元）

（3）筹划后比筹划前节省税额 70 万元（＝100-30）。

（三）加速折旧法的税务筹划

1. 筹划案例

例：甲制造业企业 2019 年 12 月购入一台大型设备并于当月投入使用，不含税单价为每台 990 万元，预计残值为 30 万元，无其他费用。税法规定，该机器设备折旧年限不得低于 10 年，可以采取两种方案：

（1）采用基准折旧年限确定为 10 年进行折旧。

（2）采用加速折旧法，即采用缩短年限法时以 60% 为限将年限缩短至 6 年。

2. 案例分析

采用第一种方案：

2020—2029 年设备每年折旧＝（990-30）/10＝96（万元）

采用第二种方案：

2020—2025 年每年设备折旧＝（990-30）/6＝160（万元）

结论：虽然两种方案最终提取的折旧总额是相同的，同一设备最终影响的所

得税额虽然也是相同的，但是采用第二种方案却减少了早期企业所得税金的支出占用，减缓了早期资金压力，从货币的"时间价值"来看，为公司争得了一定时期的无息贷款，达到了递延企业所得税纳税时间的效果。

3. 政策依据

财税〔2015〕106号：对轻工、纺织、机械、汽车四个领域重点行业的企业2015年1月1日后新购进的固定资产，可由企业选择缩短折旧年限或采取加速折旧的方法。

企业按财税〔2015〕106号第一条、第二条规定缩短折旧年限的，最低折旧年限不得低于企业所得税法实施条例第六十条规定的折旧年限的60%；采取加速折旧方法的，可采取双倍余额递减法或者年数总和法。

财税〔2019〕66号：自2019年1月1日起，适用财税〔2015〕106号规定固定资产加速折旧优惠的行业范围，扩大至全部制造业领域。

（四）特殊性税务处理弥补亏损的税务筹划

1. 筹划案例

例：某设备销售甲公司需要合并一家亏损的股份公司乙，甲公司当年应纳税所得额为360万元，股份公司全部资产公允价值为3000万元、全部负债为2000万元、未超过弥补年限的亏损额为300万元。

假定当年国家发行的最长期限的国债年利率为6%，合并时甲公司采用两种方案：

（1）采用1000万元货币支付给股份公司吸收合并。

（2）采用股权支付额为900万元、银行存款100万元。

2. 案例分析

采用第一种方案因为不符合特殊性税务处理条件，乙企业的亏损不能由甲公司弥补。而采用第二种方案为控股合并，符合企业重组特殊税务处理的条件，可以在一定程度弥补乙企业的亏损。

3. 政策依据

财税〔2009〕59号第六条规定，企业重组符合规定条件的，且企业股东在该企业合并发生时取得的股权支付金额不低于其交易支付总额的85%，以及同一控制下且不需要支付对价的企业合并，合并双方可以选择按以下规定进行特殊性税务处理：

（1）合并企业接受被合并企业资产和负债的计税基础，以被合并企业的原有计税基础来确定。

（2）被合并企业合并前的相关所得税事项由合并企业承继。

（3）可由合并企业弥补的被合并企业亏损的限额＝被合并企业净资产公允价值×截至合并业务发生当年年末国家发行的最长期限的国债利率。

（4）被合并企业股东取得合并企业股权的计税基础，以其原持有的被合并企业股权的计税基础来确定。

4. 采用第二种方案的节税效果

合并企业甲公司弥补的被合并企业乙公司亏损的限额＝被合并企业净资产公允价值×截至合并业务发生当年年末国家发行的最长期限的国债利率＝（3000－2000）×6％＝60（万元）。

因为可以弥补60万元的亏损，所以甲公司可以节省企业所得税15万元（＝60×25％）。

（五）利用收入确认的时间延迟的税务筹划

1. 一般收入的确认时间

（1）股息、红利等权益性投资收益，除国务院财政、税务主管部门另有规定外，按照被投资方做出利润分配决定的日期确认收入的实现。

（2）利息收入，按照合同约定的债务人应付利息的日期确认收入的实现。

（3）租金收入，按照合同约定的承租人应付租金的日期确认收入的实现。

（4）特许权使用费收入，按照合同约定的特许权使用人应付特许权使用费的日期确认收入的实现。

（5）接受捐赠收入，按照实际收到捐赠资产的日期确认收入的实现。

2. 特殊收入的确认时间

政策依据：

根据《中华人民共和国企业所得税法实施条例》第二十三条：

企业的下列生产经营业务可以分期确认收入的实现。

（1）以分期收款方式销售货物的，按照合同约定的收款日期确认收入的实现；

（2）企业受委托加工制造大型机械设备、船舶、飞机，以及从事建筑、安装、装配工程业务或者提供其他劳务等，持续时间超过12个月的，按照纳税年度内完工进度或者完成的工作量确认收入的实现。

国税函〔2008〕875号文对企业所得税相关收入实现的确认作了进一步

明确：

（1）销售商品采用托收承付方式的，在办妥托收手续时确认收入。

（2）销售商品采取预收款方式的，在发出商品时确认收入。

（3）销售商品需要安装和检验的，在购买方接受商品以及安装和检验完毕时确认收入；如果安装程序比较简单，可在发出商品时确认收入。

（4）销售商品采用支付手续费方式委托代销的，在收到代销清单时确认收入。

3. 筹划思路

推迟纳税义务时间，提高资金使用效率。例如，对于租金收入，则应当采取预收方式，并尽可能在合同上约定在每个月（季、年）初的某个时间为应收租金日期，进而延迟收入的实现。

4. 筹划案例

例：甲公司向乙公司出租一间办公室，与乙公司方签订房屋出租合同，协议约定：租赁期自 2020 年 1 月至 2021 年 1 月；租金计 100 万元，乙方应当于 2019 年 12 月 31 日和 2020 年 6 月 30 日分别支付房租 50 万元。

（1）若不税务筹划：

甲公司确认收入的时间分别为 2019 年 12 月 31 日和 2020 年 6 月 30 日。

（2）延迟纳税税务筹划：

将该合同重新修改：企业应当于 2019 年 12 月 31 日确认租金收入 50 万元，于 2020 年 6 月 30 日确认租金收入 50 万元。但如果约定租金支付时间分别为 2020 年 3 月 31 日和 2021 年 6 月 30 日，就可以将与租金相关的两笔所得税纳税义务时间推迟一个季度和一年。

（六）职工福利费转化的税务筹划

将福利费适当转化为工资、劳动保护支出，可以减轻企业所得税的税负。

1. 政策依据

根据《中华人民共和国企业所得税法实施条例》规定，企业发生的合理的劳动保护支出，准予扣除。上述劳动保护支出一般需要满足以下条件：

（1）劳动保护支出必须是确因工作需要，如果企业所发生的所谓的支出，并非出于工作的需要，那么其支出就不得予以扣除。

（2）劳动保护支出必须是为其雇员配备或提供，而不是给其他与其没有任何关系的人配备或提供。

（3）劳动保护支出限于工作服、手套、安全保护用品、防暑降温品等。

其中，企业为职工发放的防暑降温费属于职工福利费，只能按工资薪金总额的14%以内扣除；企业为职工发放的防暑降温品属于劳动保护支出，可以100%扣除。此点的政策依据有以下两点：

社险中心函〔2006〕60号：

劳动保护的各种支出。包括：工作服、手套等劳动保护用品，解毒剂、清凉饮料，以及按照国务院1963年7月19日劳动部等七单位规定的范围对接触有毒物质、矽尘作业、放射线作业和潜水、沉箱作业、高温作业等五类工种所享受的由劳动保护费开支的保健食品待遇。

国税发〔2000〕84号：

第十五条纳税人实际发生的合理的劳动保护支出，可以扣除。

第五十四条劳动保护支出是指确因工作需要为雇员配备或提供工作服、手套、安全保护用品、防暑降温用品等所发生的支出。

2. 筹划思路

企业为职工发放的防暑降温品属于劳动保护支出，可以不受福利费扣除限额14%的约束，即可以100%全额扣除，从而减轻企业所得税税负。

注意：企业发生的职工福利费，应该单独设置账册，进行准确核算。没有单独设置账册准确核算的，税务机关应责令企业在规定的期限内进行改正。逾期仍未改正的，税务机关可对企业发生的职工福利费进行合理的核定，14%以内扣除。

3. 筹划案例

例：公司拨款5000元给200名员工每人配备10副口罩，财务列入福利费，该公司员工工资总额为100万元，福利费限额为14万元，不算口罩在内已经超限。此时将5000元所得税汇算前调增。公司所得税率为25%。

筹划前后增值税计算比较：

（1）税务筹划前：

应调增应纳税所得额＝5000元

应补缴企业所得税＝5000×25%＝1250元

（2）实施税务筹划：

具体操作：购买口罩的5000元支出因为属于安全保护用品，财务人员可以将其列入劳动保护费，在支付报销单据上写明为员工防疫而在特殊期间为员工配备的劳保用品，应该单独设置账册，进行准确核算。

（3）税务筹划后计算应纳所得税：

该部分劳保费可以全额税前扣除，不用汇算调增，所以补缴所得税为 0 元。

（4）税务筹划前后节税效应对比：

节约所得税 = 1250 - 0 = 1250（元）

（七）利用园区所得税返利的税务筹划

1. 所得税返利释义

企业所得税上缴国库后，一般中央与地方所得税收入分享比例为中央分享 60%、地方分享 40%。对于地方分享的所得税，不少地方都有优惠政策，可以将地方分得的企业所得税拿出部分给予符合条件的企业作为返还式奖励。例如，苏北、新疆、西藏、宁波等地区都有较大的税收返还力度。一部分园区所得税的综合税率也是 10% 以下，有些地方按增值税总额的 50% 给予返还。

2. 筹划理由

一般情况下，企业按基本税率（25%）缴纳企业所得税。若不进行税务筹划，税负是比较高的，如何利用税收优惠政策就成为税务筹划的主要动因。国内一些"税收洼地"的优惠政策成为税务筹划的选择地。

3. 筹划案例

例：甲企业注册地在市中心，无所得税返还优惠政策。预计 2020 年全年销售额 1000 万元，其中成本 600 万元。该企业年利润为 200 万元，企业所得税率为 25%，假如不考虑纳税调整因素，则企业应纳所得税额为 200 万元。当地离市中心较远的苏北园区有所得税优惠政策：地方财政按企业实际缴纳所得税额留给地方的部分予以 60% 返还。

4. 税务筹划前后增值税计算比较

（1）税务筹划前：

由于不是税收优惠地，所以不享受企业所得税返还，所以所得税返利为零。

（2）实施税务筹划：

筹划思路：可以在新的税收优惠地如园区注册新企业，利用优惠地的所得税返利政策优惠进行合理的税务筹划。

具体操作：甲企业在税收优惠地苏北园区注册公司乙，将甲企业的业务转移到新公司乙，因该园区所得税返还率为 60%，这样可以节省很多所得税。

政策依据：

苏北园区优惠政策：增值税地方留存为50%、所得税地方留存为40%，奖励企业的以入驻园区的企业的税收额为标准，比例为地方留存的30%~90%。

（3）税务筹划后：

所得税返利＝200×40%×60%＝48（万元）

（4）税务筹划前后节税效应对比：

由于税务筹划后，可以享受园区的所得税返还48万元的优惠，相当于给企业所得税节省了48万元（＝48-0）。

（八）利用财税优惠政策的税务筹划

1. 公司制创业投资企业的优惠政策

财税〔2017〕38号：

公司制创业投资企业采取股权投资方式直接投资于种子期、初创期科技型企业（以下简称初创科技型企业）满2年（24个月，下同）的，可以按照投资额的70%在股权持有满2年的当年抵扣该公司制创业投资企业的应纳税所得额；当年不足抵扣的，可以在以后纳税年度结转抵扣。

2. 有限合伙企业相关税收优惠

财税〔2018〕55号：

关于创业投资企业个人合伙人所得税政策问题的通知：

有限合伙制创业投资企业（以下简称合伙创投企业）采取股权投资方式直接投资于初创科技型企业满2年的，该合伙创投企业的合伙人分别按以下方式处理：

（1）法人合伙人可以按照对初创科技型企业投资额的70%抵扣法人合伙人从合伙创投企业分得的所得；当年不足抵扣的，可以在以后纳税年度结转抵扣。

（2）个人合伙人可以按照对初创科技型企业投资额的70%抵扣个人合伙人从合伙创投企业分得的经营所得；当年不足抵扣的，可以在以后纳税年度结转抵扣。

财税〔2019〕8号：

创投企业个人合伙人可以按照被转让项目对应投资额的70%抵扣其应从基金年度股权转让所得中分得的份额后再计算其应纳税额；当期不足抵扣的，不得在以后年度结转。

注意：公司型创业投资基金、合伙型创业投资基金的法人合伙人及个人合伙人以及天使投资人应属于该优惠政策的范围，契约型基金未明确。

3. 筹划案例

例：富实资管公司和恒峰电子公司于 2019 年 12 月在郑州保税区共同出资成立恒富私募股权投资基金（公司制）。2020 年 6 月，恒富公司出资 1000 万元投资云之时科技公司（初创型），占股份比例为 20%，在 2022 年 8 月，恒富公司出售云之时全部股权获得 3000 万元，恒富公司适用所得税 25%。

分析：符合公司制创投企业投资初创型科技企业的税收优惠条件。

（1）不利用税收优惠政策：

恒富公司应纳企业所得税 =（3000-1000）×25% = 500（万元）

（2）利用税收优惠政策：

恒富公司应纳企业所得税 =（3000-1000-1000×70%）×25% = 325（万元）

节税金额 = 500-325 = 175（万元）

（九）采用有限合伙持股方式的税务筹划

1. 筹划理由

筹划理由：不采用合伙企业持股平台将大大增加税费。

如果采用公司制持股，尤其是拟上市的公司，当员工投资公司制持股平台再投资上市公司，且当员工的限售股转让时，就会面临双重征税：

（1）持股平台属于公司制，需要缴纳企业所得税。

（2）持股平台在分红给员工时候又要代扣代缴个人所得税。

这样最终转嫁到员工的税负就很高，不利于发挥员工的持股积极性，增加员工成本负担。采用合伙企业持股平台将会降低税负。

若是持股平台为有限责任公司，即公司制持股平台，公司平台投资标的公司需要双重征税：

持股平台公司缴纳转让股权时候所得收益需要缴纳企业所得税，返还给员工的时候要代扣代缴 20% 的个人所得税，税负也很高。

2. 筹划案例

例：北京某上市公司 B 在上市前股权架构过程为：20 名员工持股→设立 A 有限公司持股→持股投资 B 上市公司。A 公司将员工持有的限售股转让，转让获利为 200 万元。

3. 筹划前后计算比较

（1）税务筹划前：

由于主体是 A 有限公司，其税务负担情况为：

A 有限公司应纳企业所得税＝200×25%＝50（万元）

剩余利润分给持股员工应代扣代缴个税＝150×20%＝30（万元）

所得税合计＝50+30＝80（万元）

（2）实施税务筹划：

①筹划思路：通过设计合伙制持股平台进行税务筹划。

上述案例中，北京 B 上市公司在上市前设计成有限合伙持股平台：员工持股→设立 A 有限合伙持股平台→持股投资 B 上市公司。

②具体操作：

注册成立股权投资类的合伙企业 A（采用有限合伙企业）。有限合伙由一名以上普通合伙人（GP）与一名以上有限合伙人（LP）所组成。20 名员工作为有限合伙人，以有限合伙企业形式作为持股平台投资 B 上市公司。

③政策依据：

合伙企业对外投资取得的股权转让收入属于财税〔2000〕91 号第四条所规定的财产转让收入，应并入合伙企业的当年应纳税所得。再按比例分配各合伙人，属于法人合伙人，并入其应纳税所得额缴纳企业所得税；属于个人合伙人时，作为生产经营所得，按 5%～35%的税率计算缴纳个人所得税。

国税〔2011〕50 号：

对个人独资企业和合伙企业从事股权（票）、期货、基金、债券、外汇、贵重金属、资源开采权及其他投资品交易取得的所得，应全部纳入生产经营所得，依法征收个人所得税。

但部分地区对不执行合伙事务的个人合伙人，按"财产转让所得"征收 20%的个人所得税。例如，北京、上海、深圳、天津对执行合伙事务的个人合伙人即自然人有限合伙人执行税率为 20%。

（3）税务筹划后计算交税：

该公司转让限售股获利为 200 万元，由于主体是 A 有限合伙企业，其税务负担情况为：

A 公司转让限售股，员工按取得股息红利所得的税负只有 20%，由公司制的持股平台 40%降低到 20%（北京执行自然人有限合伙人税率为 20%），大大降低了税负，即

应纳个人所得税＝200×20%＝40（万元）

（4）税务筹划前后节税效应对比：

节约企业所得税＝80-40＝40（万元）

第三节　消费税的税务筹划

一、消费税概述

（一）消费税的概念

消费税是指对消费品和特定的消费行为按流转额征收的一种商品税。从广义的角度来看，消费税应当覆盖所有消费品，包括生活必需品和日用品，普遍进行课税。然而，在实际征收过程中，消费税主要针对的是特定的消费品或特定的消费行为。

消费税以消费品为主要的课税对象，属于间接税的一种。这意味着税收会随着商品价格的流转而转嫁给消费者，最终由消费者承担税款的实际负担。消费税在征收上具有较强的选择性，这使它成为国家贯彻消费政策、引导消费结构，进而引导产业结构的重要工具。因此，消费税在保证国家财政收入、体现国家经济政策等方面具有十分重要的意义。通过调整消费税的税率和征税范围，国家可以有效地调控消费市场，促进资源的合理配置，引导消费者形成更加绿色、健康的消费习惯，从而推动经济的可持续发展。

（二）消费税的特点

1. 征收范围的选择性

消费税在征收范围上展现出显著的选择性特征。在我国，消费税的征收并非针对所有消费品，而是基于产业政策和消费政策的特定需求，仅对部分选定的消费品进行征税。这种选择性确保了消费税能够更精确地作用于特定的消费领域，从而更有效地执行国家的消费政策和产业政策。通过灵活调整消费税的征收范围，国家能够有效地引导消费者的消费行为，促进资源的合理配置，并推动经济的可持续发展。这一特点体现了消费税作为宏观调控工具的重要性和灵活性。

2. 征税环节的单一性

消费税在征税环节上通常表现出单一性的特点。这意味着消费税的征收主要集中在特定的环节，主要是生产销售环节和进口环节。在生产销售环节，消费税通常在商品出厂销售时一次性征收，确保税收的及时性和有效性；对于进口商品，消费税则在进口环节征收，确保对进口商品也实施相应的税收政策。

征税环节的单一性有助于简化税收征管程序，提高税收征管的效率，并降低企业的税收遵从成本。同时，它也有助于确保消费税的公平性和一致性，避免在不同环节重复征税或漏税的情况发生，使消费税能够更加有效地发挥其调节消费行为、引导产业结构的作用。

3. 平均税率水平较高，税负差异较大

消费税的一个显著特点是其平均税率水平相对较高，并且不同征税项目之间的税负差异较大。这种设计体现了国家对特定消费品的调控意图和政策导向。

以汽车为例，根据其排气量大小，消费税的税率有所不同；最低税率可以低至1%，而最高税率则可以达到40%。这种显著的税率差异反映了国家对不同排量汽车的消费政策和环保考虑。通过设定较高的税率，国家可以抑制对高排量、高污染汽车的消费，从而引导消费者选择更加环保、节能的车型。

消费税的高税率和税负差异不仅有助于国家调节消费行为，引导产业结构，还可以在一定程度上增加国家财政收入。同时，这种设计也要求国家在制定消费税政策时，必须充分考虑社会经济的实际情况和消费者的承受能力，以确保税收政策的公平性和合理性。

4. 计税方法的灵活性

消费税的计税方法展现了高度的灵活性，这主要体现在其多样的计税方式上。具体而言，消费税既可以采用对消费品规定单位税额，依据消费品的数量实行从量定额的计税方法；也可以采用对消费品制定比例税率，根据消费品的价格实行从价定率的计税方法。此外，对于某些特定商品，如卷烟和白酒，还采用了从量征收与从价征收相结合的复合计税方式。

这种灵活的计税方法使消费税能够更加准确地反映消费品的价值和使用量，从而更有效地调节消费行为和引导产业结构。同时，它也为国家提供了更多的税收政策工具，以应对不同的经济和社会情况。在实际应用中，国家可以根据消费品的特性、消费市场的状况以及产业政策的需要，选择合适的计税方法，以实现税收政策的既定目标。

（三）消费税的纳税人

在中华人民共和国境内生产、委托加工和进口《中华人民共和国消费税暂行条例》规定的消费品的单位和个人，以及国务院确定的销售《中华人民共和国消费税暂行条例》规定的消费品的其他单位和个人，为消费税的纳税人，应当依照《中华人民共和国消费税暂行条例》缴纳消费税。

二、消费税税务筹划应注意的问题

税务筹划在短期内或许与国家的财政收入呈现一定的此消彼长关系，看似对国家利益构成影响。然而，从实际成效来看，企业通过税务筹划能够完善会计核算制度，增强对国家各类规章制度的关注与熟悉度，进而促使企业的生产经营活动更加合规有序。这一过程优化了企业的经营管理，为企业的发展壮大和竞争力的提升奠定了基础，最终有助于企业财富的增长，并为国家创造更多的税收。因此，从长远视角审视，税务筹划对于企业与国家均具有积极意义。当前，我国众多企业已有效实施税务筹划，并取得了一系列积极成果，但仍需注意的是，该领域仍存在诸多不足及违规现象。要做好税务筹划，尤其是消费税的税务筹划，实现税后收益最大化，在实践中须做好以下几个方面：

（一）税务筹划需把握"度"，避免走向避税与逃税的极端

税务筹划作为企业管理的重要一环，其核心使命是在合法合规的框架内，巧妙地降低纳税成本，进而提升企业的经济效益。这是一项既需要专业知识，又需要高度法律意识和道德责任感的工作。

税务筹划的精髓在于对"度"的把握。这个"度"，既是法律与合规的边界，也是企业利益与社会责任的平衡点。一个成功的税务筹划方案，应当是在深入理解税收法律、税务制度的基础上，通过合理的安排和策略，实现纳税成本的优化。然而，税务筹划并非无原则的"节税游戏"。它必须严格遵循税收法律、制度的框架，不能逾越"红线"。因此，企业在进行税务筹划时，务必保持高度的法律敏感性和道德责任感。筹划方案不仅要符合税收法律的要求，还要体现企业的道德责任和社会担当。这意味着，税务筹划不能仅仅着眼于短期的经济利益，而必须考虑企业长期的社会影响和可持续发展。

总之，税务筹划是一项复杂而微妙的任务，需要企业在法律与合规、利益与责任之间找到平衡点。只有这样，税务筹划才能真正发挥其应有的作用，为企业和社会带来双赢的结果。

（二）严格遵守税法规定的纳税期限与地点，确保合规纳税

税法对于消费税的纳税期限及纳税地点有着明确且严格的规定，企业必须严格遵守这些规定，以确保在规定的时间内和指定的地点及时、足额地缴纳税款。

这是企业合规经营的重要一环，也是维护企业声誉和避免法律风险的关键。

以进口应纳税消费品为例，税法规定企业应在海关填发税款缴纳证的当日起一定期限内（如 7 日内）向报关地海关缴纳税款。这一规定要求企业必须具备高度的时效性和准确性，以确保税款的及时缴纳。如果企业因特殊原因无法按时缴纳税款，必须及时向税务机关提出延期缴纳的申请。这是企业避免逾期缴税而面临加收滞纳金、罚款等惩罚措施的重要途径。企业应当充分认识到，逾期缴税不仅可能导致经济上的损失，还可能引发一系列严重的法律后果，如应纳税消费品被保全或强制执行，进而提升企业的财务风险，对企业的正常经营造成极为不利的影响。

因此，企业必须高度重视税法的合规性要求，将确保纳税行为的合法性和合规性视为企业经营管理的重要任务。这要求企业建立完善的税务管理制度，加强税务筹划的合法性和合规性审查，确保企业在纳税期限和纳税地点上严格遵守税法规定，以维护企业的合法权益和长期稳定发展。

（三）务必妥善填写与保管发票、凭证，确保合规性

在税务筹划的复杂过程中，企业绝不能忽视发票、凭证的填写与保管这一基础环节。这些看似简单的纸张，实则是企业税务合规性的重要证明，也是企业维护自身权益、避免不必要经济损失的关键。

发票、凭证的填写必须做到真实、准确、完整，这是税务合规的基本要求。任何虚假、不准确或缺失的信息都可能导致企业面临税务风险，甚至可能被迫多纳税，给企业带来经济损失和声誉损害。因此，企业在填写发票、凭证时，必须严格遵守税法规定，确保每一项信息都符合法律要求。同时，发票、凭证的保管也同样重要。企业应建立完善的发票、凭证管理制度，确保这些重要文件的安全、完整和可追溯性。这既有助于企业在税务审计或检查时提供充分的证据支持，也是企业内部管理规范、风险控制的重要体现。

总之，发票、凭证的填写与保管是税务筹划过程中不可或缺的一环。企业必须高度重视这一环节，建立完善的管理制度，确保发票、凭证的合规性，为企业的税务合规和长期发展奠定坚实的基础。

（四）须遵循"成本—效益"原则，确保税后收益最大化

税务筹划的目标是追求企业整体税负的最小化，而非片面追求某个税种的最小化。在进行税务筹划时，企业不仅需要聘请精通税收法律、制度的财务人员，还可能需要向外界的税务专家咨询、请教，这将耗费企业大量的成本。因此，企业必须综合考虑税务筹划所带来的收益是否大于其成本，是否能够保证税后收益

的最大化。只有当税务筹划的收益大于成本，且不会影响企业正常的生产经营活动时，税务筹划才是有必要的。片面追求税负的减轻而影响了企业价值最大化，将是得不偿失的。

总之，企业在进行税务筹划时，应当采取一种全面而细致的策略。这需要企业紧密结合国家的税收政策和自身的实际经营状况进行深入的综合考虑。纳税人应当积极研究政府的税收政策及其背后的立法精神，以便充分理解税收政策的导向和重点。在此基础上，企业应根据自身的经营特点和业务需求，制定切实有效的税务筹划方案，找到合法合规且能为自己带来实际利益的途径。在依法纳税的前提下，通过精细的税务筹划，企业可以合理地减轻税收负担，优化税务结构，从而提升整体经济效益。这样才能真正实现税务筹划的最终目的，为企业的持续健康发展奠定坚实的基础。

三、消费税的税务筹划方法及案例分析

（一）销售环节税务筹划法

1. 税务筹划逻辑

《中华人民共和国消费税暂行条例》规定，消费税一般在应税消费品的生产、委托加工和进口环节缴纳（金银首饰、卷烟除外），在以后的批发、零售等环节，因为价款中已包含消费税（属于价内税），因此不用再缴纳消费税，税款最终由消费者承担。

消费税的纳税人是我国境内生产、委托加工、零售和进口《中华人民共和国消费税暂行条例》规定的应税消费品的单位和个人。由于消费税大多在生产环节缴纳，销售环节大多不缴纳，因此，若能减少生产环节销售价值、增加销售环节的销售价值，只要定价合理，就可以起到节税效果。

例如，生产加工摩托车、汽车、电池、涂料等公司，由于涉及消费税，可以通过设立单独的销售公司就可以降低过高的消费税负担。

筹划思路：

注册独立核算的销售公司，将公司的产品先销售给销售公司，销售公司再卖给经销商或者客户。由于这些应税产品的消费税在生产环节已缴纳，销售环节不再缴纳，因此，只要卖给销售公司的定价合理，就可以少缴部分消费税。

2. 税务筹划注意事项

在实际运营中，营销部门作为企业经营价值链上一个不可或缺的环节，企业

将一部分利润留在销售公司符合企业实际。企业在税务筹划中，要合理划分生产环节的利润和销售环节的利润。

根据市场规律，一般制造环节的利润是很低的，所以要估计一个相对合理的比例，例如，将30%~40%的利润分配到销售公司是一个合理的划分。但是绝对不能把超出正常范围的利润都转移到销售公司。

3. 案例分析

例：2020年12月，甲实木地板生产加工企业的销售额为100万元（不含增值税），其中实木地板每平方米销售单价为100元，销量为1万平方米，毛利率为25%（实木地板消费税率为5%），不考虑增值税。

（1）税务筹划前：

甲公司对外销售100万元。

甲应缴纳消费税=100×5%=5（万元）

（2）实施税务筹划：

筹划思路：注册独立核算的经销公司，将甲公司的产品先销售给经销公司，经销公司再卖给客户。由于买木地板的消费税在生产环节缴纳，销售环节不缴纳，因此，销售公司不缴纳消费税，只要定价合理，就可以少缴部分消费税。

具体操作：甲公司注册成立乙公司（独立核算），甲公司在生产环节出售实木地板时降低到以每平方米80元出售到乙公司，乙对外按单价100元销售1万平方米实木地板，销售额为100万元，这样甲公司会减少20万元利润，乙公司增加20万元的利润。

（3）税务筹划后计算应纳税额：

甲公司降价卖给乙销售公司后，乙公司在销售环节不需要缴纳消费税。

甲公司生产环节应纳消费税=80×5%=4（万元）

（4）税务筹划前后节税效应对比：

甲公司税务筹划前应纳消费税为5万元，税务筹划后应交消费税为4万元，节税金额为1万元（=5-4）。

注意：纳税人通过自设非独立核算门市部销售的自产应税消费品，应当按照门市部对外销售额或者销售数量征收消费税。

（二）包装物出售变为收取押金方式的税务筹划

1. 税务筹划逻辑

包装物随货物出售是否收取押金会因为会计处理方法的不同，导致计算消费税的结果不同。若企业采取包装物不作价出售产品时，押金不作为应税消费品的计税金额，这样就可以降低消费税。

2. 案例分析

例：A 公司 2020 年销售实木地板 50000 平方米，每平方米木地板价格为 200 元（不含税价格），销售额为 10000000 元（不含增值税）；使用包装物 2000 件，单价为 100 元（不含税价格）。实木地板消费税率为 5%，不考虑增值税。

A 公司采取两种方案：

方案 1：包装物作价随同实木地板一起销售，不收取押金。

方案 2：包装物不作价随同实木地板销售，收取押金。

（1）若采取方案 1：

该公司采取实木地板连同包装物一起销售，该公司应纳消费税额 ＝（10000000+2000×100）×5% ＝ 510000（元）

（2）若采取方案 2：

包装物不交消费税，则

该公司应纳消费税额 ＝ 10000000×5% ＝ 500000（元）

注意：因逾期未收回的包装物不再退还的和已收取一年以上的押金，应并入应税消费品的销售额，按照应税消费品的适用税率征收消费税。

（3）两种方式的节税比较：

采取方案 2 比方案 1 节约消费税额为 10000 元（＝510000-500000）。

（4）政策依据：

财税字〔1995〕53 号：

实行从价定率办法计算应纳税额的应税消费品连同包装销售的，无论包装是否单独计价，也无论在会计上如何核算，均应并入应税消费品的销售额中征收消费税。如果包装物不作价随同产品销售，而是收取押金，此项押金则不应并入应税消费品的销售额中征税。但对因逾期未收回的包装物不再退还的和已收取一年以上的押金，应并入应税消费品的销售额，按照应税消费品的适用税率征收消费税。

对既作价随同应税消费品销售，又另外收取押金的包装物的押金，凡纳税人在规定的期限内不予退还的，均应并入应税消费品的销售额，按照应税消费品的适用税率征收消费税。

（三）全部委托加工的税务筹划

1. 筹划思路

消费税在生产、委托加工和进口环节征收，销售环节不再征收。消费品委托加工由受托方在向委托方交货时代收代缴消费税。如果委托加工收回的应税消费品由委托方用于连续生产应税消费品的，由受托方代扣代缴的税款准予按规定抵扣。但如果委托方即甲方不将委托加工的应税消费品收回后由委托方用于连续加工应税消费品，而是全部让受托方加工成最终可以售卖的应税消费品，直接对外售卖，那么就省去了甲方自己生产加工制作的环节。由于方式转换，计税依据发生了变化，即：

委托加工产品的计税价格＝（材料成本+加工费+从量消费税）／（1－消费税率）

通过委托方连续加工后的产品的计税价格是产品的售价，产品的售价一般会高于委托加工的计税价格。两种不同的计税价格的差异导致了消费税计算结果的不同，从而有了税务筹划的空间。

2. 筹划案例

例：生产应税消费品的甲企业将烟叶委托给乙企业加工成烟丝，烟叶成本为76万元，加工成本为50万元，加工完成后甲企业收回后用于连续生产应税消费品甲类卷烟，再加工成本为60万元，加工完成后全部对外销售100箱（每标准箱5万支）甲类卷烟，共计500万元（不含增值税）。烟丝采用从价计征，消费税率为30%；卷烟采用复合计征，从价消费税率为56%，从量按0.003元/支计征。设定不考虑增值税。

（1）税务筹划前：

甲公司委托乙公司加工并支付加工费，甲公司支付乙公司代收代缴应纳消费税。

消费税计税价格＝（760000+500000）÷（1－30%）＝1800000（元）

应纳消费税＝1800000×30%＝540000（元）

甲公司销售卷烟，按照复合计征办法：

应纳消费税＝销售额×比例税率+销售数量×定额税率

应纳卷烟消费税＝5000000×56%+50000×100×0.003＝2800000+15000＝2815000（元）

扣除已缴纳的54万元，

实际应纳消费税＝2815000－540000＝2275000（元）

甲公司的税后利润＝（5000000－760000－500000－600000－2815000）×（1－25%）＝325000×75%＝243750（元）

（2）筹划思路：

甲公司不收回再加工，而是委托乙公司全部加工，将烟叶直接加工成最终产品卷烟。向乙公司支付加工费110万元后，直接由甲公司对外销售，销售价格不变。

甲公司向乙公司支付代收代缴消费税实行复合计税办法计算纳税额：

组成计税价格＝（材料成本+加工费+委托加工数量×定额税率）÷（1－比例税率）

消费税计税价格＝（760000+1100000+100×50000×0.003）÷（1－56%）＝1875000÷0.44＝4261363.64（元）

按复合计税办法计算支付乙公司代收代缴消费税＝4261363.64×56%+100×50000×0.003＝2401363.64（元）

甲公司将加工好的卷烟再销售时，因为委托加工应税消费品收回后用于直接销售的不需再交消费税，

甲公司的税后利润＝（5000000－760000－1100000－2401363.64）×（1－25%）＝738636.36×75%＝553977.27（元）

（3）税务筹划前后结果比较：

税务筹划后比不筹划可使企业多赚利润310227.27元（＝553977.27－243750）。

（4）政策依据：

根据《财政部国家税务总局关于调整卷烟消费税的通知》，烟草的消费税由两部分组成，分别是从价税和从量税。

①从价税：在生产环节，税率分别为，甲类卷烟为56%、乙类卷烟为36%，雪茄烟为36%，烟丝为30%。在批发环节，对所有卷烟按11%的税率征收从价消费税。

②从量税：在生产环节，对所有卷烟征收0.003元/支的从量消费税；在批发环节，对所有卷烟征收0.005元/支的从量消费税，使用复合计征办法缴纳消费税。

卷烟应纳消费税＝销售额×比例税率+销售数量×定额税率

《中华人民共和国消费税暂行条例》第一条规定，在中华人民共和国境内生产、委托加工和进口本条例规定的消费税的单位和个人，以及国务院确定的销售本条例规定的消费税的其他单位和个人，为消费税的纳税人。

《中华人民共和国消费税暂行条例》第四条规定，纳税人生产的应税消费品，于纳税人销售时纳税。纳税人自产自用的应税消费品，用于连续生产应税消费品的，不纳税；用于其他方面的，于移送使用时纳税。

委托加工的应税消费品，除受托方为个人外，由受托方在向委托方交货时代收代缴税款。委托加工的应税消费品，委托方用于连续生产应税消费品的，所纳税款准予按规定抵扣。

消费税税率如表4-1所示。

表4-1　消费税税率

税目	税率
生产环节：甲类卷烟［调拨价70元（不含增值税）/条以上（含70元）］	56%加0.003元/支
生产环节：乙类卷烟［调拨价70元（不含增值税）/条以下］	36%加0.003元/支
商业批发环节：甲类卷烟［调拨价70元（不含增值税）/条以上（含70元）］	11%加0.005元/支
雪茄	36%
烟丝	30%
白酒	20%加0.5元/500克（毫升）
黄酒	240元/吨
甲类啤酒	250元/吨
乙类啤酒	220元/吨
其他酒	10%
高档化妆品	15%
金银首饰、铂金首饰和钻石及钻石饰品	5%
其他贵重首饰和珠宝玉石	10%
鞭炮、焰火	15%
汽油	1.52元/升
柴油	1.20元/升
航空煤油	1.20元/升
石脑油	1.52元/升

税目	税率
溶剂油	1.52 元/升
润滑油	1.52 元/升
燃料油	1.20 元/升
气缸容量 250 毫升（含 250 毫升）以下的摩托车	3%
气缸容量 250 毫升以上的摩托车	10%
气缸容量在 1.0 升（含 1.0 升）以下的乘用车	1%
气缸容量在 1.0 升以上至 1.5 升（含 1.5 升）的乘用车	3%
气缸容量在 1.5 升以上至 2.0 升（含 2.0 升）的乘用车	5%
气缸容量在 2.0 升以上至 2.5 升（含 2.5 升）的乘用车	9%
气缸容量在 2.5 升以上至 3.0 升（含 3.0 升）的乘用车	12%
气缸容量在 3.0 升以上至 4.0 升（含 4.0 升）的乘用车	25%
气缸容量在 4.0 升以上的乘用车	40%
中轻型商用客车	5%
高尔夫球及球具	10%
高档手表	20%
游艇	10%
木制一次性筷子	5%
实木地板	5%
电池	4%
涂料	4%
商业批发环节：乙类卷烟［调拨价 70 元（不含增值税）/条以下］	11%+0.005 元/支

资料来源：作者根据"重庆税务"公众号上的信息整理而得。

《中华人民共和国消费税暂行条例》第八条规定，委托加工的应税消费品，按照受托方的同类消费品的销售价格计算纳税；没有同类消费品销售价格的，按照组成计税价格计算纳税。

实行从价定率办法计算纳税的组成计税价格计算公式：

组成计税价格＝（材料成本＋加工费）÷（1－比例税率）

实行复合计税办法计算纳税的组成计税价格计算公式：

组成计税价格＝（材料成本＋加工费＋委托加工数量×定额税率）÷（1－比例税率）

（四）消费品直接换取方式变为先销售后购买的方式进行税务筹划

例：汽车生产企业甲于 2020 年 11 月对外销售同型号的汽车（见表 4－2），

当月，甲企业用 3 辆同型号的汽车与乙企业换取汽车生产部件。该类型汽车消费税率为 5%。

表 4-2　汽车生产企业甲在 2020 年 11 月汽车销售情况

日期	数量（辆）	单价（不含税）（元）	销售额（元）
2020 年 11 月 2 日	2	100000	200000
2020 年 11 月 12 日	8	95000	760000
2020 年 11 月 12 日	10	90000	900000
合计	20		1860000

1. 税务筹划前

甲企业用自产消费品——汽车换取生产用部件，按规定应按照同类应税消费品的最高销售价格作为计税依据，最高售价为 10 万元。

应纳消费税 = 3×100000×5% = 15000（元）

2. 税务筹划

若先不换取原材料，而是先将消费品销售，再购买原材料，这样就不属于换取消费资料的情形，就无须按照同类应税消费品的最高销售价格作为计税依据，可以按照该企业当月同类消费品的加权平均单价作为计税依据。

当月汽车的加权平均单价 = 1860000/20 = 93000（元）

应纳消费税 = 3×93000×5% = 13950（元）

节税额 = 15000－13950 = 1050（元）

3. 政策依据

（1）《消费税若干具体问题的规定》：纳税人用于换取生产资料和消费资料，投资入股和抵偿债务等方面的应税消费品，应当以纳税人同类应税消费品的最高销售价格作为计税依据计算消费税。

（2）《中华人民共和国消费税暂行条例》第十五条：纳税人自产自用的应税消费品，是指依照条例第四条第一款规定于移送使用时纳税的应税消费品。条例第七条第一款、第八条第一款所称同类消费品的销售价格，是指纳税人或者代收代缴义务人当月销售的同类消费品的销售价格，如果当月同类消费品各期销售价格高低不同，应按销售数量加权平均计算。

（五）兼营业务分别核算税务筹划

1. 筹划逻辑

对于有兼营业务的应税消费品公司，应分别核算适用不同消费税率的销售额，否则将会从高适用税率，进而加重企业的税负。

2. 筹划案例

例：甲公司 2020 年 11 月生产销售酱香白酒 10 吨，收入为 120 万元；同时，销售补气补血酒 3 吨，收入为 20 万元。

白酒为复合计税，从价消费税税率是 20%，从量的标准是 0.5 元/斤，1 吨 = 1000 公斤 = 2000 斤；药酒属于其他酒类，从价计税适用 10% 税率。

（1）若不分别核算酱香白酒和补气补血酒，则按白酒类复合计税：

当月应纳消费税 = （120+20）×20%+（10+3）×2000×0.5/10000 = 29.3（万元）

（2）筹划思路：

分别核算酱香白酒和补气补血酒：

当月应纳消费税 = 120×20%+10×2000×0.5/10000+20×10% = 27（万元）

（3）税务筹划前后节税效应对比：

节税金额 = 29.3−27 = 2.3（万元）

（六）减少费用、降低计税价格的税务筹划

销售费用中的业务宣传费、赞助费、会议费、招待费等占有相当比重，可以将上述费用转移到关联企业（如设立关联的销售公司）去消化；或者与经销商签订销售合同时相关的管理运营费用等由经销商承担，公司会给经销商一定的返利补贴或价格优惠等，以降低计税价格，达到降低消费税的目的。

该方法只要在税法规定的范围内进行，操作风险很小，可以达到节税的效果。

第四节　其他税种的税务筹划

一、土地增值税的税务筹划

（一）土地增值税的概念

土地增值税，是指对有偿转让国有土地使用权及地上建筑物和其他附着物产权，取得增值收入的单位和个人征收的一种税。它通过经济手段引导市场行为，维护市场秩序，同时为国家发展和社会进步提供资金支持。

从政策层面来看，土地增值税的出台是政府对房地产开发和交易市场进行宏观调控的重要手段。它旨在通过经济杠杆的作用，抑制市场上可能出现的过度投机和炒买炒卖土地的行为。这种调控有助于防止暴利现象的发生，从而维护市场的稳定和健康发展，确保房地产市场的长期可持续性。

随着城市化进程的加速和房地产市场的蓬勃发展，土地增值税的征收也为国家财政收入做出了重要贡献，成为国家经济建设和社会发展资金的重要来源之一。这些资金可以被用于基础设施建设、公共服务提升等多个领域，进一步推动国家的发展和社会的进步。

（二）土地增值税的主要特征

土地增值税作为一种针对房地产转让收益的税种，其设计和实施都体现出了独特性。以下是土地增值税的几个核心特点，这些特点共同构成了该税种的基本框架和运作机制：

1. 计税依据为转让房地产的增值额

土地增值税的核心计税依据在于房地产转让过程中所产生的增值额。这一计税方式的设计，与房地产的实际增值情况紧密相连，体现出了鲜明的经济逻辑和合理性。

具体来说，只有当房地产的转让价格高于其原始成本或上一次转让价格时，才会"触发"应纳税额。这意味着，如果房地产没有实现增值，或者转让价格并未超过之前的成本，那么就不需要缴纳土地增值税。这样的设计，确保了税收与房地产的实际增值情况相匹配，避免了"无增值而征税"的不合理现象。

此外，这种计税方式还有助于抑制房地产市场的过度投机行为。因为投机者往往试图通过短期买卖房地产来获取暴利，而土地增值税的征收，正是基于房地产的增值额。这就在一定程度上增加了投机者的成本，降低了其投机收益，从而有助于稳定房地产市场，防止暴利现象的发生。

2. 征税范围广泛且全面

土地增值税的征税范围相当广泛，几乎涵盖了所有有偿转让国有土地使用权及其地上建筑物、其他附着物产权的行为。这一设计体现了税收的公平性和全面性原则。

具体来说，无论是商业用地、住宅用地还是工业用地，只要涉及有偿转让并产生了增值，都可能成为土地增值税的征税对象。这种广泛的征税范围，确保了税收能够覆盖房地产市场的各个角落，避免了税收漏洞和逃税行为的发生。

同时，广泛的征税范围也有助于维护税收的公平性。在房地产市场中，各种类型的房地产都有可能产生增值，因此都应该纳入税收的范畴。土地增值税的征税范围涵盖了所有可能产生增值的房地产，确保了税收的公平性和一致性。

3. 增值额计算方式多样

在计算房地产的增值额时，土地增值税展现了其多样性和合理性，主要采用了扣除法和评估法两种方法。

扣除法的核心在于从房地产的转让收入中扣除一系列允许扣除的项目，如原始成本、开发费用等，从而确定其增值额。这种方法充分考虑了房地产的实际成本，确保税收与房地产的实际增值相匹配，避免了"无增值而征税"的不合理现象。而评估法则是通过专业的评估机构对房地产进行市场价值的评估，进而计算其增值额。这种方法更多地考虑了房地产的市场价值，能够反映房地产在市场上的真实增值情况。将扣除法和评估法相结合，可以使土地增值税的增值额计算得更加全面、合理和准确。扣除法和评估法的结合，既考虑了房地产的实际成本，又考虑了其市场价值，确保税收与房地产的实际增值情况紧密相连，有助于维护税收的公平性和合理性，进一步促进房地产市场的稳定和健康发展。

4. 实行超率累进税率以调节市场

土地增值税的税率设计独具匠心，采用了超率累进的方式。这一设计意味着，随着房地产增值额的增加，其适用的税率也会相应提高，呈现出一种累进的态势。

这种税率设计方式的优势在于，它能够更好地调节房地产市场，抑制过度投机和暴利行为。当房地产市场的增值额较高时，适用较高的税率可以有效地增加投机者的成本，降低其投机收益，从而有助于稳定市场。同时，超率累进的税率设计也能够保证国家财政收入的稳定增长。随着房地产市场的繁荣，增值额的增加会导致适用税率的提高，进而使税收收入相应增加。这种设计方式确保了税收与房地产市场的繁荣程度相匹配，为国家财政收入的稳定增长提供了有力保障。

5. 按次征收以确保税收的公平性和及时性

土地增值税的征收方式具有鲜明的特点，即按照房地产的转让次数进行征收。这种按次征收的方式，确保了每次房地产发生有偿转让并产生增值时，都能够及时、准确地纳入税收体系。

这种征收方式的优势在于，它有助于确保税收的公平性和及时性。由于土地增值税是按照每次转让的增值额进行计算的，因此每次转让都需要按照相关规定进行申报和缴纳，这就避免了逃避缴税和拖延缴税的现象。同时，按次征收也确保了税收的完整性，每次转让的税收都能够及时入库，从而维护了税收的稳定性和可持续性。此外，按次征收还有助于提高税收管理的效率。由于每次转让都需要进行申报和缴纳，税务部门可以更加准确地掌握房地产市场的动态和税收情况，从而进行更加精准的税收管理和调控。

（三）土地增值税的税务筹划方法及案例分析

1. 增加土地增值税扣除额税务筹划

例：甲公司为房地产开发企业，2019年初用500万元购入一块土地，该土地使用权为50年，每年摊销为10万元，准备2021年开发建造商品房，2022年销售。假如2022年销售建造的一栋商品房2000万元，计算土地增值税开发成本和土地使用成本为1000万元（包含土地使用权账面价值为480万元），其加计扣除额＝1000×20%＝200万元，其他可抵扣成本为500万元。

（1）税务筹划前后增值税计算比较：

①税务筹划前：

2022年总计允许扣除的金额＝1000+200+500＝1700（万元）

增值额＝2000−1700＝300（万元）

增值率＝300/1700＝17.65%

应缴土地增值税＝300×30%−0＝90（万元）

②实施税务筹划：

筹划思路：提高开发建设成本就能增加计算土地增值税的抵扣额，从而降低税负。

具体操作：甲公司购入当年就将这块土地简单开发，直接全额计入开发建设成本，而不是按照两年后的摊余价值计入开发成本。这样必然增加开发成本，同时也增加了扣除金额。

③税务筹划后计算应纳税：

现将这块土地简单开发，使其开发成本增加为1020万元。

2022年总计允许扣除的金额＝1020+1020×20%+500＝1724（万元）

增值额＝2000−1724＝276（万元）

增值率＝276/1700＝16.24%

应纳土地增值税＝276×30%−0＝82.8（万元）

④税务筹划前后节税效应对比：

筹划前应纳土地增值税＝90（万元）

筹划后应纳土地增值税＝82.8（万元）

节税金额＝90－82.8＝7.2（万元）

（2）政策依据：

《中华人民共和国土地增值税暂行条例实施细则》（财法字〔1995〕6号）第七条：计算增值额的扣除项目，具体为：

"（一）取得土地使用权所支付的金额，是指纳税人为取得土地使用权所支付的地价款和按国家统一规定交纳的有关费用。

"（二）开发土地和新建房及配套设施（以下简称房增开发）的成本，是指纳税人房地产开发项目实际发生的成本（以下简称房增开发成本），包括土地征用及拆迁补偿费、前期工程费、建筑安装工程费、基础设施费、公共配套设施费、开发间接费用。土地征用及拆迁补偿费，包括土地征用费、耕地占用税、劳动力安置费及有关地上、地下附着物拆迁补偿的净支出、安置动迁用房支出等。

"（三）对从事房地产开发的纳税人可按①②项规定计算的金额之和，加计20%的扣除。"

《中华人民共和国土地增值税暂行条例实施细则》（财法字〔1995〕6号）第十条：

"计算土地增值税税额，可按增值额乘以适用的税率减去扣除项目金额乘以速算扣除系数的简便方法计算，具体公式如下：

"（一）增值额未超过扣除项目金额50%

"土地增值税税额＝增值额×30%

"（二）增值额超过扣除项目金额50%，未超过100%的

"土地增值税税额＝增值额×40%－扣除项目金额×5%

"（三）增值额超过扣除项目金额100%，未超过200%的

"土地增值税税额＝增值额×50%－扣除项目金额×15%

"（四）增值额超过扣除项目金额200%

"土地增值税税额＝增值额×60%－扣除项目金额×35%

"公式中的5%，15%，35%为速算扣除系数。"

2. 采用增值额比率控制法进行税务筹划

（1）筹划逻辑。根据相关政策，销售普通住宅时，土地增值额没有超过计

算土地增值税时扣除项目金额的 20% 将免征土地增值税。利用这一政策可以进行税务筹划。

例：甲房地产开发企业想以 1000 万元左右的价格（不含增值税）出售普通标准住宅，扣除项目中取得土地使用权所支付的地价款 250 万元、房地产开发成本 400 万元、房地产开发费用 80 万元、与转让房地产有关的税金 9.14 万元、加计 20% 的扣除 130 万元。

甲企业采用两种方案：

①按 1050 万元签订销售合同。

②优惠 50 万元，按 1000 万元签订销售合同。

按第一种方案：

分析：甲企业以 1050 万元的价格出售，增值税增加了 4.5 万元、附加税增加了 0.54 万元，印花税增加了 0.025 万元，可扣除的税金合计增加 0.57 万元，其他扣除项目金额不变。

扣除项目合计 = 250+400+80+9.14+0.57+130 = 869.71（万元）

增值额 = 1050-869.71 = 180.29（万元）

增值率 = 180.29 万元 ÷ 869.71 万元 = 20.73%

由于 20.73% > 20%，所以应以全部增值额按 30% 的税率征收土地增值税。

土地增值税税额 = 180.29 万元 × 30% = 54.09（万元）

税后利润 = (180.29-54.09) × (1-25%) = 94.65（万元）

按第二种方案：

扣除项目合计 = 250+400+80+9.14+130 = 869.14（万元）

增值额 = 1000-869.14 = 130.86（万元）

增值率 = 130.86 万元 ÷ 869.14 万元 = 15.06%

由于 15.06% < 20%，符合免征土地增值税的条件，故

税后利润（企业所得税后）= 130.86 × (1-25%) = 98.15（万元）

两种方案土地增值税比较：

第二种方案比第一种方案节税 54.09 元（= 54.09-0）。

分析：第一种方案多卖了 50 万元，税后利润却反而比第二种方案减少 3.5 万元，原因主要是土地第一种方案需要缴纳土地增值税，而第二种方案免去了增值税，所以第二种方案比较好，既有利于成交，又保住了企业的利润。

（2）政策依据。

《中华人民共和国土地增值税暂行条例实施细则》第十一条：

"纳税人建造普通标准住宅出售，增值额未超过本细则第七条（一）、（二）、（三）、（五）、（六）项扣除项目金额之和20%的，免征土地增值税；增值额超过扣除项目金额之和20%的，应就其全部增值额按规定计税。"

3. 采用分割收入方法进行税务筹划

（1）筹划逻辑。土地增值税由转让收入和扣除项目金额决定税额的大小。可以通过将计税收入降低来减少应纳税额，即可以采取分割收入的方法来降低土地增值税的计税收入。在其他扣除项目金额影响不大的情况下，降低了收入就会导致增值额的减少，从而就降低了税额。

例：甲房地产开发企业准备开发出售一幢配有简装家具楼房（非普通住宅），预计总价为2000万元（不含税），其中装修收入为500万元，装修成本为200万元，当月认证抵扣的金额为80万元，预计装修后允许扣除项目总额为1250万元（含加计扣除，其中地价款为500万元，装修成本为200万元）。

甲企业采用的两种方案：

①按总价2000万元签订销售合同。

②按装修前1500万元签订销售合同，再按500万元签订装修装饰合同。

按第一种方案：

甲企业（一般纳税人按照一般计税法）以2000万元的价格出售楼房，需要缴纳土地增值税（假如不考虑其他税费）为：

增值额＝2000－1250＝750（万元）

增值率＝750万元÷1250万元＝60%

增值额超过扣除项目金额50%、未超过100%的土地增值税税额＝增值额×40%－扣除项目金额×5%

应纳土地增值税税额＝750×40%－1250×5%＝237.5（万元）

应纳增值税税额＝（2000－500）×9%－80＝55（万元）

合计税额＝237.5＋55＝292.5（万元）

按第二种方案：

甲企业以1500万元的价格签订销售楼房合同，需要缴纳土地增值税和增值税；签订的装修合同不用缴纳土地增值税，按建筑服务中的装饰服务缴纳增值税（假如不考虑其他税费）。

扣除项目合计＝1250－200＝1050（万元）

增值额＝1500－1050＝450（万元）

增值率＝450万元÷1050万元＝42.86%

增值额未超过扣除项目金额50%，土地增值税税额＝增值额×30%

应纳土地增值税税额＝450×30%＝135（万元）

应纳增值税税额＝（1500－500）×9%－80＝10（万元）

装修应纳增值税税额＝500×9%＝45（万元）

合计应纳增值税和土地增值税＝135＋10＋45＝190（万元）

③两种方案比较：

第二种方案比第一种方案节税（不考虑附加税等其他税费）102.5万元（＝292.5－190）。

分析：采用第二种方案明显比第一种方案节省税费。原因就是分割一部分收入，将土地增值税的计税基数降低，从而降低土地增值税，而产生的增值税额却没有增加。

（2）政策依据：

根据《国家税务总局关于房地产开发企业土地增值税清算管理有关问题的通知》（国税发〔2006〕187号）的规定，房地产开发企业销售已装修的房屋，其装修费用可以计入房地产开发成本。房地产开发企业的预提费用，除另有规定外，不得扣除。

根据财税〔2016〕43号文第三条第二款规定："《中华人民共和国土地增值税暂行条例》等规定的土地增值税扣除项目涉及的增值税进项税额，允许在销项税额中计算抵扣的，不计入扣除项目，不允许在销项税额中计算抵扣的，可以计入扣除项目。"

该文件第六条规定："在计征上述税种时，税务机关核定的计税价格或收入不含增值税。"

《财政部国家税务总局关于全面推开营业税改征增值税试点的通知》（财税〔2016〕36号）中对销售服务、无形资产、不动产进行了注释：

建筑服务，是指各类建筑物、构筑物及其附属设施的建造、修缮、装饰，线路、管道、设备、设施等的安装以及其他工程作业的业务活动。包括工程服务、安装服务、修缮服务、装饰服务和其他建筑服务。

装饰服务，是指对建筑物、构筑物进行修饰装修，使之美观或者具有特定用途的工程作业。

4. 采用开发费用扣除的不同计算法进行税务筹划

（1）税务筹划逻辑：

房地产企业开发费用扣除计算方法：

①财务费用中的利息支出：凡能够按转让房地产项目计算分摊并提供金融机构证明的，允许据实扣除，但最高不能超过按商业银行同类同期贷款利率计算的金额。其他房地产开发费用：按取得土地使用权所支付的地价款和按国家统一规定缴纳的有关费用以及开发土地和新建房及配套设施的成本之和的 5% 以内计算扣除。

②凡不能按转让房地产项目计算分摊利息支出或不能提供金融机构证明的，房地产开发费用按取得土地使用权所支付的地价款和按国家统一规定缴纳的有关费用以及开发土地和新建房及配套设施之和的 10% 以内计算扣除。

比较这两者的高低，选择其中最终扣除金额比较高的作为税务筹划方案。也就是说，能够据实扣除的利息费用较高，就选择第一种方法；否则就选择第二种方法。

在实际操作中，不少企业往往存在多种渠道的借款，有可能无法提供金融机构的证明从而据实扣除，那么只能选择第二种方法来确定扣除金额。

例：某省甲房地产开发公司取得土地使用权地价款为 1000 万元，开发成本为 500 万元，项目开发有关的财务费用利息支出为 20 万元，不超过同期同类银行贷款利率。该省规定的开发费用计算扣除比例分别为两种情况，即为 5% 和 10%。甲企业采用两种方案：

①能够按转让房地产项目计算分摊利息支出并提供金融机构证明的，开发费用扣除比例为 5%。

②不能够按转让房地产项目计算分摊利息支出或不能提供金融机构证明的，开发费用扣除比例为 10%。

采用第一种方法：

前提是能够按转让房地产项目计算分摊利息支出并能提供金融机构利息证明。

按照第一种方法计算可扣除开发费用＝20＋（1000＋500）×5%＝95（万元）

采用第二种方法：

前提是不能按转让房地产项目计算分摊利息支出或不能提供金融机构利息证

明的。

按照第二种方法计算可扣除开发费用＝（1000+500）×10%＝150（万元）

扣除费用金额比较：

显然第二种比第一种方案在开发费用扣除上多扣除55万元，对企业土地增值税因增加扣除项目费用而使增值额减少，对企业是有利的。

在实际操作中，由于《中华人民共和国土地增值税暂行条例》没有规定孰低原则来确定开发费用的扣除项目，因此为企业提供了税务筹划空间。房地产开发企业若不能全部提供金融机构利息证明为事实理由，就可以采取上述第二种方法进行开发费用的合理税务筹划。

（2）政策依据：

《中华人民共和国土地增值税暂行条例实施细则》第七条规定：

"（三）开发土地和新建房及配套设施的费用（以下简称房地产开发费用），是指与房地产开发项目有关的销售费用、管理费用、财务费用。

"财务费用中的利息支出，凡能够按转让房地产项目计算分摊并提供金融机构证明的，允许据实扣除，但最高不能超过按商业银行同类同期贷款利率计算的金额。其他房地产开发费用，按本条（一）、（二）项规定计算的金额之和的5%以内计算扣除。

"凡不能按转让房地产项目计算分摊利息支出或不能提供金融机构证明的，房地产开发费用按本条（一）、（二）项规定计算的金额之和的10%以内计算扣除。

"上述计算扣除的具体比例，由各省、自治区、直辖市人民政府规定。"

《国家税务总局关于土地增值税清算有关问题的通知》（国税函〔2010〕220号）中规定：

"三、房地产开发费用的扣除问题：

"（一）财务费用中的利息支出，凡能够按转让房地产项目计算分摊并提供金融机构证明的，允许据实扣除，但最高不能超过按商业银行同类同期贷款利率计算的金额。其他房地产开发费用，在按照"取得土地使用权所支付的金额"与"房地产开发成本"金额之和的5%以内计算扣除。

"（二）凡不能按转让房地产项目计算分摊利息支出或不能提供金融机构证明的，房地产开发费用在按'取得土地使用权所支付的金额'与'房地产开发成本'金额之和的10%以内计算扣除。全部使用自有资金，没有利息支出的，按照以上方法扣除。

"上述具体适用的比例按省级人民政府此前规定的比例执行。

"（三）房地产开发企业既向金融机构借款，又有其他借款的，其房地产开发费用计算扣除时不能同时适用本条（一）、（二）项所述两种办法。

"（五）加大扣除费用进行税务筹划

"房地产开发费用，是指与房地产开发项目有关的销售费用、管理费用、财务费用。

"其扣除不是按实际发生数扣除，而是按是否能按转让房地产项目计算分摊利息支出作为一定条件，按一定比例扣除的。房地产开发成本和地价款之和决定了开发费用的扣除标准，因为税务筹划可以提前进行，将实际发生的期间费用在一定范围内合理归集到房地产开发项目开发成本中，比如一般列入期间费用，包括公司管理人员的工资、福利费、办公费、差旅费等，可以合理分配一些人员兼职于具体项目中。发生的费用就可以有理由分摊一部分到房地产开发成本中。这样导致增加了开发成本，就提高了开发费用的计提基数，增加了开发费用，增加了扣除额，减少了增值额，从而降低了土地增值税计税基数，节省了土地增值税。"

二、城市维护建设税的税务筹划

（一）城市维护建设税的概念

城市维护建设税，简称为城建税，是我国税收体系中一项具有特定目的的税种。其独特之处在于，其计税依据直接关联于纳税人实际缴纳的增值税和消费税税额，形成了一种"税上加税"的征收模式。城建税的征收与纳税人的主要税负（即增值税和消费税）紧密相连，体现了税收负担的公平性和合理性。

具体而言，任何负有缴纳增值税和消费税义务的单位和个人，均自动成为城建税的纳税人范畴，这一范围广泛涵盖了国内各类经济活动的参与者。然而，值得注意的是，为了促进外资引进和国际经济合作，外商投资企业和外国企业被特别排除在城建税纳税人之外，体现了税收政策在促进对外开放方面的灵活性。

城建税的设计初衷深刻体现了其社会功能和经济意义。它作为筹集城市维护建设资金的重要渠道，对于促进城市的可持续发展、提升居民的生活质量具有不可估量的价值。通过依法征收城建税，政府得以确保拥有稳定的财政资源，用于城市基础设施的维护、更新以及新项目的建设。这不仅有助于改善城市面貌、提升城市服务功能，还能为城市的长期繁荣和居民福祉的提高奠定坚实的基础。

（二）城市维护建设税的特点

1. 计税依据明确

城市维护建设税的一个核心特点在于其计税依据的明确性。具体而言，该税种直接以纳税人实际缴纳的产品税（现已并入增值税）和增值税税额作为计税基础。这一设计不仅简化了税务计算流程，提高了税收征收的透明度，还确保了税收负担与纳税人的实际经济能力紧密相连。由于计税依据直接关联纳税人的主要税负，城建税的征收更加体现了税收的公平性和合理性原则，即"能力越大，责任越大"，有效避免了税收负担的不合理转嫁。

此外，明确的计税依据还有助于纳税人更好地预测和规划自己的税务成本，为企业的财务管理和经营决策提供重要参考。同时，税务部门也能够基于清晰的计税依据，更加高效、准确地执行税收征收工作，提升了税收管理的效率和水平。

2. 税收同步性

城市维护建设税的征收与产品税（现已并入增值税）、增值税的缴纳具有高度的同步性，这是其另一显著特点。

从时间维度来看，城建税与增值税、消费税的缴纳是同时进行的。当纳税人按照税法规定完成增值税或消费税的申报和缴纳后，相应的城建税也需在同一时期进行申报和缴纳。这种"同步征收"的机制确保了税收的及时性，避免了税收征收过程中的时间差和滞后性，有利于政府及时获取财政收入，满足城市维护建设的资金需求。

从逻辑关系上看，城建税的征收以增值税和消费税的缴纳为前提，体现了税收的依赖性和关联性。增值税和消费税作为主要的流转税，其征收范围广泛，税基稳定，为城建税提供了可靠的计税依据。因此，城建税的同步征收不仅保证了税收的完整性，也强化了税收体系的内在联系和协调性。

税收同步性还有助于提高税收管理的效率和透明度。通过同步征收城建税和增值税、消费税，税务部门可以更有效地掌握纳税人的缴税情况，及时发现和处理偷税、漏税等违法行为。同时，同步征收也简化了纳税程序，减轻了纳税人的负担，提高了税收征纳的便利性和满意度。

3. 资金筹集目标明确

城市维护建设税在税收体系中独树一帜，其最为显著的特点之一便是其资金筹集目标的明确性和专项性。该税种自设立之初，便明确将加强城市维护建设、扩大和稳定城市维护建设资金来源作为其核心使命。这一明确的税收目的，使城建税在筹集资金方面具有了高度的针对性和有效性。城建税通过依法征收，为政府筹集到了大量的财政收入，这些资金被严格限定用于城市基础设施的维护和新建项目。这种专项资金的使用方式，不仅确保了资金的合理配置和高效利用，还极大地推动了城市基础设施的完善和发展。从道路修缮、桥梁建设，到公园绿化、排水系统升级，城建税为城市面貌的改善和居民生活质量的提升提供了坚实的财力支持。

此外，城建税资金筹集目标的明确性，还有助于增强政府在城市维护建设方面的责任感和使命感。政府作为城建税资金的筹集者和使用者，需要认真履行其职责，确保资金的有效利用和项目的顺利实施。这种责任感和使命感的增强，进一步推动了城市维护建设工作的深入开展，为城市的长期繁荣和可持续发展奠定了坚实的基础。

4. 促进城市发展

城市维护建设税在推动城市发展和改善居民生活环境方面的作用不可小觑，它不仅是城市财政体系中的重要组成部分，更是促进城市可持续发展的关键力量。

城建税为城市维护建设提供了稳定且可靠的资金来源。随着城市化进程的加快，城市基础设施的新建与维护需求日益增长。城建税通过其明确的征收对象和计税依据，确保了政府能够持续、稳定地筹集到用于城市建设的资金，从而有效满足了城市发展的资金需求。这些资金被专项用于城市道路的修建与维护、公共交通的改善、绿化工程的实施，以及排水、照明等基础设施的升级，极大地提升了城市的硬件设施水平。

城建税促进了城市的可持续发展。在城市化进程中，可持续发展是一个重要的议题。城建税通过支持城市基础设施的新建和维护，有助于优化城市的资源配置，提高城市的管理水平和服务质量，从而推动城市的绿色、低碳、循环发展。此外，城建税还促进了城市产业结构的调整和升级，为城市经济的持续增长注入了活力。

城建税在改善居民生活环境方面发挥着重要作用。城市是居民生活的重要载体，城市环境的优劣直接影响着居民的生活质量。城建税通过支持城市基础设施的改善和公共服务水平的提升，为居民创造了一个更加宜居、便捷、舒适的生活环境。例如，通过支持城市绿化工程的实施，可以改善城市的空气质量；通过支持公共交通的改善，可以缓解城市交通拥堵问题；通过支持城市排水系统的升级，可以提高城市的防洪排涝能力；等等。这些措施的实施，不仅提高了居民的生活品质，还增强了居民的幸福感和满意度。

（三）城市维护建设税税务筹划策略

1. 区域选择策略的深度考量

在城市维护建设税的筹划框架内，区域选择策略是一项至关重要的考量。鉴于城建税采用地区差别比例税率制度，具体税率依据纳税人所在地的不同而有所区分，分别为7%（适用于市区）、5%（适用于县城、镇）以及1%（适用于其他地区）。因此，企业在进行投资决策或扩建规划时，应当全面考量目标地区的经济环境、税收政策以及未来的发展潜力，旨在选择城建税税率相对较低的区域进行企业的设立或迁移。此策略的实施不仅可以直接降低企业的城建税税负，还可能带来房产税与城镇土地使用税支出的间接减少。然而，企业在实施此策略时，也需审慎权衡区域选择对企业生产经营活动的实际影响，确保整体经济效益的最大化。

2. 生产布局优化策略精细规划

对于跨地区经营的企业而言，生产布局的优化不仅是企业战略部署的关键一环，更是城建税税务筹划中的重要策略。这一策略要求企业具备全局的视野和精细化的规划能力，通过合理调整和布局生产环节的地域分布，将部分生产活动灵活转移至城建税税率较低的区域，以实现税负的有效降低。

具体而言，企业可以深入分析不同地区的税收政策、经济环境、劳动力市场等因素，将非核心生产流程或原材料初加工环节布局于税率相对较低的县城或镇。这样的布局调整，不仅能够直接降低城建税的税负，还可能因地区间的成本差异而带来原材料采购、劳动力成本等方面的优势，进一步降低企业的整体运营成本。然而，生产布局的优化并非简单的地理迁移，而是需要结合企业的供应链管理和物流成本进行综合考量。企业需评估新的生产布局对供应链稳定性的影响，确保原材料供应、产品分销等关键环节能够顺畅运行。同时，物流成本也是不可忽视的因素，企业需仔细核算因生产布局调整而可能增加的运输成本，确保税负的降低不会以牺牲整体经济效益为代价。

3. 税收政策利用策略的智慧实施

充分利用城建税随增值税、消费税减免而减免的政策，是企业税务筹划中的一项重要智慧。这一策略要求企业不仅要深刻了解税收政策，还要具备灵活运用政策的能力，通过合法合规的方式优化税务结构，降低税负。

在实施这一策略时，企业应加强对增值税和消费税的税务筹划工作。这包括：优化采购策略，如选择能提供增值税专用发票的供应商，以增加进项税额的抵扣；合理控制销售价格，避免不必要的税负加重；以及利用税收优惠政策，如高新技术企业的税收减免等，来减少"三税"的税额。通过这些措施，企业可以有效降低城建税的计税基数，进而减轻城建税的负担。然而，税收政策并非一成不变的，其变动往往会对企业的税务筹划产生直接影响。因此，企业应密切关注税收政策的最新动态，包括国家层面的税收法规调整和地方政府的税收优惠政策变动。通过建立税收政策变动的监测机制，企业可以及时获取相关信息，分析政策变动对企业税务筹划的影响，并据此调整税务筹划策略。

4. 税收优惠申请策略的积极践行

在城建税的税务筹划实践中，积极关注和申请符合自身条件的税收优惠政策，是企业减轻税负、提升竞争力的重要途径。这一策略要求企业不仅要对税收政策有深入的了解，还要具备敏锐的政策洞察力和高效的执行能力。

部分地方政府为了吸引投资、促进经济发展或支持特定行业的发展，会出台一系列城建税的减免或返还优惠政策。这些政策往往具有一定的时效性和针对性，因此，企业应积极关注政策动态，通过政府官方网站、税务部门公告等渠道，及时了解并研究相关政策的具体内容、申请条件及操作流程。

在了解政策的基础上，企业应准备充分的申请材料，确保符合政策要求。这包括整理企业的财务报表、税务记录、投资项目计划书等相关文件，以证明企业符合税收优惠政策的申请条件。同时，企业还应注意申请材料的规范性和完整性，以提高申请的成功率。除此之外，企业还应与当地政府保持良好的沟通与合作。这包括：与税务部门建立常态化的沟通机制，及时了解政策变动和申请进展；积极参与政府组织的政策宣讲会、企业座谈会等活动，与政府部门建立互信关系；通过行业协会、商会等组织，与其他企业共同争取更多的税收优惠政策支持；等等。

在税收优惠政策的申请和享受过程中，企业可能会遇到各种问题和挑战。这时，企业应充分利用与政府部门的沟通渠道，积极寻求帮助和支持。例如，当企业对政策理解有疑问时，可以向税务部门咨询；当企业在申请过程中遇到困难时，可以请求政府部门给予指导和协助。

三、印花税的税务筹划

（一）印花税的概念

印花税是针对经济活动和经济交往过程中，对涉及书立、领受应税凭证的行为所征收的一种特定税种。其独特之处在于，纳税人需通过在应税凭证上粘贴印花税票的方式来完成税款的缴纳，印花税也由此而得名。

征收印花税具有多方面的积极意义，它有助于增加国家的财政收入，为政府提供稳定的资金来源，支持国家的各项建设和发展。印花税作为一种经济调节手段，能够配合和加强经济合同的监督管理，促进市场经济的健康发展。通过征收印花税，政府可以对各类经济合同进行更有效的监管，防止合同欺诈、偷税漏税等不法行为的发生，维护市场经济的公平竞争秩序。印花税的征收还有助于培养纳税人的纳税意识。通过定期的税款缴纳，纳税人能够更加深刻地认识到税收对于国家和社会的重要性，从而更加自觉地履行纳税义务，为国家的繁荣和发展做出贡献。印花税还可以配合对其他应纳税种的监督管理。在税收征管过程中，印花税作为一个重要的税种，可以与其他税种相互补充、相互协调，共同构建一个更加完善、更加有效的税收征管体系。这有助于提高税收征管的效率和质量，确保国家税收政策的顺利实施和税收收入的稳定增长。

（二）印花税的特点

1. 有凭证税和行为税双重性质

印花税作为一种特定的税种，具有其独特且显著的特点，主要体现在其兼有凭证税和行为税的双重性质上。

从凭证税的角度来看，印花税是对在经济活动和经济交往中，由单位和个人书立、领受的具有法律效力的应税凭证所征收的一种税。这种对特定凭证的征税方式，凸显了印花税作为凭证税的独特属性。无论是合同、产权转移书据还是营业账簿等，只要它们属于应税凭证的范畴，都需要按照印花税的规定进行缴税。

从另一个角度来看，印花税还体现了行为税的性质。这是因为任何一种应税的经济凭证，其实质都是某种特定的经济行为的反映。因此，当对这些凭证进行征税时，实际上也就等同于对这些特定的经济行为进行了课税。这种对经济行为的间接征税方式，使印花税在行为税方面也具有一定的代表性。

2. 征税范围非常广泛

印花税作为一种独特的税种，征税范围的广泛性是其最为显著且突出的特点之一，这一特征在税收体系中独树一帜，显著区别于其他税种。印花税不局限于某一特定领域或环节，而是将"触角"深入经济活动和经济交往的方方面面，展现出了其全面性和包容性。

印花税的征税对象几乎覆盖了所有在经济活动中产生的应税凭证，这些凭证种类繁多，形态各异，包括但不限于：商业合同的签订与履行过程中所产生的文件，如购销合同、租赁合同等；金融市场上，有价证券的发行、转让、赠予等环节所涉及的所有交易凭证；不动产领域内，房屋、土地等不动产的买卖、转让、赠予及抵押行为所伴随的法律文书；此外，还包括保险合同、银行业务凭证、各类营业证照（如营业执照）、知识产权（专利权、商标权）的申请与转让文件，以及彩票销售、印刷品与广告发布、车船交易等各类经济活动中的关键凭证。

如此广泛的征税范围，意味着印花税几乎触及了经济活动的每一个角落，无论是实体经济的交易往来，还是虚拟经济的资本运作，抑或是个人与机构之间的财产转移，都难以逃脱印花税的监管范畴。这种全面的覆盖性，不仅体现了税收制度的公平性与普遍性，也为国家财政提供了稳定而多元的收入来源。

因此，印花税在税收体系中占据着举足轻重的地位，是国家财政收入的重要支柱之一。随着经济的快速发展和交易活动的日益频繁，印花税的收入规模也在不断扩大，为政府提供了越来越多的资金支持，用于公共基础设施建设、社会福利保障、国防安全维护等方面，促进了社会的和谐稳定与可持续发展。

3. 税率设置低，税负相对较轻

在众多税种中，印花税的税率设置以其显著偏低的特点脱颖而出，成为吸引纳税人关注的重要因素之一。相较于其他可能带来较重财务负担的税种，印花税的低税率设计直接导致其税负相对较轻，这为经济活动中的各类参与者提供了更加宽松和友好的税收环境。

印花税的低税率策略，是国家税收政策智慧与灵活性的体现。它遵循了税收的公平性原则，确保纳税人根据其经济活动的实际规模和性质承担合理的税负，避免了对经济主体造成不必要的财务压力。同时，这一策略也充分考虑了税收的效率性要求，通过降低税率来鼓励更多的经济活动发生，进而促进市场繁荣和经济增长。

值得注意的是，印花税的低税率并不意味着税收收入的减少。相反，由于印花税征税范围广泛，几乎涵盖了所有与经济活动相关的凭证，因此即便税率较低，也能通过广泛的征集和积少成多的方式，为国家财政筹集到可观的资金。这种以低税率促进税收增长的策略，不仅增强了税收的可持续性，也提高了税收政策的灵活性和适应性。

此外，印花税的低税率、轻税负特性，还有助于优化资源配置和激发市场活力。在宽松的税收环境下，企业和个人更有可能将资金投入创新、研发、生产等关键环节，从而推动技术进步和产业升级。同时，较低的税负也降低了市场主体的运营成本，提高了其竞争力和盈利能力，进一步促进了市场的繁荣和经济的健康发展。

4. 纳税人自主履行，简便高效

印花税在税收体系中的独特地位，不仅体现在其广泛的征税范围和合理的税率设计上，还体现在其便捷高效的纳税方式上。印花税采取纳税人自主履行的模式，这一创新之举显著区别于传统税种的征收流程，极大地提升了税收管理的效率与便捷性。

在印花税纳税过程中，纳税人需根据相关法律法规，自行计算经济活动中涉及的印花税应纳税额。这一环节要求纳税人具备一定的财务知识和法律意识，能够准确判断应税凭证的类型及对应的税率，从而确保应纳税额计算的准确性。随后，纳税人需自行购买印花税票，并将其粘贴在应税凭证的显著位置。这一步不仅简化了税务机关的征税流程，还增强了纳税人的参与感和责任感。同时，印花税票的粘贴也起到了公示作用，便于公众监督纳税人的纳税行为。更为独特的是，印花税还要求纳税人在印花税票和应税凭证的骑缝处自行盖戳注销或画销。这一举措不仅确保了印花税票与应税凭证的关联性和一致性，还防止了印花税票的重复使用或伪造。纳税人通过这一简单的操作，即可完成纳税程序，体现了印花税纳税方式的简便性。印花税的这种自主履行、简便高效的纳税方式，不仅减轻了税务机关的工作负担，提高了税收征收效率，还促进了纳税人的自我管理和纳税意识的提升。纳税人通过参与纳税过程，更加深入地了解了税收政策的内涵和意义，从而更加自觉地履行纳税义务。

总之，印花税纳税方式的独特设计，是其作为财政工具的重要优势之一。它通过简化纳税流程、提高征收效率、增强纳税人自我管理能力等方式，为经济活动的持续健康发展提供了有力支持。在未来的税收制度改革中，应继续坚持和完善印花税的这一纳税方式，以更好地发挥其在筹集资金、优化资源配置和激发市场活力等方面的积极作用。

（三）印花税税务筹划方法及案例分析

1. 合理运用合同估计金额的正常幅度进行税务筹划

企业在签订经济合同的时候，因为实际发生额和合同签订额有时候不一定相同，所以可以根据需要在合同中先按最低限额签订经济合同。

（1）税务筹划逻辑。

根据我国法律规定，印花税属于行为税，签订合同时候可按照合同所载金额全额缴纳印花税。即使后期合同没有完全履行或履行不全都应纳税。后期实际发生的金额大于合同签订额时，若双方没有修改合同金额，税局就不会办理退税。

为规避后期实际发生额大于合同签订额造成多缴印花税的情形，在签订合同时候可以预估实际发生额的最下限，签合同以最低发生额签订合同，后期若实际发生额大于合同额，可以补充协议，以免造成多交税的情况。

例：甲乙双方签订钢材购销合同，甲方作为钢材供应商对于供应的钢材可以先按最低的供应吨数与乙方签订合同，甲方估计最低供应钢材的数量为100吨，上限为120吨，单价为5000元/吨。后期发生实际供应数量为110吨。甲企业采用两种方案：

①按120吨签订合同。

②按100吨签订合同，然后后期发生变化时作补充协议。

按第一种方案：

甲方缴纳印花税＝60万元×0.3‰＝180元

（注：后期没有修改合同，多缴的税不退回）

按第二种方案：

签订合同时甲方缴纳印花税＝50万元×0.3‰＝150元

实际发生110吨时候，补充10吨协议，则补缴印花税＝5万元×0.3‰＝15元

合计交印花税＝150+15＝165（元）

第二种方案比第一种方案节税15元（＝180-165）。

（2）政策依据：

国家税务总局于2016年4月25日视频会议上，对有关政策口径进行了解读：按照印花税条例规定，依据合同所载金额确定计税依据。合同中所载金额和增值税分开注明的，按不含增值税的合同金额确定计税依据，未分开注明的，以合同所载金额为计税依据。

《国家税务总局关于印花税若干具体问题的规定》（国税地字〔1988〕25号）：

"依照印花税暂行条例规定，纳税人应在合同签订时按合同所载金额计税贴花。因此，对已履行并贴花的合同，发现实际结算金额与合同所载金额不一致的，一般不再补贴印花。"

《中华人民共和国印花税暂行条例》第九条：

"如果已贴花的凭证进行了修改，修改后所载金额增加的，其增加部分应当补贴印花税票。"

2. 根据不同项目印花税税率差异进行税务筹划

例：甲租用乙公司仓库保管一年，仓储费是200万元，另外购买乙公司的周转容器具100万元，签订一个总合同，并列明了保管合同和购买包装箱的事项，合同支付金额共计300万元。

（1）税务筹划理由：

不同项目的印花税率不同，在签订合同要尽可能按每个项目签订，否则会造成多缴印花税的情况。

①税务筹划前：

甲公司应纳印花税 $=300×1‰=0.30$（万元）

②税务筹划：

筹划思路：由于租赁合同和购销合同适用不同的印花税税率，而且购销合同的印花税税率要远小于租赁合同印花税税率，那么将一个合同分别签订为两个不同税率的合同就会省税。

具体操作：分别签订200万元的仓储租赁合同和100万元的容器具购销合同，这样就可以分别计算印花税，从而降低税负。

③税务筹划后计算应纳税额：

仓储合同应纳印花税 $=200×1‰=0.20$（万元）

购销合同应纳印花税 $=100×0.03\%=0.03$（万元）

共计缴纳印花税 $=0.20+0.03=0.23$（万元）

④税务筹划前后节税效应对比：

筹划前应纳印花税 $=0.30$ 万元

筹划后应纳企业印花税 $=0.23$ 万元

节税金额 $=0.30-0.23=0.07$（万元）$=700$（元）

（2）政策依据：

《中华人民共和国印花税暂行条例》中的印花税率表：

"购销合同范围包括供应、预购、采购、购销、结合及协作、调剂、补偿、易货等合同，按购销金额0.3‰贴花；财产租赁合同包括租赁房屋、船舶、飞机、机动车辆、机械、器具、设备等合同，按租赁金额1‰贴花。"

3. 不明确合同总金额的税务筹划

（1）税务筹划逻辑：

在实操中，有时候会出现经济合同的当事人在签订合同时无法最终确定合同金额的情况。若无法确定合同金额，则印花税的计税依据就不清楚，也就无法计算出总印花税。《国家税务总局关于印花税若干具体问题的规定》（国税地字〔1988〕25号）对此进行了明确：对这类合同，可在签订时先按定额5元贴花，以后结算时再按照实际的金额计税，补贴印花。这便给纳税人进行税务筹划腾出了空间。

例如财产租赁合同，只是规定了月（天）租金标准而却无租赁期限，这种情况就可以采用先贴花后补税的方式。

（2）政策依据：

《国家税务局关于印花税若干具体问题的规定》（国税地字〔1988〕25号）规定：

"4. 有些技术合同、租赁合同等，在签订时不能计算金额的，如何贴花？有些合同在签订时无法确定计税金额，如技术转让合同中的转让收入，是按销售收入的一定比例收取或是按实现利润分成的；财产租赁合同，只是规定了月（天）租金标准而却无租赁期限的。对这类合同，可在签订时先按定额五元贴花，以后结算时再按实际金额计税，补贴印花。

"9. 依照印花税暂行条例规定，纳税人应在合同签订时按合同所载金额计税贴花。因此，对已履行并贴花的合同，发现实际结算金额与合同所载金额不一致的，一般不再补贴印花。"

《中华人民共和国印花税暂行条例施行细则》第十八条：

"按金额比例贴花的应税凭证，未标明金额的，应按照凭证所载数量及国家牌价计算金额；没有国家牌价的，按市场价格计算金额，然后按规定税率计算应纳税额。"

（3）案例分析：

例：甲医疗设备租赁公司与乙企业签订租赁合同，因医疗设备金额大，单独租赁一年为 100 万元。由于租赁合同双方都会涉及缴纳印花税。甲、乙商定采用两种方案：

①合同签订时注明租赁总额。

②合同签订时只规定每天的租金额，不标明租金总金额。

采用第一种方案：

由于有明确的合同总金额，就按照合同所载金额缴税，

甲乙双方各应纳印花税额 = 100 万元 × 1‰ = 1000 元

采用第二种方案：

因合同只是规定了每天租金标准而无租赁期限和总金额，先按照定额 5 元贴花，待结算后再按实际金额补贴印花税。

甲乙双方各应纳印花税额 = 100 万元 × 1‰ = 1000 元

后期甲乙双方按实际租金额 100 万元结算时应交印花税 1000 元，然后补交印花税 = 995 元

两种方案比较：

虽然两种方案总的印花税都是缴纳 1000 元，但是第二种方案因为考虑了货币的时间价值，有递延纳税的效果。所以第二种方案还是对企业有利的。

4. 利用不含税金额签订合同的税务筹划

（1）税务筹划思路：

经济合同当事人在签订合同时，合同金额标明是否含税会影响印花税的计税依据。

例：甲空调销售公司与乙商贸有限公司签订了空调购销合同，购销总额为 113 万元，甲商定采用两种方案：

①甲方在合同中注明的货物含税金额总计 113 万元。

②甲方在合同中注明的货物不含税金额总计 100 万元。

采用第一种方案，其计算如下：

甲乙双方各应纳印花税额 = 113 万元 × 0.3‰ = 339 元

采用第二种方案，其计算如下：

甲乙双方各应纳印花税额 = 100 万元 × 0.3‰ = 300 元

两种方案比较：第二种方式比第一种合同签订方式节省印花税 39

元（＝339−300）。

（2）分析：

对于按合同金额计征印花税的情形下，分为三种情况：

①如果购销合同中只有不含税金额，以不含税金额作为印花税的计税依据。

②如果购销合同中既有不含税金额又有增值税金额，且分别记载的，以不含税金额作为印花税的计税依据；

③如果购销合同所载金额中包含增值税金额，但未分别记载的，以合同所载金额（含税金额）作为印花税的计税依据。

（3）政策依据：

①《中华人民共和国印花税暂行条例》第二条规定，购销、加工承揽、建设工程承包、财产租赁、货物运输、仓储保管、借款、财产保险、技术合同或者具有合同性质的凭证为应纳税凭证。

②《中华人民共和国印花税暂行条例》附《印花税税目税率表》规定：购销合同印花税按购销金额万分之三贴花。

③北京地方税务局网站局长信箱栏目在 2016 年 9 月 21 日答复纳税人关于"购销合同印花税的计税金额包含增值税税额吗？"的提问时，再次回复明确，购销合同按照购销金额的 0.3‰ 贴花，若合同分别列明购销金额及增值税额，仅就购销金额计算印花税；若购销金额中含有增值税额，则直接按购销金额计算印花税，不再扣除增值税。

四、房产税的税务筹划

（一）房产税的概念

房产税作为一种特定的财产税，其征收对象明确指向房屋产权所有人。这种税收的计税依据具有灵活性，可以根据房屋的计税余值或租金收入来确定。对于地方政府而言，房产税的征收承载着多重重要意义。

房产税是地方政府筹集财政收入的重要途径。通过征收房产税，地方政府能够获得稳定的税收来源，为地方公共服务和基础设施建设提供必要的资金支持。这不仅有助于提升地方政府的财政能力，还能够进一步推动地方经济社会的发展。

房产税的征收在加强房产管理方面发挥着积极作用。通过税收的杠杆作用，政府可以更加有效地对房地产市场进行监管和调控。这有助于规范市场秩序，防止房价过快上涨，促进房地产市场的健康发展。

通过征收房产税，政府能够更深入地了解和掌握房地产市场的情况，包括房屋的数量、分布、使用情况以及租金水平等关键信息。基于这些信息，政府可以制定更加科学合理的房地产政策，以应对市场变化，推动房地产市场的稳定和可持续发展。

（二）房产税的特点

1. 对个别财产具特定征税方式

在复杂多变的税收体系中，房产税作为财产税领域的一个关键构成部分，展现出其独特的征税策略与深远的经济效应。这一税种并非泛泛地覆盖所有财产类型，而是精准地聚焦于房屋这一具有高度社会经济意义的特定财产上。这种有针对性的征税方式，不仅彰显了税收制度在细分市场领域的精细化管理能力，也为房产税在财产税体系中的独特地位奠定了坚实基础。

房产税的特殊性，首先体现在其对房屋财产的专门性上。与其他财产税不同，房产税直接针对房屋这一不动产进行征税，这既是对房屋作为重要生活资料和生产资料价值的认可，也是对其在社会经济活动中所扮演的角色的重视。通过这种特定的征税方式，房产税实现了对房地产市场更为直接和有效的调控，有助于维护市场的稳定与健康发展。

同时，房产税在调控房地产市场、促进资源合理配置方面的作用不容忽视。作为税收杠杆的一种，房产税能够通过调整税率、优惠政策等手段，影响购房者的购房意愿和投资行为，进而对房地产市场的供求关系产生积极影响。此外，房产税的收入还可以用于城市基础设施建设、公共服务提升等方面，促进城市资源的优化配置和城市的可持续发展。

2. 征税范围明确且具有针对性

在探讨房产税时，其征税范围的明确性与针对性是不容忽视的核心要素。房产税并非广泛地适用于所有类型的房屋，而是经过深思熟虑后，将征税对象精确锁定在"经营性房屋"这一具体范畴上。这一界定，不仅体现了税收制度在设计上的精细与严谨，也确保了税收政策的实施能够有的放矢、精准发力。

具体而言，经营性房屋，是指那些被用于商业、工业、服务业等经营性活动的房屋，它们是房产税的主要征税对象。这一界定标准清晰明了，便于税务部门在执行过程中进行准确的判断与操作。同时，对于那些非经营性的房屋，如个人住宅、非营利性机构所使用的房屋等，则被明确排除在征税范围之外。这一安排，不仅减轻了普通居民和非营利性机构的税收压力，也体现了税收政策的公平性与人文关怀，避免了税收负担的不合理转嫁。

房产税征税范围的明确界定，不仅有助于提升税收制度的透明度和可预测性，也有助于优化税收资源的配置效率。通过将税收重点聚焦于经营性房屋，房产税能够更有效地发挥其调控房地产市场、促进资源合理配置的作用。同时，这一针对性强的征税方式，也有助于引导社会资本的合理流动，促进经济结构的优化升级。

3. 计税依据呈多样性与差异性

在房产税的计税实践中，其计税依据的多样性与差异性构成了该税种独特而复杂的一面。房产税并未采用统一的、"一刀切"的计税标准，而是根据房屋的实际经营方式，灵活设定了多种计税依据。这种设计不仅体现了税收制度在制定与执行过程中的高度适应性和灵活性，也确保了税收征收能够更加精准地反映房屋的经济价值，从而实现税收的公平与合理。

对于出租用途的房屋，房产税政策通常将租金收入作为计税的主要依据。这一做法直接关联了房屋的经济产出，即其作为生产要素参与市场交易所获得的收益，使税收负担与房屋的经济贡献相匹配。同时，租金收入作为相对容易获取和核实的经济数据，也降低了税收征管的难度和成本。

而对于自营性质的房屋，房产税的计税依据则可能更加多样化。一方面，市场评估价值作为一种客观、中立的评估方式，能够较为准确地反映房屋的市场价值和潜在收益能力，为税收征收提供了科学依据。另一方面，实际经营收入作为房屋自营活动的直接经济成果，也常被作为计税的重要依据。这种依据实际经营情况灵活调整计税基础的做法，有助于更加公平地分摊税收负担，避免了对同一类型房屋采用相同税率可能导致的税收不公。值得注意的是，房产税计税依据的多样性与差异性并不意味着税收制度的混乱和不可预测。相反，这种灵活的计税机制正是为了更好地适应复杂多变的市场环境和房屋使用方式，确保税收制度能够持续有效地发挥其调节经济、筹集财政收入的作用。同时，通过不断完善和优化计税依据的设定和调整机制，房产税政策也将不断提高其科学性和有效性，为经济社会的可持续发展提供有力支持。

（三）房产税的税务筹划方法及案例分析

1. 场地和厂房分开租赁的税务筹划

企业租赁大多涉及房屋租赁，如出租车间、厂房、宾馆、门面房等，根据规定，要按租金收入的12%缴纳房产税。但往往企业出租的不仅是房屋设施自身，还有场地、附属设施，如机器设备、办公家具、附属用品等，税法对这些场地以及设施并不征收房产税。如果把这些场地和设施与房屋不加区别地同时写在一张租赁合同里，这些场地和设施也要缴纳房产税，从而加重了企业的税负。

例：甲生产企业（一般纳税人）准备将下属一家开工不足的厂房连同场地（均为2016年前购置）出租给一家民营企业乙，双方谈定厂房连同场地一年的租金是210万元，并据此签订了租赁合同。合同约定：甲方同意将厂房连同场地租给乙方，乙方支付厂房和场地租金一年210万元；其中，场地的租金50万元。合同签订后，乙方先付租金100万元，年底再付未付的110万元租金。

（1）税务筹划前的涉税处理：

企业出租房屋取得的收入按"现代服务——租赁服务"缴纳增值税。一般纳税人适用税率为9%。小规模纳税人按5%征收率计算缴纳增值税。一般纳税人出租其2016年4月30日前取得的不动产，可以选择适用简易计税方法，按照5%的征收率计算应纳税额。由于甲企业没有分开签订厂房和场地租赁合同，是混合签订的，需要一起缴纳房产税。

（2）税务筹划前增值税和房产税计算：

根据所签合同，

甲方要缴纳的房产税 = 210÷（1+5%）×12% = 24（万元）

缴纳的增值税（按简易方法）= 210÷（1+5%）×5% = 10（万元）

甲方房产税和增值税合计 = 24+10 = 34（万元）

我们可以看到，场地也缴纳了12%的房产税。

政策依据：

《财政部　国家税务总局关于全面推开营业税改征增值税试点的通知》（财税〔2016〕36号）：

一般纳税人出租其2016年4月30日前取得的不动产，可以选择适用简易计税方法，按照5%的征收率计算应纳税额。

甲企业可以按简易计税方法5%的征收率缴纳增值税，出租其2016年4月30日前取得的与机构所在地不在同一县（市）的不动产，应按照上述计税方法在不动产所在地预缴税款后，向机构所在地主管税务机关进行纳税申报。

《财政部　国家税务总局关于进一步明确全面推开营改增试点有关劳务派遣服务、收费公路通行费抵扣等政策的通知》（财税〔2016〕47号）规定：

纳税人以经营租赁方式将土地出租给他人使用，按照不动产经营租赁服务缴纳增值税。

《纳税人提供不动产经营租赁服务增值税征收管理暂行办法》规定：

一般纳税人出租其2016年4月30日前取得的不动产，可以选择适用简易计税方法，按照5%的征收率计算应纳税额。

单位和个体工商户出租不动产（不含个体工商户出租住房），应按照5%的征收率计算应纳税额。

其他个人出租其取得的不动产（不含住房），应按照5%的征收率计算应纳税额。

（3）税务筹划后计算应纳税款：

税务筹划：

将场地单独签订场地租赁合同，这样场地费就不需要缴纳房产税。

甲方需要缴纳房产税＝（210−50）÷（1+5%）×12%＝18.29（万元）

场地和厂房共缴纳的增值税（按简易方法）＝210÷（1+5%）×5%＝10（万元）

甲方房产税和增值税合计＝18.29+10＝28.29（万元）

（4）计税效果：

房产税节税金额＝24−18.29＝5.71（万元）

（5）筹划风险：

纳税人实事求是地进行价款划分，是正当的税务筹划行为，不存在风险。但是，出租人若以少缴房产税为目的，刻意提高非房屋出租的价款、压低房屋出租的价款，以此来达到少缴房产税的目的，这样就不是合理筹划。

目前一些地方税务机关已经联合物价、房产部门根据地段拟定了相关的房屋最低租金计税价格，若出租人收取的房屋租金明显偏低且无正当理由，就会按照税务机关认定的最低租金计税价格计缴房产税。

2. 出资方式改为出租方式进行税务筹划

（1）筹划逻辑。不少在创业初期的企业，由于人少，业务量不大，为节省费用，加之对税收规定不了解，为了尽快拿到营业执照，没有考虑税务成本，直到被税务局要求纳税时才发现问题。例如，办一家公司，可以约定股东以现金出资，或者以设备、房产等实物出资，虽然拿照快，但会涉税，因为股东用的是房产出资，房产变成了公司的财产后，需要缴纳房产税。如果是租赁，既不需要缴纳房产税，租金又可以在税前被扣除。

例：自然人张三和李四合办了一家企业管理策划公司，员工有 3 人。为办事方便和节省，张三用自住宅注册作为办公地点。公司登记成立后，张三和李四办理了营业执照并进行了税务登记。

但是没过多久，税务机关催促该公司需要申报房产税，其中税款预计高达1.5 万元。公司的注册资本才 10 万元，办理各种登记已经花了 3000 多元，现在业务还没有开展，就要缴纳 0.84 万元的房产税。张三、李四心生疑问：住宅房屋以前没有交过房产税，为何当作办公住址，每年就得缴 0.84 万元的房产税？

（2）涉税分析：

张三的住宅购入价达 100 万元，原属于个人自住房，即非营业用房，可以享受房产税免税待遇。但是，张三现在把它作为公司办公用房，就属于营业用房，按《中华人民共和国房产税暂行条例》的规定，需要缴纳房产税。即使张三把自住房无偿提供给公司使用，也需要按房产余值计算房产税。

（3）政策依据：

《中华人民共和国房产税暂行条例》规定：

对于个人所有的非营业用房产，免征房产税。

对于个人无偿将房产提供给企业使用，不符合上述免税规定，应按购房原值扣除 30% 后的余值作为计税依据，缴纳房产税。

《中华人民共和国房产税暂行条例》规定：

拥有房屋产权的个人出租房屋，应按租金收入的 12% 在出租房产之次月起缴纳房产税。

《财政部　国家税务总局关于廉租住房经济适用住房和住房租赁有关税收政策的通知》（财税〔2008〕24 号）规定：

支持住房租赁市场发展的税收政策；对个人出租住房，不区分用途，按 4%的税率征收房产税，免征城镇土地使用税。

（4）案例分析：

①税务筹划前：

张三的住宅购入价达 100 万元，原属于个人自住房，即非营业用房，可以享受房产税免税待遇。但是，张三现在把它作为公司办公用房，就属于营业用房，按《中华人民共和国房产税暂行条例》的规定，需要缴纳房产税。即使张三把自住房无偿提供给公司使用，也需要按房产余值计算房产税。

应纳房产税 = 100×（1-30%）×1.2% = 8400（元）

②对于此种情况可以事前进行税务筹划：

筹划思路：可以将出资方式改为出租方式进行税务筹划。

张三的房屋现在是属于公私合用，居住、办公用的都是同一个房屋，公司就三个人，实际使用面积也就是楼上两个房间，其他仍然是居住所用。可以将楼上的房屋以张三个人的名义出租给公司使用，这样就可以减少房产税。因为房产出租比房产出资计算应缴的房产税少，可以有效地降低税收负担的效果。

具体操作：

签订房屋租赁合同。张三事先和公司签订一个房屋租赁合同，将楼上面积按每月 1000 元（不含增值税）的价格租给公司使用，并用这个租赁合同向工商、税务机关办理登记，就可以减少房产税。因为按《中华人民共和国房产税暂行条例》的规定，房产出租的，按租金收入计算缴纳房产税，并且房产税的纳税人变成了个人，而不是公司。这样将房产出资变为房产出租，出租缴纳的房产税少于出资缴纳的房产税。

③税务筹划后计算应纳税款：

因为按《中华人民共和国房产税暂行条例》的规定，房产出租的，按租金收入计算缴纳房产税，而且房产税的纳税人变成了个人，而不是公司。这样算来，房主出租居民住房，每年收入为 12000 元，房产税按 12% 计算：

每年应纳房产税 = 12000×12% = 1440 （元）

④税务筹划前后节税效应对比：

税务筹划前应交房产税为 8400 元，税务筹划后应交房产税为 1440 元，节税金额为 6960 元（= 8400－1440）。

3. 将出租方式变为仓储服务进行税务筹划

（1）税务筹划逻辑：

房产税的计征方式有两种：一是从价计征，二是从租计征。从价计征的房产税，是以房产余值为计税依据，即按房产原值一次减除 10%～30% 后的余值的 1.2% 计征。从租计征的房产税，是以房屋出租取得的租金收入为计税依据，税率为 12%。由于房产税有两种计税方法，不同方法计算的结果必然有差异，也必然会导致应纳税额的不同，这就有了筹划的空间。企业可以根据实际情况选择计征方式，通过比较两种方式税负的高低，选择税负低的计征方式。

（2）案例分析：

例：甲企业现有一栋闲置库房（该库房为老库房），价值为 2000 万元，企业将闲置库房出租收取租赁费，年租金收入为 210 万元。

①税务筹划前涉税：

甲企业应纳房产税 = 210÷（1+5%）×12% = 24（万元）

应纳增值税（按简易方法）= 210÷（1+5%）×5% = 10（万元）

应缴城建税及教育费附加 = 10×（7%+3%+2%）= 1.2（万元）

合计纳税 = 24+10+1.2 = 35.2（万元）

②税务筹划：

甲企业计划把单纯的房屋租赁改变为仓储保管服务，即改变收入的性质，把租赁收入变为仓储服务收入。房屋租赁要按租金收入的 12% 缴纳房产税，仓储保管则是按房产余值的 1.2% 缴纳房产税。

具体操作：企业配备保管人员，将库房改为仓库，为客户提供仓储服务，收取仓储费，年仓储收入为 210 万元，但需每年支付给保管人员 2 万元。当地房产原值的扣除比例为 30%。

③税务筹划后应缴纳的房产税计算：

应纳房产税 = 2000×（1-30%）×1.2% = 16.8（万元）

应纳增值税 = 210÷（1+6%）×6% = 11.89（万元）

应缴城建税及教育费附加 = 11.89×（7%+3%+2%）= 1.43（万元）

连同仓管人员工资共计支付 = 16.8+11.89+1.43+2 = 32.12（万元）

④税务筹划前和筹划后的税额比较：

节税金额 = 35.2-32.12 = 3.08（万元）

分析：尽管出租变为仓储后，要相应增加人员和设施的费用，但相对于节约的房产税税金来说，企业总体算下来还是划算的。

4. 减少出租业务比例进行税务筹划

目前，出现了很多专门从事房屋租赁的公司，它们既出租房屋也负责为出租房屋提供物业管理服务。因此，利用物业管理合同规避房产税的现象比较普遍。

筹划要点：出租人可以通过提高物业服务的收费，降低房屋租赁的价格，以此来达到少缴房产税的目的。但出租方一般应有从事物业管理服务的经营范围，且确实在出租房屋的同时也在提供物业管理服务。

筹划风险：合理地利用物业管理服务收费来筹划出租房产税是合理的，但关键是这种方法在实际中往往被出租人滥用，导致恶意逃税行为的发生。

5. 利用转租进行税务筹划

（1）筹划逻辑：由于转租方不是房屋产权所有人，因此，转租方转租房屋时，只要按转租价款缴增值税，不需要缴纳房产税。

（2）筹划方案：出租人可以成立一个资产管理公司，将拟出租的房产先以较低的价格出租给该资产管理公司（价格不能过低，属于正常合理波动范围），然后由该资产管理公司统一按市场价格转租房产。转租仍需要全额缴纳增值税，但可以抵扣承租人的租金进项税。

（3）案例分析：

例：甲公司有一座楼房位于市中心（2017年购买），2020年准备重新装修对外出租，预计装修费用为500万元，改造后对外出租，收取租金为327万元；在改造前的租金仅为109万元。

①税务筹划前：

装修改造前：

应纳增值税 = 109÷1.09×9% = 9（万元）

附加税 = 9×12% = 1.08（万元）

应纳房产税 = 109÷1.09×12% = 12（万元）

共计缴税 = 9+1.08+12 = 22.08（万元）

装修改造后：

应纳增值税 = 327÷1.09×9% = 27（万元）

附加税 = 27×12% = 3.24（万元）

应纳房产税 = 327÷1.09×12% = 36（万元）

共计缴税 = 27+3.24+36 = 66.24（万元）

装修改造后比改造前税收增加44.16万元（=66.24-22.08）。

②税务筹划：

具体操作：甲公司（一般纳税人）先将改造前的楼房出租给关联方乙公司，租赁合同约定为20年，租金为109万元（含税），并开具增值税专用发票给乙公司用于抵扣；然后由乙公司花费500万元装修后，再转租给客户，每年收取租金为327万元（含税）。

税务筹划后应纳税：

甲公司：

应纳增值税 = 109÷1.09×9% = 9（万元）

附加税＝9×12%＝1.08（万元）

应纳房产税＝109÷1.09×12%＝12（万元）

共计缴税＝9+1.08+12＝22.08（万元）

乙公司：

乙公司对外转租，由于对该楼房没有所有权，对外转租不用交房产税。

应纳增值税＝327÷1.09×9%－9＝18（万元）

附加税＝18×12%＝2.16（万元）

共计缴税＝18+2.16＝20.16（万元）

甲公司和乙公司合计共计缴税＝22.08+20.16＝42.24（万元）

节税效果比较：

以转租的方式进行税务筹划后因为转租没有房产税，可节税24万元（＝66.24－42.24）。

③政策依据：

《中华人民共和国房产税暂行条例》第二条：

房产税由产权所有人缴纳。产权属于全民所有的，由经营管理的单位缴纳。产权出典的，由承典人缴纳。产权所有人、承典人不在房产所在地的，或者产权未确定及租典纠纷未解决的，由房产代管人或者使用人缴纳。

《中华人民共和国房产税暂行条例》第三条：

房产出租的，以房产租金收入为房产税的计税依据。

政策分析：

《中华人民共和国房产税暂行条例》对房产税纳税义务人加以明确。拥有产权的人才是纳税人，除此均不构成房产税的纳税义务人。即使在产权人不在房屋所在地或者产权未确定及租典纠纷未解决的情况下，转租人承担的也只是代缴纳房产税的义务，而房产税的实际承担人仍然应当为产权人。所以，转租人不应缴纳房产税。

房屋的租金收入也是产权所有人出租房屋使用权取得的所有收入。房屋转租时，最终的承租人所支付的租金在产权所有人（出租人）、转租人之间分配，在加价转租的情况下，加价部分收益归转租人，不作为出租人的租金计税收入部分。

④税务筹划风险：

由于出租方和资产管理公司是关联企业，他们之间的出租行为是关联交易，肯定要受到税务机关的房屋出租最低租金计税价格的制约；即使当地税务机关没有这个标准，税务机关肯定也要进行相应调整。因此，这种方案就不一定会成功，还会带来很大的不确定性风险。但是，如果出租人是准备对拟出租房屋进行翻新、装修改造后重新出租的话，出租人可以先将未改造的房屋先出租给资产管理公司，然后由资产管理公司对租入的房产进行装修改造后再转租，这种税务筹划方案是可行的，筹划风险很低。

第五章

企业税务筹划与财务管理

第一节　企业税务筹划与财务管理的关系

一、企业财务管理的概念

随着企业现代化进程的不断推进，财务管理在企业管理体系中的地位日益凸显，其重要性越发受到关注。具体而言，财务管理是指企业在遵循既定总体目标的基础上，对其资产购置与投资、现金流量、利润分配以及资本投资等经济活动进行全面、综合的管理与控制。这一管理过程旨在确保企业资源得到合理配置与有效利用，进而实现企业的多重经济目标，包括生产经营效益最大化、企业整体价值最大化、产值最大化以及股东财富最大化等。

对于企业而言，开展高质量的财务管理工作有助于企业更准确地捕捉到价值创造的关键点，通过精细化管理提升经济效益。财务管理还能够通过对市场趋势的深入分析和合理预测，为企业制定科学的发展战略提供有力支持。此外，财务管理还在平衡企业财务部门与其他业务部门之间的关系、优化企业资源配置、降低经营风险等方面发挥着重要作用。

二、企业财务管理中税务筹划的内涵

税务筹划作为企业财务管理的重要组成部分，其核心在于企业在制定税务筹划方案时，必须严格遵守国家法律法规，以确保在合法合规的前提下实现企业经

济效益的最大化。税务筹划不仅关乎企业经济利益的实现，更直接影响到企业的法律合规性和未来发展。错误的税务筹划方法可能导致企业陷入违法违规的困境，进而阻碍企业的长远发展。

因此，为了提升财务管理水平并实现稳定发展，企业应在充分遵循国家法律法规和政策的基础上，积极、有效地开展税务筹划工作。这通常要求企业内部组建一支专业的团队，包括财务人员、税务筹划人员等，他们根据企业的实际财务状况和生产运营水平，结合国家规定，进行精细化的税务筹划。

企业开展税务筹划工作不仅有助于增强纳税人的纳税意识，提升企业的社会责任感，使企业能够更好地为社会做出贡献；而且通过高效的税务筹划，还有助于发现和修复相关法律制度的缺陷，提高税务监管水平，推动税收政策和法规制度的持续优化与完善。这不仅有利于企业自身的发展，也对整个社会的经济法治环境产生积极的影响。

三、企业税务筹划与财务管理的关系

企业税务筹划与财务管理之间存在着一种密切且相互依存的关系，它们共同构成了企业经济管理的核心体系。财务管理所设定的目标不仅为企业税务筹划工作提供了基本准则和必要条件，而且二者的共同目标都是致力于推动企业实现最佳的经济收益。在这一过程中，财务管理的职能不仅体现在对财务决策的制定上，税务筹划更是企业在进行重要经济决策时不可或缺的基础条件和重要参考依据。

随着企业管理的深入发展和市场环境的不断变化，财务管理与税务筹划的配合越发显得紧密且不可或缺。这种紧密的合作关系使企业的资金运转与利用更加趋于合理化、高效化，进而提升了企业的整体运营效率。税务筹划的开展需要得到财务运行机制与管理机制的全面支持，包括准确的财务记录、专业的财务分析以及完善的内部控制等，以确保税务筹划方案的科学性、可行性和合规性。同时，税务筹划工作的有效落实也能显著提升企业的财务管理水平，推动企业财务管理体系的不断完善和优化，进一步增强企业的财务稳健性。

不同的纳税方案会导致企业的最终盈利结果出现差异，这种差异可能直接影响到企业的利润空间大小和市场竞争力。因此，税务筹划作为财务管理的重要组成部分，其质量的高低对于企业的长期稳定发展起着至关重要的作用。一个高质量的税务筹划方案不仅可以帮助企业在合法合规的前提下有效降低税收负担，提高税后利润；还能在整体上优化企业的财务管理结构，提升企业的经济效益和市

场竞争力，为企业的可持续发展奠定坚实的基础。

第二节　税务筹划在企业财务管理中的应用价值

一、提升企业财务管理的可靠性

当前，理论界对于财务目标的界定存在诸多争议，如"利润最大化""价值最大化""股东财富最大化"等观点。然而，无论何种观点，财务管理的最终目的都聚焦于企业的税后收益，这一衡量标准直接关联着企业在行业中的竞争力和市场占有率。税后收益的评估，又不可避免地与企业所处的税收环境紧密相连。

在此背景下，税务筹划作为企业财务管理的重要组成部分，其作用日益凸显。依据国家有关税收法律法规以及政策的相关规定，对经营、投资、理财等经济活动中的应税行为进行全面的统筹与规划，旨在合法合规地规避税务风险，降低企业纳税总额。这不仅有助于企业实现自身利益的最大化，同时也维护了国家的利益。

通过灵活多元的税务筹划策略，企业可以在确保合法合规经营的前提下，有效优化税收负担，进而提升企业财务管理的整体质量。这一过程不仅要求企业对税收政策有深入的理解和把握，还需要企业具备前瞻性的税务筹划能力，以应对不断变化的税收环境。

二、提高企业财务管理的科学性

税务筹划与企业财务管理之间存在着紧密且必然的联系，这使税务筹划无法与企业的财务决策相分离。在实际操作中，税务筹划的策略和方案往往直接影响企业的财务结构和经营成果。例如，我国税法规定，企业债务的利息可以从所得税中扣除，这一政策为债务融资提供了显著的节税效果。然而，如果企业过分追求税收减免，任意扩张债务，可能会导致资本结构失衡，进而引发财务风险和融资成本上升，最终损害企业的信用水平。

为了解决这一问题，以整体财务管理为目标的税务筹划显得尤为重要。这种筹划方式能够充分考虑企业的发展战略，综合权衡风险、成本等各种因素，形成更为完善、细致的税务筹划方案。通过这种方式，企业可以在合法合规的前提下，有效优化税收负担，同时确保财务结构的稳健和平衡。

此外，税务筹划还可以通过对企业生产经营活动的调整，进一步降低财务管理风险。例如，通过对投资、经营、理财等活动的合理规划，企业可以在确保经济效益的同时，有效规避潜在的税务风险，提高财务管理的科学性和稳健性。

综上所述，税务筹划在提升企业财务管理科学性方面发挥着重要作用。通过深度融合税务筹划与财务管理，优化税务策略，企业可以在确保合法合规的前提下，实现财务结构的优化和经济效益的提升，进而推动企业的长期稳定发展。

三、推动企业财务管理的合理性

税务筹划在企业的财务管理中扮演着举足轻重的角色，其影响力渗透到企业价值链条的每一个环节。通过精细的税务筹划，企业不仅能够有效减轻纳税负担，实现税后收益的最大化，还能够对预算和成本进行更为严格的控制，进而提升企业的整体风险防范能力。

税务筹划的综合性和目的性特征尤为突出。它要求对企业内部的实际状况、资金流、业务流程、组织机构、外部环境以及行业发展趋势等多个相关影响因素进行全面、深入的分析。这种分析不仅有助于扩大财务管理的范围，还能够促进财务管理与各项业务的深度融合，确保企业在制定财务决策时能够充分考虑税务因素，实现税务与财务的协同优化。

此外，税务筹划的实施还有助于提升财务管理人员的法律意识、专业技能及综合素养。通过参与税务筹划工作，财务管理人员能够更加深入地了解税收法律法规和政策，增强法律意识和风险意识。同时，财务管理人员还需要不断提升自己的专业技能和综合素养，以更好地应对税务筹划工作中的各种挑战。

四、提升企业的偿债能力

税务筹划水平与企业偿债能力之间存在着密切的关联。纳税作为企业的强制性义务，无法选择逃避，因此，企业务必确保税务筹划的合理性，以期在合法合规的前提下减轻税收负担。通过有效的税务筹划，企业可以降低税收支出，进而减少现金流出，提高资金的利用效率。

当企业能够将更多的资金用于生产经营活动时，其现金流量自然会逐渐增加，这为提升企业的偿付能力奠定了坚实的基础。良好的偿付能力不仅有助于企业维护良好的信用形象，还能够为企业在未来的融资和投资活动中赢得更多的机会和优势。

因此，税务筹划不仅是企业财务管理的重要组成部分，更是提升企业偿债能力的有效途径。企业应该充分重视税务筹划工作，通过不断提升税务筹划水平，来增强自身的偿债能力和市场竞争力。

第三节　税务筹划在企业财务管理中的实际应用

税务筹划是一项政策性极强的财务行为，它必须严格依据税法的相关规定进行。准确把握税收政策的核心要义，是开展税务筹划工作的基石。除了国家层面的现行税收法律法规，企业还需要关注地方性规章制度，如细则、暂行办法或各省份税务局的政策等。这些规定和政策往往对企业的税务筹划工作产生直接影响。因此，企业在进行自身业务的税务筹划管理时，必须明确相关法律法规的具体规定，合理解读税法条款，以确保企业税务筹划工作的有效性和合法性。同时，企业还应关注税收政策的变动趋势，以便及时调整税务筹划策略，适应新的税收政策环境。

一、在筹资环节的应用

资金是企业持续发展与经营的基石，充足的资金支持能够帮助企业扩大生产规模，开展多元化经营，并推动企业实现转型升级。然而，资金不足往往是制约企业发展的一个重要因素。为了稳定发展，企业通常会选择通过融资来确保财务工作的正常运转，并获得足够的资金支持。

企业获得资金的渠道多种多样，从宏观角度来看，这些渠道可以分为内部渠道和外部渠道。内部渠道主要包括可动用的金融资产和留存收益的增加，而外部渠道则包括股票筹资、债券筹资、财政性资金、金融机构贷款等。无论是内部还是外部筹资渠道，都能够使企业可供使用的流动资金变得更加充裕。然而，不同的筹资手段给企业带来的税收负担也不同。因此，在进行筹资前，企业需要制定合理的筹融资方案，通过科学的筹资手段来有效节税，减轻税收负担，并最大限度地获取经济效益。

筹资活动必然会涉及还本付息的问题，但不同的筹资方案所带来的利息节税效果也会有所不同。这为企业提供了进行税务筹划的空间。在筹资数额相同的条件下，不同的筹资方案给企业带来的节税效果可能存在较大的差距。因此，企业在进行筹资活动时，需要提前做好谋划，充分发挥税收杠杆的作用，以达到节约企业税负的目的。通过合理的税务筹划，企业可以在筹资环节实现税收优化，进而提升整体财务管理水平。

二、在投资环节的应用

（一）投资地点选择的税务筹划

在进行投资决策时，大型企业往往会将投资地点的纳税政策作为首要考虑因素。它们倾向于初期选择税款缴纳相对较低的地区进行投资，然后将业务活动逐步拓展至其他地区。这种做法的核心目的是在合法合规的前提下，最大限度地减少所得税缴纳，进而有效降低企业的生产成本。在决策过程中，企业会全面、综合地考虑税基、税率以及注册地所能享受的税收优惠政策等多重因素，以期制定出最优的投资策略。

（二）投资方法选择的税务筹划

企业的投资活动不仅涉及资金投入，还涉及税款缴纳。不同的投资方式会导致不同的税款金额，因此，对投资过程中的税款缴纳制度进行深入研究对企业来说至关重要。特别是针对固定资产投资这一国内资金消耗巨大的投资方式，企业应制定专门的税收方案，以确保在满足企业生产资金需求的同时，能够最大限度地降低税收成本。

固定资产投资可以通过多种方式进行，如分期付款或融资租赁等，以减轻因资金消耗所带来的财务负担。在选择分期付款时，企业需要全面考虑完全由自己支付资金所形成的机会成本的增加；而选择融资租赁时，则需仔细权衡借用他人资金所需承担的融资成本。无论选择哪种方式，企业都需要在预测中充分、全面地考虑税收因素和资金的时间价值，以确保流出的资金最少，从而有效减轻企业的财务负担并提高资金利用效率。通过这样的税务筹划，企业可以在投资环节实现税收优化，进而提升整体财务管理水平。

三、在经营环节的应用

（一）生产活动中的税务筹划

在生产活动中，税务筹划是一个涉及多个环节的复杂过程，它主要包括存货计价、固定资产折旧、生产设备租赁、委托加工与自行加工等多个方面。这些环节的处理方式不仅影响到企业的财务状况，还直接关系到企业的税务负担。

其中，固定资产折旧是企业在开展财务工作时必须面对的一个重要环节。不同的折旧方法会导致各期折旧额的分配有所差异，而这种差异会进一步影响到企业的利润总额以及应纳所得税额。因此，折旧方法的选择不仅是财务管理的问题，也是税务筹划的关键。

企业在实际操作中，应从税务筹划的角度出发，全面考虑不同的折旧方式对企业节税效果的影响。这要求企业在选择折旧方法时，不仅要关注折旧额本身的大小，还要充分考虑货币的时间价值。因为不同的折旧方法会导致企业在不同时间点上的现金流状况有所不同，从而影响到企业的整体税务负担。

综上所述，生产活动中的税务筹划是一个需要综合考虑多个因素的复杂过程。企业在进行税务筹划时，应充分了解并利用相关税收政策，合理选择存货计价方法、折旧方式等，以实现税务负担的最小化，同时确保企业的财务稳健和可持续发展。

（二）销售活动中的税务筹划

在商业活动中，税务筹划是企业在追求利润最大化过程中不可或缺的一环。当前，国内大部分企业在日常销售中普遍采用商业折扣和现金折扣这两种折让方式，以此作为吸引客户、促进销售的重要手段。

商业折扣是企业在业务发生前给予购买方的销售优惠，这种优惠实质上是由企业承担了一部分成本。因此，企业在提供商业折扣时，需要综合考量节约的税费和承担的优惠成本之间的平衡点。这就要求企业在销售前进行细致的筹划，通过选取最优的税务筹划方案来尽量降低投入成本，从而实现利润的最大化。

现金折扣则是企业为了鼓励消费者在购买商品后立刻付款而提供的一种优惠政策。这种消费手段折让的金额在会计处理上可以记作财务费用，并在计算所得税前进行扣除。这样一来，现金折扣不仅为消费者带来了实惠，也为企业减轻了税负，实现了双赢。

综上所述，税务筹划政策在当前国内市场经济发展过程中发挥着重要作用。

它不仅能够提升企业的日常财务管理效率，还能保证国内经济发展差异较大的不同区域能够通过灵活的税收资金调整来实现长远发展。因此，企业应在履行法律法规和税收义务的条件下，优选最合理的税务筹划制度来实现资金的合理分配。与此同时，政府也应不断完善国内的税收优惠政策，使各项减税效应能够普及到各个发展领域，从而提升企业的市场竞争力，推动经济的持续健康发展。通过企业与政府的共同努力，税务筹划将在促进经济发展、优化资源配置等方面发挥更加积极的作用。

第四节　企业财务管理中税务筹划的优化策略

一、建立健全企业的财务会计信息系统

面对企业财务会计信息系统存在的问题与挑战，建立和完善这一系统显得尤为重要。以下是对此的详细策略与实践建议：

（一）优化信息系统的结构设计是关键

企业应根据自身的特定需求和现有资源，合理设计信息系统的结构，确保其能够满足税务筹划所需的各类信息，包括财务信息、业务信息、市场信息等。同时，系统的易用性和易维护性也是设计过程中必须考虑的因素，以确保用户能够方便、高效地使用和维护系统。

（二）提高数据质量是建立和完善财务会计信息系统的核心环节

企业需要从数据的采集、存储、处理、使用等各个环节入手，全面提升数据质量。具体做法包括：严格执行数据采集的规则和标准，确保数据的完整性和准确性；建立有效的数据管理制度，防止数据的丢失和错误；提供必要的数据处理工具和方法，提高数据的可用性和实用性。

（三）加强信息安全保护是建立和完善企业财务会计信息系统的重要保障

信息安全保护涉及硬件和软件两个方面。在硬件方面，企业应设置防火墙、使用安全的网络设备等措施，确保硬件环境的安全性；在软件方面，企业应设置权限控制、使用安全的操作系统和应用程序等措施，消除软件层面的安全隐患。

二、加强税务人才队伍的建设与管理

针对中小企业税务筹划相关人员专业素质不足的情况，强化人才建设、打造高素质的税务筹划团队是至关重要的。

中小企业应重视税务人才的引进和培养。在招聘过程中，应注重考察应聘者的税务专业知识、实践经验和法律法规掌握情况，确保新加入的税务人员具备较高的专业素质。同时，企业还应为现有员工提供定期的税务培训，包括专业知识、专业技能、工作经验分享以及最新的法律法规解读，从而全面提升企业整体的税务筹划水平。

企业应建立完善的税务人才管理体系，包括制定明确的岗位职责、绩效考核标准和晋升机制，以激励税务人员不断提升自己的专业能力。同时，企业还应注重税务人员的职业发展规划，为他们提供广阔的职业发展空间和晋升机会，从而留住优秀的税务人才。

中小企业还可以积极与外部的税务机构、高校和研究机构建立合作关系，共同开展税务研究和人才培养活动。通过这种合作，企业可以及时了解最新的税务政策和筹划方法，并将这些知识和经验应用到实际的税务工作中，进一步提升企业的税务筹划能力。

三、财务部门和税务顾问实行有效协同

税务筹划在企业运营中扮演着举足轻重的角色，为了提升其整体水平，企业必须从思想上高度重视，并构建完善的管理体系。考虑到中小企业在资金和人员配备上的局限性，新成立专门的税务筹划部门可能并不现实。因此，从节约人员成本的角度出发，聘请专业的税务顾问与公司财务部门形成合力，成为解决企业日常管理中税务问题的有效途径。

（一）企业应明确财务部门与税务顾问的职责与定位

财务部门负责日常的财务管理和会计核算工作，而税务顾问则提供专业的税务筹划建议和解决方案。两者应相互补充，共同构建企业的税务筹划体系。

（二）企业应促进财务部门与税务顾问之间的沟通与协作

企业应建立定期的沟通机制，确保财务部门与税务顾问之间能够及时、准确地传递信息，共同分析和解决税务问题。同时，鼓励财务部门员工与税务顾问进行深入的交流和探讨，以提升整体的税务筹划能力。

（三）企业应充分利用税务顾问的专业优势，对财务部门员工进行税务培训

通过培训，提升财务部门员工对税收政策、法律法规的理解和掌握程度，使他们能够在日常工作中更好地运用税务知识，为企业的税务筹划提供有力支持。

（四）企业应建立完善的反馈与评估机制

企业应定期对财务部门与税务顾问的协同工作进行评估，及时发现问题并进行改进；同时，鼓励员工提出对税务筹划工作的建议和意见，以不断完善和优化企业的税务筹划体系。

四、同税务机关保持良好的沟通

与税务机关维持良好的沟通关系，保持高度的透明度和合规性，是应对税务筹划问题的关键策略。

（一）企业应定期与税务机关进行沟通交流，这是建立和维护良好关系的基础

通过定期沟通，企业可以及时了解最新的税收政策和税务审计动态，确保自身的税务筹划工作与时俱进。同时，企业也可以向税务机关反馈在税务实践中遇到的疑问和困扰，寻求官方的指导和帮助，从而避免潜在的税务风险。

（二）企业应积极配合税务机关的工作，这是展现企业合规意愿和态度的重要体现

在税务机关进行税务审计或其他税务工作时，企业应如实提供所需的财务和税务信息，确保信息的准确性和完整性。通过积极配合，企业可以展现自身的合规性，降低税务风险，并有可能获得税务机关的更多信任和支持。

（三）企业提高税务透明度是降低税务风险、增强企业公信力的有效途径

企业应定期发布税务报告，公开企业的税务筹划策略和税务负担情况，让外界了解企业的税务状况。同时，企业也可以对外公开自身的税收贡献，强化企业的社会责任感，树立良好的企业形象。通过提高税务透明度，企业可以与税务机关和社会各界建立更加信任的关系，为企业的长远发展创造更加有利的外部环境。

五、制定合理、科学的税务筹划策略

针对税务筹划策略存在的不科学和不系统问题，制定一套合理且科学的税务筹划策略显得尤为重要。以下是对此的详细实践路径：

（一）全面、深入地了解和掌握税法和税务政策是制定有效税务筹划策略的基础

在税务筹划的实践中，企业首先必须建立起对税法和税收政策全面、深入的认知。这要求企业不仅要熟悉现行的税收法律法规体系，还要对税法的具体条款、解释及其实施细则有详尽的了解。税法的复杂性在于其不断更新与演变，因此，企业应保持对税收法律法规最新动态的高度敏感性，这不仅是合规经营的需要，更是优化税务成本、提升竞争力的关键。

为了实现这一目标，企业应建立健全的税务信息收集与分析机制。这一机制应涵盖官方发布的税法公告、税务部门的政策解读、专业税务机构的研究报告等多个渠道。通过及时获取这些权威信息，企业能够迅速掌握税法解释的最新变化，以及税收政策调整的方向和重点。

在获取税法信息的基础上，企业还需进行深入的分析与研究，包括对税法条款的细致解读，对税收政策背后经济逻辑的剖析，以及对可能产生的税务影响的预判。通过这样深入的分析，企业能够更准确地理解税收法律法规的意图，从而为其税务筹划策略的制定提供法律依据和理论支撑。

企业还应根据最新的税务环境，灵活调整其税务筹划策略。这意味着，税务筹划不是一成不变的，而是需要随着税务环境的变化不断优化和完善的。企业应保持税务筹划策略的时效性和准确性，确保其在合法合规的前提下，最大限度地降低税务成本，提高企业的经济效益。因此，全面、深入地了解和掌握税法和税务政策，对于制定有效的税务筹划策略而言，具有至关重要的基础性作用。

（二）明确税务筹划的目标和原则是策略制定的关键

在税务筹划的实践中，明确筹划的目标和原则是确保策略有效性的重要前提。企业应将税务筹划的目标设定为：在严格遵守国家税收法律法规、确保合法合规的基础上，通过精心设计和实施合理的税务筹划策略，最大限度地降低企业的税收负担，提升企业的经济效益和市场竞争力。税务筹划的目标不仅关乎税收成本的最小化，更在于实现企业整体财务的优化。企业应在充分考虑自身经营状况、行业特点以及税收政策变化等因素的基础上，制定具有针对性和可操作性的税务筹划方案。这些方案应旨在合理利用税收优惠政策，规避潜在的税务风险，从而确保企业在税务方面的合规性和稳健性。

同时，税务筹划应遵循一系列基本原则，以确保筹划活动的合法性和合规性。其中，公正公平原则要求企业在税务筹划过程中保持诚信，不得通过不正当

手段谋取税收利益；合理优化税负原则强调企业应在法律允许的范围内，通过合理的税务安排降低税收负担，而非通过违法手段逃避纳税义务；风险控制原则要求企业在税务筹划过程中充分考虑潜在的风险因素，采取有效的风险防控措施，确保筹划方案的安全性和可靠性；合法合规原则是企业税务筹划的底线，任何筹划活动都必须严格遵守国家税收法律法规，不得违反法律法规的强制性规定。

（三）制定详细的税务筹划方案是实践路径的核心

在税务筹划的实施过程中，制定一套详细、周全的税务筹划方案是至关重要的。这一方案不仅应基于企业自身的经营状况、业务模式以及发展战略，还应充分考虑企业所处的税务环境，包括税收法律法规的变化、税收政策的调整以及税务机关的监管重点等。因此，税务筹划方案应涵盖多个关键方面。

企业需要选择适当的税种进行筹划。不同税种具有不同的税收特性和优惠政策，企业应根据自身的实际情况，选择最有利于降低税收负担的税种进行筹划。

企业制定合理的税务计划是税务筹划方案的核心内容，包括确定纳税时间、纳税地点、纳税方式等具体安排，以确保企业在合法合规的前提下，最大限度地利用税收优惠政策，降低税收成本。

税务筹划方案应设定有效的税务控制措施。这些措施应旨在预防和控制税务风险，确保企业税务活动的合规性和稳健性。例如，企业可以建立健全的税务内控制度，加强对税务申报、税款缴纳等环节的监督和管理，防止因操作不当或疏忽而引发的税务风险。

税务筹划方案应包括预期的税收效益分析。通过对筹划方案实施后可能带来的税收节约进行量化分析，企业可以更加直观地了解筹划方案的经济效益，从而为决策提供依据。此外，方案还应考虑税务风险评估。企业应对筹划方案实施过程中可能面临的税务风险进行全面梳理和评估，制定相应的风险应对措施，以确保筹划方案的顺利实施。

第六章

企业税务筹划风险的管理

第一节　税务筹划风险概述

一、税务筹划风险的含义

在风险管理的广泛讨论中，风险是一个中性概念，它既蕴含着潜在的负面效应，即可能导致超出预期的损失，也包含着可能带来超出预期收益的正向可能性。然而，在实际操作层面，尤其是税务筹划的风险管理中，人们往往更倾向于关注其可能带来的不利影响，即风险导致的潜在损失。这种倾向性主要源于税务筹划活动本身的复杂性和对精确性的高要求，任何微小的偏差都可能引发不可预见的法律后果或经济损失。因此，当我们深入探讨税务筹划风险的管理时，自然而然地会将焦点集中于如何避免或减少"损失"的发生。

基于这样的背景，税务筹划风险的含义可以被更为详尽地阐述如下：税务筹划风险是指企业在进行税务筹划时因各种不确定因素的存在，导致税务筹划方案失败、税务筹划目标落空、偷税（逃避缴纳税款）等违法行为认定等而发生各种损失的可能性。[①]

---

① 梁文涛．纳税筹划（第6版）［M］．北京：中国人民大学出版社，2022：23.

二、税务筹划风险的特点

(一) 客观性

税务筹划风险的首要且核心特点，便是其无法忽视的客观性。这一特性主要体现在两个方面：

一方面，税务筹划风险是不可避免的，它如影随形地伴随着税务筹划活动的每一个步骤和环节。无论企业规模大小、行业属性如何，只要进行税务筹划，就必然面临风险。这是任何企业在追求税务优化时都必须直面的现实问题，无法回避，也无法彻底消除。

然而，这并不意味着企业在税务筹划风险面前无能为力。通过深入研究税收法律法规、政策变动，以及不断实践和优化税务筹划策略，企业可以逐渐揭示并把握税务筹划风险的内在规律和变化趋势。这样一来，企业便能够有针对性地制定和实施风险降低措施，从而有效降低风险发生的可能性和对业务的影响程度。

另一方面，税务筹划风险的影响因素虽然具有不确定性，如政策环境的变动、市场条件的起伏等，但这些因素都是客观存在的，它们的发生和作用并不以人的主观意志为转移。因此，企业在进行税务筹划时，必须保持清醒的头脑，正视这些客观存在的风险因素。企业需要对风险因素进行全面的识别、评估和分析，确保对风险有充分的认识和理解。只有这样，企业才能在税务筹划过程中做到心中有数、有的放矢，制定出既符合法律法规要求又能够实现税务优化的筹划方案。

(二) 复杂性

税务筹划风险的另一个显著特点是其复杂性。这种复杂性主要体现在以下几个方面：首先，税务筹划风险的形成原因复杂多样，可能涉及法律法规、市场环境、企业内部管理等多个层面；其次，税务筹划风险的形成过程往往不是一蹴而就的，而是经历了一个由量变到质变的过程，需要企业在日常经营中时刻保持警惕；再次，税务筹划风险的表现形式也是多种多样的，可能表现为税务筹划方案的失败、税务筹划目标的落空，甚至可能引发法律纠纷等；最后，税务筹划风险的影响程度也是复杂的，不仅可能给企业带来经济损失，还可能损害企业的声誉和信用。因此，企业在面对税务筹划风险时，需要全面考虑各种因素，制定综合性的应对策略。

（三）潜在性

税务筹划风险的潜在性是其又一重要特点，这一特性主要体现在两个方面：

一方面，尽管税务筹划风险是客观存在且不容忽视的，但由于其形成原因的多样性和不确定性，如法律法规的变动、市场环境的波动、企业内部管理的疏漏等，税务筹划人员往往难以对风险做出精确无误的判断。他们只能依靠自己的专业知识、实践经验和敏锐的洞察力，对税务筹划风险进行评估和判断。这就要求税务筹划人员具备高度的专业素养和丰富的实践经验，以便更准确地识别和评估潜在的风险。

另一方面，税务筹划可能造成的损失并不是一蹴而就、立即显现的，而是有一个从潜伏到显现、从微小到巨大的渐进过程。这一过程的长短因税务筹划风险的具体内容、企业的经济环境和法律环境，以及税务筹划人员对风险的认识程度和理解深度等多种因素而有所差异。因此，企业需要时刻保持高度的警惕性，增强风险意识，及时识别和应对潜在的税务筹划风险，以防止风险的不断累积和扩大，最终对企业造成不可估量的损失。

（四）可评估性

尽管税务筹划活动涉及众多复杂因素，如法律法规、市场环境、企业内部管理等，使税务筹划过程充满不确定性，但税务筹划可能造成的损失大小和损失发生的可能性，是可以通过科学的方法和手段进行量化和评估的。

企业可以积极参照历史经验数据，这些数据记录了过往税务筹划活动中风险的发生情况、损失程度以及应对策略的效果，为当前的风险评估提供了宝贵的参考。同时，企业还可以借助数理统计和技术手段，如概率论、风险评估模型等，对税务筹划风险进行深入的分析和估算。通过这些方法，企业可以更加准确地了解税务筹划风险的大小、发生的可能性以及潜在的影响程度。

这种可评估性为企业制定有效的税务筹划风险应对策略提供了重要的依据。企业可以根据风险评估的结果，结合自身的实际情况和风险承受能力，制定出有针对性的风险应对策略。这些策略包括风险规避、风险减轻、风险转移和风险接受等，旨在降低税务筹划风险的发生概率和损失程度，保障企业的税务筹划活动能够顺利进行。

（五）损失与利益的对立统一性

税务筹划风险还鲜明地体现出损失与利益的对立统一性，这一特性使税务筹划活动成为一把"双刃剑"，既可能为企业带来利益，也可能导致损失。

一方面，税务筹划风险可能给企业带来不容忽视的损失。这些损失包括税务筹划方案的失败，导致企业无法享受预期的税收优惠；税务筹划目标的落空，使企业面临更高的税负或法律处罚，甚至可能因税务筹划不当而引发法律纠纷，损害企业的声誉和信用。这些损失都直接关乎企业的经济利益和长远发展。

另一方面，税务筹划风险也可能为企业带来可观的收益。通过成功的税务筹划活动，企业可以降低税负，提高资金利用效率，从而增强企业的竞争力和盈利能力。这种收益是税务筹划活动的主要目标，也是企业积极进行税务筹划的动力所在。

然而，必须清醒地认识到，在大多数情况下，税务筹划风险更可能给企业带来损失。因此，在进行税务筹划时，企业不能盲目追求利益，而忽视潜在的风险。相反，企业需要全面权衡利弊，制定合理的税务筹划策略。这意味着企业要在充分了解和分析税收法律法规、政策环境以及自身经营状况的基础上，制定出既符合法律法规要求又能实现税务优化的筹划方案。同时，企业还要建立有效的风险应对机制，以便在风险发生时能够及时、有效地应对，最大限度地降低损失并获取收益。

三、税务筹划风险的主要类型

随着企业税收政策的不断优化和改革，税务筹划工作对企业纳税效益产生的影响日益显著。企业管理人员应当深刻认识到税务筹划工作的重要意义，只有对此产生正确的认知，才能够确保税务筹划工作的顺利完成。税务筹划工作主要是基于企业实际发展情况，对当前税收政策的优惠力度以及收取标准进行深入分析，进而制定出健全的税务缴纳方案。这样才能够充分发挥出税务筹划的价值，使企业健康发展。然而，实际上部分企业并未形成健全的风险预防机制，由于部分企业在日常工作中对业务的经济效益更为重视，从而忽略了企业税务筹划工作，导致企业税务管理工作执行不到位[1]，使税务筹划工作存在诸多风险。具体来说，这些风险主要包括以下几点：

（一）财务风险

在企业日常经营的复杂环境中，财务风险是一个不可忽视的存在。这种风险往往源于一些无法预料和不可控的问题，它们如同暗流，悄无声息地潜伏在企

---

① 赵桂英．国有企业税务筹划风险及其防控策略分析［J］．现代商业，2022（13）：177-179．

业运营的各个环节，随时可能爆发，给企业带来严重的财务损失。

从企业发展的实际行情来看，不少企业为了追求更快的发展速度，往往会选择银行贷款或利用现有资金进行周转，以支持日常业务活动的顺利开展。这两种方式，无疑都能在一定程度上提升企业业务资金的比例，为企业的扩张和发展提供有力的资金支持。然而，从财务的角度来看，虽然企业收益可能会随着生产价值的提升而水涨船高，但与此同时，企业的财务风险也在悄然累积，如同悬在企业头顶的一把达摩克利斯之剑。

为了有效降低这一风险，企业在日常资金筹集的过程中，必须保持高度的警惕和审慎。一方面，企业需要深入分析债务成本所带来的收益，确保每一笔贷款或资金周转都能为企业带来实实在在的利益；另一方面，企业还需要对各项财务工作进行深入的研究和把控，确保财务体系的稳健和高效。

此外，企业还应根据自身实际的经营情况，合理安排生产和经营结构。这要求企业在追求发展的同时，也要时刻保持对财务风险的敏感和警惕，避免因债务纠纷等问题而引发财务损失，确保企业在稳健的财务基础上实现可持续发展。

（二）政策风险

企业在开展税务筹划工作的过程中，如同航行在复杂多变的政策海洋，必须时刻关注并遵循国家政策的指引。科学的筹划能够帮助企业最大限度地减轻纳税负担，但在这个过程中，企业也面临着诸多政策风险，这些风险如同暗礁，可能随时威胁到企业的税务安全。

政策风险主要包括税收政策改革、税收优惠变化以及政策选择等风险。税收政策和优惠政策都是由国家制定，企业只能根据政策的调整来相应地修改纳税方案。然而，对于政策选择风险来说，其决定权在于企业自身。如果企业没有选择合理的纳税方案，就可能导致税务风险的发生。

这种风险的形成，往往与企业领导层的决策密切相关。有些企业领导并未充分认识到决策的重要性，这种不正确的认知导致企业的税务筹划工作缺乏科学性。当税务筹划工作失去科学的指导时，其价值就无法得到充分发挥，严重时甚至可能使企业税收工作触及法律红线，给企业带来不可估量的损失。

因此，企业在进行税务筹划时，必须高度重视政策风险，时刻保持对政策变化的敏感性和警惕性。同时，企业领导层也应提升自身的决策能力，确保税务筹划工作的科学性和合法性，为企业的稳健发展保驾护航。

（三）纳税意识低下的风险

纳税意识低下是企业税务筹划工作中一个不容忽视的风险点。相关工作人员对税务筹划工作认知度的不足，就如同为企业埋下了一颗定时炸弹，随时可能引爆税务风险。

在部分企业中，税务筹划工作往往被边缘化，其重要性被严重忽略。这种忽视不仅体现在企业高层对税务筹划的淡漠态度上，更渗透到企业内部人员对税务筹划工作的认知偏差中。他们可能认为税务筹划只是简单的税务申报和缴纳，而忽视了其在企业经营管理中的战略意义和价值。在实际经营活动中，部分企业并不会特别重视税务筹划工作[①]。多数企业往往将大部分时间和精力投入业务活动中，追求短期的业绩和利润，而忽视了税务筹划在长远发展中的重要作用。这种短视行为不仅导致税务筹划和业务活动之间的脱节，更使税务筹划工作人员的工作得不到足够的重视和支持。长此以往，税务筹划工作的优势和作用无法在企业中得到最大化的发挥，如同一把钝刀，无法为企业的发展提供有力的支持。而更为严重的是，这种纳税意识低下的状态会直接导致企业税务风险的提高，为企业的发展之路埋下了重重隐患。

因此，强化企业的纳税意识、重视税务筹划工作、将其纳入企业经营管理的重要议程，是每一个企业必须面对和解决的问题。只有这样，企业才能在激烈的市场竞争中稳健前行，避免被税务风险的侵袭。

（四）市场风险

经济市场时刻受到诸多因素的影响，企业时刻面临着市场经济失衡导致的经营风险。这种风险一旦降临，可能使企业的经营受阻，甚至波及筹资等关键活动，威胁企业的生存与发展。

然而，税务筹划工作如同一座灯塔，为企业在这片波涛汹涌的市场中指引方向。通过提前进行税务筹划，企业可以更加敏锐地感知市场的脉动，对市场的短期变化进行科学的预测。这种预测能力，使企业在面对市场风浪时能够更加从容不迫，及时调整策略，化险为夷。

结合企业和市场的信息，制定出更加科学的税务管理办法，是税务筹划工作的核心所在。这种方法不仅能够帮助企业合法合规地减轻税负，而且能够在市场变化时为企业提供更多的应对策略和选择。如此，税务筹划便成为企业抵御市场

① 刘滢. 高新技术企业税务筹划风险及防范策略探讨［J］. 企业改革与管理，2022（10）：124-126.

风险的重要武器，使企业在风雨飘摇的市场中依然能够稳健前行。

因此，对于每一家企业来说，重视税务筹划工作、提升其科学性和前瞻性，是应对市场风险、保障企业稳健发展的必由之路。

（五）制定和执行不当的风险

制定和执行不当的风险，如同税务筹划路上的隐形陷阱，时刻威胁着企业的税务安全与稳健发展。这种风险主要潜藏在税务筹划方案的制定与执行两大环节，其表现形式多样，对企业的影响也尤为深远。

在税务筹划方案的制定阶段，若方案本身存在瑕疵或问题，就如同为企业的税务筹划之路埋下了定时炸弹。一旦执行，不仅无法实现预期的税务优化效果，反而可能让企业得不偿失，陷入更加复杂的税务困境。而在执行阶段，风险同样不容忽视。税务筹划方案的实施需要企业内部各部门的紧密配合与协作。然而，若相关部门及人员之间的配合不到位、沟通不畅，就可能导致税务筹划方案在执行过程中偏离预定轨道，产生不必要的税务风险。更为严重的是，执行过程中的不彻底、半途而废、手段不恰当以及某一环节的衔接失误，都可能让整个税务筹划方案付诸东流、前功尽弃。这样的结果不仅浪费了企业的人力、物力和财力，更可能让企业的税务筹划活动陷入失败的泥潭，无法自拔。

因此，企业在制定和执行税务筹划方案时，必须保持高度的警惕和审慎。要确保方案的科学性与合理性，同时加强内部沟通与协作，确保执行过程的顺畅与高效。只有这样，才能有效规避制定和执行不当的风险，让税务筹划真正成为企业稳健发展的有力保障。

（六）纳税信誉的风险

纳税信誉风险是一把悬在企业头顶的达摩克利斯之剑，一旦税务筹划被认定为违法，企业长期以来建立的信誉和品牌形象将瞬间崩塌，未来经营之路也将布满荆棘。

纳税信誉作为企业信誉的重要组成部分，是企业在市场中立足的基石。一家纳税信誉良好的企业，往往能够赢得更多的合作伙伴和消费者的信任与支持。然而，一旦企业的税务筹划被认定为违法，这把隐形的剑就会猛然落下，企业的纳税信誉将瞬间坍塌。这种损害不仅体现在法律层面的处罚和制裁，更体现在市场层面的排斥和冷遇。大多数企业在选择合作伙伴时，都会将纳税信誉作为重要的考量因素。一旦企业的纳税信誉受损，其资金支付能力、合同履行能力等方面也会受到市场的质疑和排斥。

更为严重的是，纳税信誉风险是一种间接风险，它不会直接导致企业的经济损失，但会通过影响企业的市场形象和信誉，间接导致企业发生经济损失。这种损失可能体现在市场份额的减少、合作伙伴的流失、消费者信任的丧失等多个方面。

因此，企业在进行税务筹划时，必须时刻保持警惕，确保筹划方案的合法性和合规性。同时，企业也应加强自身的纳税信誉建设，通过诚信纳税、积极履行社会责任等方式，提升自身的纳税信誉和市场形象。只有这样，企业才能在市场经济的海洋中稳健前行，避免纳税信誉风险带来的隐形杀伤力。

第二节　税务筹划风险管理

一、税务筹划风险管理的重要性

（一）降低成本开支

依法缴纳税款是企业日常运营的基石，也是企业合法经营的先决条件。在追求经营效益的同时，企业还需关注税收管理能力的提升，通过合理途径减少税收支出，以优化成本结构。近年来我国税收法律制度在不断地变化，在税务筹划工作过程中，如果对当前税收政策的不熟悉，就很容易造成主观意识上的逃税行为，这样一来，税收的风险就会进一步增大[①]。因此，加强税收风险管理，根据最新税收规定调整业务运营，成为企业减轻税收负担、降低成本的关键。

对税收风险进行合理、高效的管理，不仅有助于企业减少不必要的税收支出，还能提升企业的整体竞争能力。在激烈的市场竞争中，成本优势是企业制胜的重要因素之一。通过优化税务筹划，企业可以在合法合规的前提下，实现税收成本的最小化，从而将更多资源投入产品研发、市场拓展等核心业务中，进一步巩固和提升企业的市场地位。

（二）降低经营管理成本

企业要将交易风险的效果最大化，关键在于及时掌握并充分利用最新的税收

---

① 赵霞. 企业税务筹划中的细节问题及风险控制［J］. 企业改革与管理，2019（24）：172-173.

优惠政策。这不仅要求企业将可能引发税务风险的因素纳入管理制度的考量范围，还要确保企业的经济效益得到实质性的提升。通过这一系列的举措，企业的重要决策会更加系统化、科学化，为企业的稳健发展奠定坚实基础。

同时，对外部环境的输入风险进行合理控制，是规范企业税收行为、树立良好社会形象的重要途径。当企业在税收方面表现出高度的合规性和自律性时，其市场竞争优势将得以凸显，进而最大限度地提升企业在市场中的竞争能力。这种竞争力的提升，不仅体现在市场份额的扩大上，还体现在企业品牌价值的提升和客户信任度的增强上。因此，降低经营管理成本、提升企业市场竞争力，是税务筹划风险管理的重要目标之一。

（三）降低经营管理风险

税收风险对企业经营管理的影响不容小觑，它如同一颗潜在的定时炸弹，随时可能对企业的运营造成不利影响。随着我国经济的迅猛发展，众多企业纷纷抓住机遇，扩大业务和经营范围，与外界的合作也日益频繁。然而，这同时也使我国的涉税管理工作变得更加复杂，企业在实际运作过程中所面临的税收风险种类和数量不断增多。

为了有效应对这一挑战，企业在进行税务风险管理时，应积极采用相关的税收优惠措施来降低纳税成本。这不仅能够减轻企业的经济负担，还能显著提升企业的财务工作管理水平，进而降低整体的经营风险。通过合理的税务筹划和风险管理，企业可以更加稳健地发展，为未来的持续增长奠定坚实基础。

二、税务筹划风险管理的流程

（一）税务筹划风险管理的准备

1. 确定税务筹划风险管理目标

税务筹划风险管理作为企业税务筹划活动的重要组成部分，其目标与企业税务筹划的最终目标紧密相连，即实现企业价值最大化。因此，企业税务筹划风险管理的总体目标应当明确为实现企业价值的最大化。具体而言，税务筹划风险管理的目标可以分为损前目标和损后目标两大类。

损前目标主要聚焦于税务筹划风险导致的损失发生前的风险管理活动。其核心目的是避免或减少税务筹划风险事故的发生，从而降低税务筹划风险。为实现这一目标，企业需要建立健全税务筹划风险管理机制，增强税务筹划风险意识，确保纳税金额的准确核算，正确运用税收法律法规，并选择合适的税务筹划人员。

损后目标则关注税务筹划风险导致的损失发生后的风险管理活动。其主要目的是使损失的标的恢复到损失前的状态，包括维持企业的经营稳定和收入稳定。为实现这一目标，企业需要尽量进行补救措施，承担应尽的经济责任和社会责任，努力维护自身的纳税形象，为自身营造良好的继续生存发展的环境。同时，企业还需进一步处理和税务机关的关系，以将税务筹划风险损失降到最低。

针对税务筹划风险的特点，企业应将损前目标作为税务筹划风险管理的主要目标，通过有效的风险管理措施，预防和控制税务筹划风险的发生，以实现企业价值的最大化。

2. 收集税务筹划风险管理信息

在确定明确的税务筹划风险管理目标后，企业应根据项目需求，系统地收集相关信息，以确保风险管理的有效性和针对性。这些信息主要包括外部信息、内部信息和反馈信息。

（1）外部信息。在税务筹划风险管理中，外部信息的收集是至关重要的一环，这主要包括税收环境信息和政府涉税行为信息两大类。

税收环境信息是企业进行税务筹划的基础。企业需要了解自身涉及的税种及各税种的具体规定，这是确保税务筹划合法性的前提。同时，税收优惠的相关规定也是企业税务筹划的重要考虑因素，合理利用税收优惠政策可以有效降低企业税负。此外，各税种之间的相关性、税收征纳程序和税务行政制度也是企业税务筹划中需要关注的内容。税收环境的变化趋势和内容更是企业税务筹划长期规划的重要依据。

政府涉税行为信息对于企业的税务筹划同样重要。在税务筹划博弈中，企业往往需要先行动，因此预测政府可能对自身行动产生的影响是至关重要的。这主要包括政府对税务筹划的态度、政府的主要反避税法规和措施，以及政府反避税的运作规程。了解这些信息可以帮助企业更好地规避税务风险，制定更为合理的税务筹划方案。

（2）内部信息。在税务筹划风险管理中，内部信息的收集同样扮演着举足轻重的角色，这主要包括实施主体信息和企业涉税问题的调查与评估两大类。

实施主体信息是企业税务筹划方案制定的基石。任何税务筹划方案都必须紧密贴合企业自身的实际经营情况，因此在方案制定之初，就必须对企业自身的相关信息进行全面而深入的了解。这涵盖了企业的财务管理目标、税务筹划目标、经营及财务状况，以及管理人员对税务筹划风险的态度和税务筹划人员的素质等多个方面。通过对这些信息的收集，可以确保税务筹划方案更加贴合企业实际，进而提高方案的可行性和有效性。

企业涉税问题的调查与评估是税务筹划风险管理不可或缺的一环。在实施税务筹划风险管理之前，必须对企业进行深入的涉税问题调查和评估，包括对企业税务筹划内部控制制度的完善程度、纳税会计处理的准确性、主要税种及税率的适用情况、近三个年度的纳税情况分析、存在的主要涉税问题、税收处罚记录，以及税企关系等多个方面进行细致的分析和评估。通过这些工作，可以更加清晰地了解企业在税务方面的现状和问题，为后续的税务筹划风险管理提供有力的依据和支持。

由此可见，内部信息的收集是企业税务筹划风险管理的重要组成部分。通过全面了解实施主体信息和企业涉税问题，企业可以更加准确地制定税务筹划方案，有效地规避税务风险，实现税务筹划风险管理的目标。

（3）反馈信息。在税务筹划风险管理中，反馈信息的收集和处理是一个至关重要的环节。这并非一个静态的过程，而是一个持续不断、动态发展的过程。

企业在实施税务筹划风险管理的过程中，会不断地与外部环境和内部运营进行交互，从而获取新的信息。这些信息包括税收政策的变化、税务法规的更新、市场竞争态势的演变，以及企业内部财务状况、经营策略的调整等。这些信息对于税务筹划风险管理的持续性和有效性具有至关重要的影响。

同时，税务筹划风险管理的实施结果也需要及时反馈给相应的部门，包括税务筹划方案的执行效果、税务风险的识别与评估情况、税务筹划措施的实施进展等。通过将这些实施结果及时反馈给相关部门，企业可以对税务筹划风险管理的实施情况进行全面的监控和评估。

基于反馈信息的收集和处理，企业可以对税务筹划风险管理的实施进行调整和完善，包括根据新的信息调整税务筹划方案、优化税务风险管理措施、完善税务筹划风险管理的制度和流程等。通过不断的调整和完善，企业可以确保税务筹划风险管理始终与企业的实际运营情况和外部环境保持同步，从而实现税务筹划风险管理的持续性和有效性。

3. 制定税务筹划风险管理计划

制定税务筹划风险管理计划是对税务筹划风险管理实施全过程所做的综合安排，这一计划具有全局性，为整个税务筹划风险管理活动奠定和提供了基础和依据。它不仅规划了税务筹划风险管理的目的、范围、重点、流程等基本内容，而且是进行有效沟通和协调的重要手段。

税务筹划风险管理计划的目的在于明确税务筹划风险管理的目标和期望成果，确保所有的风险管理活动都围绕这一核心进行。税务筹划风险管理范围则界定了税务筹划风险管理的具体领域和边界，使风险管理活动能够有针对性地展开。税务筹划风险管理重点则突出了税务筹划风险管理中需要特别关注的关键环节和领域，确保风险管理活动的有效性和针对性。税务筹划风险管理流程是税务筹划风险管理计划的重要组成部分，它规划了风险管理活动的具体步骤和时序，使整个风险管理过程能够有序、高效地进行。通过明确的流程规划，可以确保税务筹划风险管理活动的连贯性和一致性，避免出现混乱和无效的情况。

此外，税务筹划风险管理计划还是进行有效沟通和协调的手段。它明确了各相关部门和人员在税务筹划风险管理中的职责和角色，使各部门和人员能够清晰地了解自己的任务和责任，从而进行有效的沟通和协调。这有助于形成统一的风险管理意识，提高风险管理活动的整体效果。

（二）税务筹划风险管理的实施

1. 税务筹划风险识别

税务筹划风险识别是税务筹划风险管理实施的首要步骤，它要求企业运用相关的知识和方法，系统、全面和连续地感知和分析企业税务筹划过程中可能存在的风险。这一步骤对于确保税务筹划活动的顺利进行以及实现税务筹划目标具有重要意义。

在税务筹划风险识别过程中，企业可以采用多种方法，其中比较常用的有流程图分析法、问卷调查法、环境分析法、财务分析法、情景分析法、事故树分析法以及风险因素分析法等。这些方法各有特点，企业可以根据实际情况选择适合的方法进行风险识别。

（1）税收链分析法。税收链分析法，作为流程图分析法的一种具体应用，是一种深入且直观的风险识别工具。其核心在于通过绘制和解析流程图，来揭示企业业务管理活动中的潜在薄弱环节，并进一步识别出企业可能面临的各种风险。

流程图这一工具具有广泛的适用性，它可以被用来描绘公司内部任何形式的流程。无论是产品生产流程、服务流程、财务会计流程、市场营销流程，还是分配流程，都可以通过流程图进行清晰、有条理的展示。

在税务筹划的语境下，企业因纳税而形成的税收链也可以被视为一种特定的流程。通过对这一纳税流程进行细致的研究和分析，企业可以更为准确地识别出与税务筹划紧密相关的风险点。这些风险点可能隐藏在纳税流程的各个环节之中，如税种选择、税率应用、税收优惠政策的利用等。

因此，税收链分析法不仅为企业提供了一种全新的视角来审视其税务筹划活动，还为企业提供了一种有效的工具来识别和评估潜在的税务风险。通过这种方法，企业可以更加全面、系统地了解其税务筹划过程中可能存在的问题和挑战，从而为后续的税务筹划风险管理奠定坚实的基础。

（2）问卷调查法。问卷调查法作为一种常用的数据收集和分析手段，也被广泛应用于税务筹划风险识别领域。其核心在于通过设计并发放问卷，以系统、结构化的方式收集和了解企业税务筹划风险的相关情况。

在税务筹划风险识别的语境下，问卷调查主要针对的是税务筹划风险管理相关人员。这些人员包括税务筹划师、财务经理、税务顾问等，他们对企业税务筹划活动有着深入的了解和实践经验。通过设计一系列围绕税务筹划风险的问题，可以引导他们分享自己的看法、希望和建议，从而揭示出企业税务筹划过程中可能存在的风险点。

问卷的设计是问卷调查法的关键环节。为了确保问卷的有效性和可靠性，设计者需要确保问题的清晰性、准确性和相关性；同时，还需要考虑问卷的长度和复杂度，以确保受访者能够愿意并有能力完成问卷。

在收集到足够的问卷数据后，接下来需要进行的是统计分析。通过对数据的整理、分类和解读，可以揭示出税务筹划风险的分布情况、严重程度以及可能的成因。这些信息对于企业制定有效的税务筹划风险管理策略至关重要。

2. 税务筹划风险评估

税务筹划风险评估是对已识别出的税务筹划风险进行量度和分析的过程，旨在为后续应对税务筹划风险提供有力依据。这一步骤在税务筹划风险管理中占据重要地位，是风险应对策略制定的前提。

在税务筹划风险评估过程中，通常采用定性方法和定量方法相结合的方式，以确保评估的全面性和准确性。常用的定性方法包括模糊测评法、标杆分析法、集体讨论法、问卷调查法等，这些方法侧重于对风险性质、影响程度等进行主观判断和分析。而常用的定量方法则包括概率分析法、情景分析法、压力测试法、敏感性分析法等，这些方法更侧重于通过数据和模型对风险进行客观量化和分析。其中，模糊测评法和概率分析法是较为适合的评估税务筹划风险的方法。

（1）模糊测评法。模糊测评法是一种特别适用于处理不确定性问题的评估方法，尤其是在税务筹划风险评估中，由于风险本身具有不确定性和模糊性，精确测量风险的频率往往是一项极具挑战性的任务。因此，模糊测评法成为一种有效的工具，用于量化和分析税务筹划风险的频率和影响程度。

具体而言，模糊测评法通过引入模糊数学理论，为税务筹划风险的评估提供了一种新的视角和方法。它首先建立企业税务筹划风险的模糊集合，这个集合包含了所有可能的税务筹划风险因素和结果；接着，通过定义企业税务筹划风险的隶属函数，可以描述每个风险因素属于某个模糊集合的程度，即风险的模糊性；最后，利用评价企业税务筹划风险因素的模糊矩阵，可以对各个风险因素进行量化和比较，从而得出税务筹划风险的整体水平和分布情况。

模糊测评法的优势在于它能够处理税务筹划风险评估中的不确定性和模糊性，提供了一种相对直观和量化的方法来测量风险。通过这种方法，企业可以更准确地了解税务筹划风险的状况，为制定有效的风险应对策略提供有力的支持。同时，模糊测评法还可以与其他风险评估方法相结合，形成更全面的税务筹划风险管理框架。

（2）概率分析法。概率分析法是一种基于概率论和数理统计的税务筹划风险评估方法。它通过对税务筹划方案的成本收益率进行期望值、方差、标准差以及标准离差率的计算，来量化和评估税务筹划风险的大小和程度。

首先，计算税务筹划方案成本收益率的期望值，这是评估方案预期收益水平的基础。期望值考虑了所有可能的结果和它们各自的概率，从而给出了一个加权平均的收益预测。

其次，计算税务筹划方案成本收益率的分散程度，即方差和标准差。这两个指标反映了收益的不确定性，即实际收益与预期收益之间的偏差程度。方差和标准差越大，说明收益的不确定性越高，风险也就越大。

最后，计算标准离差率，并根据这个指标来判断风险程度。标准离差率是标准差与期望值之比，它表示了相对于预期收益的风险大小。标准离差率越大，说明风险越大；反之，则风险越小。

通过概率分析法，企业可以对税务筹划方案的风险进行客观、量化的评估，从而为制定有效的风险应对策略提供有力的支持。这种方法不仅考虑了风险的概率分布，还通过计算标准离差率来综合评估风险的大小和程度，使企业在税务筹划过程中能够更加科学、合理地进行风险管理。

3. 税务筹划风险应对

税务筹划风险应对是企业在完成税务筹划风险识别和评估后，根据自身的实际情况和外部环境，结合企业的发展战略，制定并执行相应的风险应对策略的过程。这一环节是税务筹划风险管理实施阶段的核心，它直接关系到企业能否有效地管理税务筹划风险，从而确保税务筹划活动的顺利进行。

税务筹划风险应对具体包括两个关键步骤：一是税务筹划风险应对策略的制定；二是税务筹划风险应对策略的实施。在制定应对策略时，企业需要全面考虑自身的条件、外部环境的变化、发展战略的目标以及税务筹划方案的具体特点，以确保所制定的策略既符合企业的实际情况，又能有效地应对潜在的风险。

在制定税务筹划风险应对策略时，企业可以选择多种不同的策略组合，如风险规避、风险降低、风险分担和风险承受等。这些策略的选择应基于企业对风险性质、影响程度和可接受水平的深入分析。例如，对于可能带来重大损失的风险，企业可能会选择风险规避或风险降低策略；而对于一些影响较小或可承受的风险，企业则可能会选择风险分担或风险承受策略。

在实施税务筹划风险应对策略时，企业需要确保所制定的策略得到有效的执行，包括建立相应的风险管理机制、制订详细的风险管理计划、明确风险管理责任等。同时，企业还需要对风险应对策略的执行情况进行持续的监控和评估，以确保策略的有效性，并根据实际情况及时调整策略。

总之，税务筹划风险应对是一个复杂而重要的过程，它要求企业在全面识别和评估税务筹划风险的基础上，制定并执行有效的风险应对策略，以确保税务筹划活动的顺利进行并实现企业的战略目标。

（三）税务筹划风险管理的监督与评价

税务筹划风险管理的监督与评价是对整个风险管理过程的健全性、合理性及有效性进行持续监督、检查和评价的重要环节。这一环节的核心目标是确保税务筹划风险管理的实施效果，并通过监督与评价活动，及时发现并纠正风险管理中的薄弱环节，为后续的风险管理总结与改进提供有力依据。

在监督与评价过程中，企业应着重关注税务筹划风险管理策略的执行情况、风险管理机制的运行效率以及风险管理目标的实现程度。通过定期的检查和评价，企业可以总结经验教训，明确风险管理中的成功做法和存在问题，为后续的风险管理活动提供有益的参考。

根据监督和评价的结果，企业需要及时调整税务筹划风险管理计划，以确保风险管理策略与企业的实际情况和外部环境保持同步。这种调整可能涉及风险管理目标的重新设定、风险管理流程的优化以及风险管理资源的重新配置等。

此外，企业还必须定期对税务筹划风险管理结果进行全面的评价及反馈。这意味着要重新检查和审视税务筹划风险管理的目标和效果，分析实际结果与预期目标之间的差距，并探究差距产生的原因。通过这样的分析和反思，企业可以为税务筹划风险管理的总结和改进打下坚实的基础，不断提升风险管理的水平和效果。

第三节　税务筹划风险产生的原因及规避建议

一、税务筹划风险产生的原因

（一）税务筹划方案设计不合理

税务筹划的成功与否，在很大程度上取决于筹划方案的合理性。而方案的合理性又与税务筹划人员的认知水平和业务素质紧密相关。当税务筹划人员具备较高的认知水平和业务素质，熟悉税收、管理、财务、会计、法律等多方面的政策及相关业务时，他们设计的税务筹划方案往往更为合理，成功的可能性也就随之提高。

然而，在我国，税务筹划还处于起步阶段，具备全面知识和丰富实战经验的专业人才相对匮乏，这导致一些企业在设计税务筹划方案时可能出现错误，不仅无法实现节税的目的，反而可能触犯法律，演变为偷税行为，从而引发税务筹划风险。因此，企业在进行税务筹划时，必须高度重视方案设计的合理性，并努力提升税务筹划人员的专业素质和实践经验。

（二）税务筹划方案操作不当

税务筹划方案的实施是一个复杂且细致的过程，它涉及企业的采购、生产、投资、筹资、销售等各项经济活动，要求企业必须认真操作、严格实施，并且需要各个部门之间密切配合、充分协作。然而，即便税务筹划方案本身设计得再完美，如果在实际操作过程中存在不当之处，那么方案失败的可能性也会大大提高。

这种操作不当可能表现为对税务筹划方案的理解和执行存在偏差，或者是在实施过程中缺乏必要的控制和监督，导致方案无法按照预期的方式执行。此外，如果企业内部各个部门之间缺乏有效的沟通和协作，也可能导致税务筹划方案在实施过程中出现问题，从而增加方案失败的风险。

因此，企业在实施税务筹划方案时，必须高度重视操作环节，确保方案能够得到正确、有效的执行。同时，企业还需要加强内部各个部门之间的沟通和协作，形成合力，共同推动税务筹划方案的顺利实施。

（三）税务筹划方案实施的条件发生变化

税务筹划方案的选择与确定，以及后续的组织实施，都是基于一定的条件进行的。当这些条件发生变化时，税务筹划方案的实施效果也会受到相应的影响。这种条件的变化主要包括两方面：

1. 企业自身条件的变化

企业自身条件的变化，主要指的是其经济活动的变化。为了获取某项税收利益，企业必须使其生产经营活动的某一方面符合所选择的税收政策要求，这往往会在一定程度上制约企业经营的灵活性。然而，一旦预期的经营活动发生变化，企业可能会失去享受税收优惠和税收利益所必需的特征和条件，从而导致筹划结果与企业的主观预期产生偏差。这种偏差可能会使企业面临税务风险，甚至可能导致税务筹划方案的失败。因此，企业在实施税务筹划方案时，需要密切关注自身条件的变化，并及时调整筹划方案以适应新的经营环境。

2. 企业外部条件的变化

企业税务筹划不仅受内部条件影响，还受到外部环境的制约。以下是影响税务筹划的几种主要外部条件变化：

（1）政治方面的变化：如爆发战争，企业的正常生产经营活动都难以保证，税务筹划更是无从谈起。政治不稳定可能导致税收政策频繁变动，提高税务筹划的不确定性。

（2）税收政策的变化：国家（地区）在不同经济发展时期，会基于总体发展战略调整税收政策。这种调整不仅提升了企业税务筹划的难度，因为企业需要不断适应新的税收政策；而且增加了税务筹划的风险，因为新的税收政策可能对企业原有的税务筹划方案产生不利影响。

（3）国内经济的波动：这是直接影响税务筹划风险的重要因素。例如，在恶性通货膨胀时期，由于能源、原料、设备及劳动力成本上涨，与企业税务筹划息息相关的成本费用会大幅增加，同时，与企业相关的各种税负也可能发生重大变化，导致税务筹划效果难以预料，风险陡增。

（4）全球经济的波动：全球经济的波动会导致国外税收、金融政策的变化。例如，2008 年美元贬值引发的全球性金融危机，对于从事外贸的企业来说，设计税务筹划方案的风险必然提高。因为全球经济波动可能导致国外市场需求、汇率、税收政策等发生不利变化。

（5）不可抗力的影响：自然灾害、突发事件等不可抗力的出现，会直接导致已设计好的税务筹划方案无法实施。例如，地震、洪水等自然灾害可能破坏企业的生产经营设施，使企业无法按原计划进行生产经营活动，从而影响税务筹划方案的实施效果。这种不可抗力的影响是不可预测的，因此也会带来一定的税务筹划风险。

（四）税收征纳双方的权利和义务并不对等

在税收法律关系中，税务机关和纳税义务人是两大主体。尽管从法律地位上看，征纳双方是平等的，但由于税务机关扮演着行政管理者的角色，而纳税人则是被管理者，这导致了双方在权利和义务上并不对等。

一方面，税务筹划方案的合法性在很大程度上取决于税务机关的认定。如果企业原本设计合理的税务筹划方案被税务机关误判为偷税或恶意避税，那么企业不仅无法获得预期的节税收益，还可能因违法行为而受到处罚，进而导致税务筹划的失败。

另一方面，从征纳博弈的角度来看，税务机关是税务筹划"游戏规则"的制定者，掌握着主动权。一旦税务机关修改税法，如果纳税人未能及时做出调整，就可能会遭受损失，从而导致税务筹划的失败。这种不对等的关系增强了纳税人在税务筹划过程中的不确定性和风险。

（五）税务筹划的成本最终超过收益

在税务筹划方案的制定和执行过程中，一个至关重要的考量因素是税务筹划所带来的收益与其耗费的成本之间的对比关系。只有当税务筹划方案的成本小于其所能取得的收益时，该方案才被视为具有可行性。

然而，在实际操作中，我们需要注意到，有些成本和收益是估算值，它们并不能被准确量度。这就意味着，即使在税务筹划方案制定时，根据测算结果显示收益大于成本，但在最终的实施过程中，结果也可能出现反转，即成本可能会超过收益。这种情况一旦发生，就会带来税务筹划的风险。因为企业原本期望通过税务筹划来降低成本、增加收益，但最终的结果却可能适得其反，不仅没有带来预期的收益，反而增加了额外的成本。这种风险是企业在进行税务筹划时必须充分考虑和谨慎评估的。

二、税务筹划风险的规避建议

（一）提升企业自身税务筹划的专业性

企业在税务筹划过程中缺乏专业性是导致税务筹划风险的重要原因之一。为了有效降低税务筹划的风险，企业必须提高自身的税务筹划专业性，尽可能避免在税务筹划过程中出现差错，从而规避经营风险。从企业长远发展的角度来看，企业需要积极成立专门的税务筹划部门并招聘专业的税务筹划专员，并在缴纳税款之前对全部涉税事项进行科学的分析和预测，进一步提高税务筹划的专业性[①]。此外，筹划人员不仅需要详细了解相关的税法知识和税收优惠政策，还需要熟练掌握企业内部各类经济业务的处理方式，并根据企业的实际情况制定合适的税务筹划方案。

除了加强内部专业能力，企业还可以考虑与第三方机构建立合作关系。通过利用第三方的税务筹划方案，企业可以打破内部税务筹划的局限，获得更全面、更专业的税务筹划服务。例如，某生产型企业与第三方机构合作后，成功制定了一套完整的固定资产折旧方案，通过合理利用当期固定资产的折旧额度，企业减少了一大部分当期应缴纳的税款，并且这种做法完全合理、合规。这种合作不仅有效规避了企业对税收政策的错误判断及其带来的税务风险，还降低了企业的纳税成本。

（二）密切关注税务征管动态

税务筹划的法律风险是一种难以控制、充满不确定性且与税收管理环境密切相关的风险。为了降低企业的这种法律风险、避免与税务部门的需求产生较大差异，企业应主动关注税收法规和政策的调整动态。

当税收政策发生重大变化时，企业应根据自身实际情况进行深入分析，以便有效地识别出可能引发涉税风险的影响因素。企业需要对这些影响因素的类型、成因进行科学合理的分析，对分析结果进行判断，从而识别出企业在税务筹划中

---

① 张佳琦. 房地产企业税务筹划风险的防范策略探析［J］. 投资与合作，2021（3）：197-198.

可能存在的问题。这样，企业就可以根据分析结果制定最优的税务筹划方案，降低税务筹划对企业经营活动和生产活动所造成的风险。

同时，企业需要与税务部门保持积极的沟通，主动咨询税收管理的有关规定，厘清执法程序和纳税条款。通过实施科学的税务筹划，并确保其合法、合规性，企业可以获得税务部门的批准，从而降低税务筹划的法律风险。

（三）加强企业税务筹划风险控制环节

从税务筹划的具体工作流程来看，对企业税务筹划进行风险控制包括对税务筹划风险进行识别、对税务风险进行衡量、制定风险控制决策和落地实施风险决策四个步骤①。企业在税务筹划风险控制环节需要按照正确的顺序逐步完成这四个步骤，并确保每个环节之间实现无缝衔接。

首先，在进行税务筹划风险识别时，企业应将识别的重点放在寻找诱发风险的因素和具体的风险类型上。这有助于企业为后期制定针对性的控制风险策略提供有力的支持。

其次，在对税务风险进行衡量时，企业需要正确地判断风险等级。判断的主要依据包括该税务风险给企业造成损失的类型、损失的严重程度、损失发生的时间以及地点等。通过综合考量这些因素，企业可以更准确地评估税务风险的大小和紧迫性。

再次，在制定风险控制决策时，企业应结合自身的实际发展情况和未来发展方向来制定风险控制方案。这要求企业全面优化控制策略，并制定科学合理的风险应急措施，以确保在税务风险发生时能够及时、有效地应对。

最后，在落地实施风险决策的过程中，企业需要先对各个风险预防措施进行全面分析，选择最合理的方案，并对实施的全过程进行监督。此外，企业还需要定期评估税务筹划风险控制的结果，不断对税务筹划方案进行完善和调整，以适应企业发展和外部环境的变化。

（四）积极学习税务法规政策

税务筹划对企业的发展具有显著的帮助，因此，企业必须充分认识到税务筹划的必要性和重要性。为了有效防范税务筹划中的政策和法律风险，企业应切实履行税收法律规定，并提高对税务筹划工作的重视程度。

为了实现这一目标，企业需要认真学习和深入了解与税务相关的法律法规、

---

① 李亚平．浅析房地产企业税务筹划风险及风险控制策略［J］．纳税，2020，14（32）：51-52.

最新政策以及税收优惠制度。在此基础上，企业应根据当前税务政策进行合理规划，并不断地修改和完善这些规划，以确保其与时俱进并符合法律要求。特别是在新、老体制过渡时期，企业需要特别关注征管则的变化，并仔细剖析新旧体制过渡过程中可能存在的政策风险。为了应对这些风险，企业应制定与之相对应的税收管理体系，以防止因新旧体制的过渡而造成的税收混乱，进而避免引发税务风险。

例如，在我国实施"营改增"政策后，税种、税率发生了巨大变化，同时对增值税发票管理也有了新的规定。在此背景下，企业需要进一步加强内部控制，对票据管理进行更新和完善。在开增值税发票时，企业应严格遵守相关法规，不得虚开、代开增值税发票。此外，在财务处理上，企业应按照法律的规定设立账簿，并对账目源头进行规范化管理，定期进行自我检查，以确保税务筹划的合规性和有效性。

（五）主动开展税务风险评估

企业在成立税务风险管理部门后，就应当着手开展税务风险评估的工作。企业税务风险管理部门需要对与企业相关的各种税法进行分析与判断，进一步探索各项税法的明确要求、整改情况以及可能会出现的变化。[①] 通过这些努力，税务风险管理部门能够对企业将要面临的税务风险进行准确的评估，从而有效降低企业税务风险发生的概率。

为了更全面地评估税务风险，税务风险管理部门还需要充分了解税务部门的行业现状，包括对新出台的政策是否符合相关的法律规定进行评估，以及对税务部门的工作人员是否具备较高的道德和法律素养进行判断。通过这些分析，企业可以对所面临的税务执法风险进行有效的评估，并制定相应的预防税务执法风险的措施。

除了对外部环境的分析，税务风险管理部门还需要对企业自身的财务管理措施开展定期的研究。这涉及分析企业的财务管理措施中是否存在不合理之处，并对这些不合理之处可能带来的税务风险进行综合的评估。如果评估结果显示存在的风险较大，税务风险管理部门需要第一时间报告给财务管理人员，并建议企业管理层尽快调整财务管理措施，以避免发生税务问题。

（六）完善运行风险管理机制

为了进一步优化企业的运行管理环境，必须不断完善运行风险管理机制。在

---

① 金萍．新时期建筑企业税务筹划与风险控制研究［J］．财会学习，2021（18）：1-3.

这一过程中，企业需要注意以下几点：

1. 根据企业实际运营情况完善管理方案

企业在不断发展的过程中，其运营环境和业务模式也会发生相应的变化。因此，企业需要根据当下的实际运营情况，对现有企业管理方案进行深入的分析和整理。通过这一过程，企业可以发现管理方案中存在的不足和漏洞，并及时进行修订和完善。这样做不仅可以提高管理内容的实际应用价值，还可以使企业更加适应当前的市场环境和法律法规要求，从而提升税务风险管理的有效性。

2. 明确风险管理机制的具体内容

一个完善的风险管理机制是企业防范税务风险的重要保障。在风险管理机制中，企业应进一步明确具体的管理内容、操作方法以及注意事项等，包括对税务风险的识别、评估、监控和应对等各个环节的详细规定。通过明确这些内容，企业可以确保风险管理机制的约束作用得到充分发挥，避免出现不合理的操作方式，从而降低税务风险的发生概率。

3. 制定奖惩机制以提高重视程度

为了进一步提高工作人员对税务风险管理的重视程度，企业需要制定相应的奖惩机制。对于严格按照要求操作、有效防范税务风险的工作人员，企业应给予相应的奖励和表彰；而对于不按照要求操作、导致税务风险发生的工作人员，则应予以惩罚。通过这一奖惩机制的建立，企业可以督促工作人员更加规范自身的操作行为，提高其对税务风险管理的重视程度，从而降低税务风险的发生概率。

第七章

企业不同发展阶段的税务筹划策略

第一节 企业初创阶段税务筹划策略

一、企业初创阶段的特点

在初创阶段，企业面临着多方面的挑战，也具有不同于其他阶段的特征。

首先，由于企业规模较小，市场处于开创初期，其组织结构和市场业务都相对单一且集中。企业的人员配置较少，专业分工不明显，部门之间的职能责任划分也相对模糊。这种简洁的组织结构使管理沟通变得直接，从而提高了管理效率。

其次，从财务角度来看，初创阶段的企业主要以核算为主。由于资金和管理经验的缺乏，以及品牌知名度不高，企业在财务方面需要更加谨慎和精细。

在税务方面，初创阶段的企业也面临着一些特殊的情况。由于业务规模和盈利空间的限制，纳税科目相对简单，纳税额度也较低，甚至在相当长的一段时期内，企业可能处于亏损状态，导致税款申请为零。这种情况下的税务管理相对简单，但也需要企业保持对税务政策的关注。

此外，由于企业盈利空间小、业务种类单一，内部通常没有设置更多的分公司和独立企业，也没有形成关系密切的关联贸易。这使企业的节税空间相对不大，税收错误的风险也较小。然而，这并不意味着企业可以忽略税务筹划和管理；相反，企业仍然需要关注税务政策的变化，以确保自身的合规性并避免不必要的税务风险。

在这一阶段，管理层的主动纳税意识可能比较低。这主要是由于他们可能更专注于企业的生存和初步发展，而税务筹划和管理可能并不是他们的首要考虑。然而，随着企业的成长和发展，管理层需要逐渐提高对税务筹划和管理的重视程度，以确保企业的长期稳健发展。

综上所述，初创阶段的企业在组织结构、市场业务、财务管理、税务管理以及管理层意识等方面都有此阶段的特点。企业需要充分了解这些特点，并采取相应的措施来应对挑战，以实现稳健的发展。

二、企业初创阶段的税务筹划

（一）企业注册地点的税务筹划

在企业初创阶段，税务筹划是一项至关重要的工作，而注册地点的选择则是税务筹划中的一个重要环节。我国不同地区之间存在着税负和税收优惠政策的差别，合理利用这些政策可以为企业节省税金支出，同时也有助于实现国家国民经济的宏观调控。以下是企业注册地点税务筹划的具体考虑因素：

1. 税收政策差异

不同地区的税收政策存在差异，包括税率、税收减免、税收返还等方面。初创企业在选择注册地点时，应充分了解并比较各地的税收政策，选择税负相对较低或税收优惠政策较多的地区进行注册。

2. 税收优惠园区

许多地方政府为了吸引投资，会设立税收优惠园区。这些园区通常采用注册式的入驻方式，无需实体入驻，但企业可以享受园区内的税收优惠政策。初创企业可以关注这些园区，了解园区的具体政策要求，并评估自身是否符合入驻条件。

3. 地方财政扶持

一些地区为了鼓励企业发展，会对入驻园区的企业提供财政扶持，如增值税和企业所得税的地方留存奖励。这些奖励政策可以降低企业的实际税负，提高资金利用效率。初创企业在选择注册地点时，可以关注这些财政扶持政策，并评估其对企业发展的实际帮助。

4. 长期发展战略

企业在选择注册地点时，还应考虑长期发展战略。虽然某些地区短期内税负较低或税收优惠政策较多，但如果与企业的长期发展目标不符，可能会带来不必要的麻烦和成本。因此，企业应根据自身的发展规划和战略定位，选择最合适的注册地点。

5. 合法合规性

在进行税务筹划时，企业必须确保所有行为都符合法律法规的要求。选择注册地点时，要特别注意不得利用税收政策漏洞进行非法避税或逃税行为。同时，企业应与税务机关保持良好的沟通，及时了解政策变化和要求，确保税务事项的合法合规。

（二）不同企业组建形式的税务筹划

企业的组织形式多种多样，不同的组织形式在税收负担上确实存在一定差异。作为一个经营者，在选择企业组织形式时，需要根据自身的实际情况，综合考虑，进而选择合适的企业组织形式。

1. 股份有限公司和合伙企业的选择

在当前全球多数国家的税收体系中，股份有限公司与合伙企业作为两种主要的企业组织形式，各自承载着不同的纳税义务。具体而言，股份有限公司的经营利润需先行缴纳企业所得税；税后利润在作为股息分配给投资者时，投资者还需再缴纳一次个人所得税，形成了双重纳税的情况。相对而言，合伙企业不被视为一个独立的纳税实体，其经营所得并不直接缴纳企业所得税，而是由各个合伙人根据分得的收益各自缴纳个人所得税。

这一税收政策的差异，直接导致了合伙企业在税负上相较于股份有限公司通常享有更轻的负担。这种税负上的优势，使创业者在创办或重组企业时，选择合伙企业的形式成为一个值得考虑的选项。当然，这样的选择并非没有限制，它必须在法律所允许的框架内进行，同时还需要综合考虑其他诸如管理结构、资本需求、责任承担等多方面的因素。

由此可见，股份有限公司与合伙企业之间的选择，并非仅仅基于税负轻重的简单决策，而是一个需要全面权衡法律规定、税务筹划、经营策略及长远发展等多方面因素的复杂过程。

2. 子公司和分公司的选择

当企业面临国外或外地的投资机遇时，其需要在建立常设机构、分公司或子公司之间进行慎重选择。这一决策过程涉及多方面的考量，其中税务因素往往占据重要地位。

一些低税国家或地区为了吸引外资，可能对具有独立法人资格的投资者提供税收优惠，如仅对其利润征收较低的税收甚至免税。这种税收优惠政策为投资者创造了显著的税务优势，使投资者在低税国家或地区建立子公司或分公司成为一个具有吸引力的选择。

然而，除了税务考量，企业还需要综合考虑其他战略因素。例如，子公司作为独立的法人实体，拥有更大的经营自主权和决策灵活性，但同时也需要承担更高的管理成本和合规责任。相比之下，分公司作为母公司的延伸机构，在经营上可能更加受限于母公司的控制和指导，但在某些情况下可能更便于实现资源的共享和协同。

因此，在选择建立子公司还是分公司时，企业需要全面权衡税务优惠、经营自主权、管理成本、合规责任以及长远发展等多方面的因素。这是一个复杂且细致的决策过程，需要企业具备深厚的市场洞察力和战略远见。

第二节　企业成长阶段税务筹划策略

一、企业成长阶段的特点

企业在历经初创阶段的市场洗礼并成功脱颖而出后，便迈入了充满机遇与挑战的成长阶段。这一阶段，企业的产品逐渐在市场上展现出强大的竞争力，赢得了消费者的广泛认可与信赖，为企业带来了扩张生产和扩大经营规模的宝贵契机。

在成长阶段，企业面临着人员规模迅速膨胀、组织结构日趋复杂的新情况。为了适应这种变化，企业开始着手明确划分组织结构间的权责关系，以确保各项业务的顺畅运行和高效协同。同时，财务管理的职能在这一阶段也越发重要。企业不再仅仅满足于日常的会计处理工作，而是更加注重资本的有效管理和运作，以支持企业的快速发展和持续壮大。

随着企业规模的扩大和市场地位的提升，企业管理也呈现出复杂化的趋势。为了应对这种挑战，企业开始致力于人力资源管理的制度化建设，构建更加完善的人力资源管理体系，以吸引、留住并提拔优秀人才。同时，激励机制也进一步得到完善和优化，以充分激发员工的积极性和创造力，推动企业不断向前发展。

然而，在企业快速成长的过程中，也伴随着一些不容忽视的潜在风险，特别是税负及税收绝对额的快速增加，使企业开始受到税务部门的更加严格的监管。在这一时期，由于企业高层可能尚未完全转变初创期的思维模式，对税务合规的重视程度不够，容易出现偷税漏税的错误思想和行为，从而给企业带来不必要的税收风险和法律纠纷。

因此，企业在成长阶段需要特别关注税务合规问题，加强税务管理和筹划工作，确保企业的稳健发展。同时，企业还应积极把握成长阶段带来的机遇，不断提升自身的市场竞争力和可持续发展能力。

二、企业成长阶段的税务筹划

在企业成长期，随着业务的不断扩展和市场的逐步渗透，企业将面临更为复杂多样的税务问题。这一时期的税务筹划不仅关乎企业当前的财务健康，更对其未来的竞争力和可持续发展产生深远影响。以下是在企业成长阶段应采取的税务筹划策略，以确保企业在快速发展的同时，能够有效控制税务成本，实现税务合规和税后利润的最大化。

（一）全面考虑税务事项

企业在运营过程中，应当全面且深入地了解和掌握各项税务相关事项，这一范围广泛涵盖了代扣代缴的具体操作流程、适用税率及优惠税率政策的合理运用、纳税调整的策略规划、收入确认额度的精确确定方法、混合业务及兼营业务在税务上的合规处理路径、出口退税政策的积极利用策略，以及进项税转出操作的合规性管理等关键方面。

为了确保在上述税务事项处理中的合规性和准确性，企业应当采取措施，例如建立一支专业的内部税务团队，该团队需具备扎实的税务知识与丰富的实践经验，能够持续跟踪税法变动，及时调整税务策略。此外，企业亦可考虑聘请外部税务顾问，借助其专业的税务咨询服务，进一步巩固税务管理的基石。通过这些举措，企业可以有效避免因税务问题处理不当而可能引发的各类法律问题，保障企业的稳健运营与可持续发展。

（二）优化集团税务结构

对于采取集团化经营模式的企业而言，优化税务结构是一项至关重要的战略任务。这要求企业通过精细调整其组织结构，例如，主体企业可以选择不对关联企业进行直接控股，从而有效降低企业间直接关联贸易的频率和规模，进而减少税务部门对此类交易的过分关注，以及潜在的税务风险暴露。

在对外宣传策略上，集团可以灵活运用"虚拟集团"的概念，以此展现其整体实力和综合竞争力。然而，在税务处理层面，各关联企业必须严格保持其独立性，确保税务处理的合规性和透明度。这意味着，每个关联企业都应按照税法规定独立进行税务申报和缴纳，避免税务部门因企业间复杂的关联关系而对集团的整体税务状况产生误解或质疑。通过这种内外有别的策略，集团可以在维护其市场形象的同时，有效管理税务风险，确保税务合规。

（三）利用地域性税收优惠政策

为了进一步提升税务管理效益，企业应积极投身于对各地区税收优惠政策的研究与利用之中，包括但不限于深入解析如西部大开发政策、高新技术企业税收优惠等重要政策内容，旨在发掘其为企业带来的潜在税务减免和优惠空间。

具体实践中，企业可以通过将部分业务战略性地转移至享有税收优惠的地区，以此实现整体税负的有效降低。例如，对于符合高新技术企业标准的企业，可以考虑在高新技术产业园区设立研发或生产基地，以享受相关的税收减免和财政补贴。

然而，要成功实施这一策略，企业必须对各地的税收政策有深入的了解和准确的把握。这要求企业建立一套完善的税务政策信息收集与分析机制，确保能够及时、准确地掌握政策动态，为税务筹划提供有力支持。同时，企业在进行税务筹划时，必须坚守合法性与有效性的原则，严格遵循税法规定，确保筹划方案的合规性，避免因筹划不当而引发不必要的法律风险。

（四）增加税负优惠项目

为了更有效地控制税务成本并提升税后利润水平，企业应在其主体业务中策略性地增加研发创新、环保投资等税负优惠项目。这些项目通常能够直接享受到国家政策的支持和相应的税收优惠措施。

具体而言，企业可以加大在研发创新方面的投入，如新技术、新产品的研发等，这类项目往往能够享受到研发费用加计扣除的税收优惠，从而有效降低企业的税务负担。同时，企业还可以考虑增加环保投资，如引进先进的环保设备、实施节能减排项目等，这些投资不仅可以提升企业的环保形象，还能够享受到环保设备投资抵免等税收优惠，进一步降低税务成本。

通过这样的策略性布局，企业可以在保持业务快速发展的同时，充分利用国家税收政策，有效控制税务成本，实现税后利润水平的提升。这不仅有助于增强企业的市场竞争力，还能够为企业的可持续发展奠定坚实基础。

第三节　企业成熟阶段税务筹划策略

一、企业成熟阶段的特点

企业在经历成长阶段的快速发展后，会进入一个相对稳定的成熟阶段。在这一阶段，企业已经积累了一定的资产规模，并在市场上拥有一定的知名度和影响力，这使其资产吸引力得到极大增强。为了进一步稳定企业的市场地位并吸引更多外部资产的加入，企业通常会采取兼并和战略联盟等拓展形式，以实现资源和市场的进一步整合。

同时，在成熟阶段，企业往往会开始涉足更多不同的行业领域，通过横向和纵向延伸产品线来丰富其业务组合。然而，这种多元化的业务布局也带来了管理难度的提高。企业需要处理更复杂的业务关系，协调不同部门之间的工作，这使企业管理层次逐渐加大，管理难度显著提升。

在财务管理方面，随着企业涉及的资金量不断增加，财务管理成为企业高层管理的重要内容。高层管理者需要更加关注企业的财务状况，确保资金的合理运用和有效管理。同时，企业的高层管理者的纳税意识也会增强，开始更加重视纳税规划和税务管理。在这个阶段，企业的税额和税率通常都比较高，因此合理的纳税规划对于降低企业税务成本、提高税后利润具有重要意义。

此外，随着企业业务的不断拓展和地域的跨越，所涉及的税种也会增多。关联企业可能涉及不同地域和不同产业，这使得企业的经营环境变得更加复杂。集团对子公司的控制难度也会增大，需要更加精细化的管理和协调。因此，企业纳税规划的内容会更加丰富多样，并且可运作的空间也会扩大。企业需要在遵守税法的前提下，通过合理的税务筹划来降低税务风险、提高税务效益。

二、企业成熟阶段的税务筹划

当企业步入成熟阶段，税务筹划便成为其财务管理中不可或缺的核心环节。

这一阶段的核心目标是通过合法且合规的方式，精心策划以降低税务成本，进而实现税后利润的最大化。为了实现这一目标，企业会基于对税收法律法规的深入研究和应用，积极探索并实践税收方面的多种节税策略。

这些策略广泛涵盖了税种的灵活变换、销售方式的巧妙调整、价外费用的合理转移、混合销售行为的税务优化处理、集团内部资产的转让策略规划、进项票的高效获取与管理技巧、临界点控制时机的精准把握、收入确认方式的灵活变更、发票开具时间的策略性安排等多个方面。此外，企业还会致力于投资资产与费用的有效转换、充分利用费用扣除限额以最大化节税效果、通过精细的成本费用调控来优化利润水平，并深入研究和充分利用财务会计与税法之间的差异规定、费用加计规定等优惠政策，以及全面享受并利用各项税收优惠政策。在某些情况下，企业甚至会积极创造条件以享受更多的税收优惠，并巧妙地利用纳税调整规定来进一步降低税务负担、提升税后利润。

对于企业集团而言，税务筹划的策略更加多元化和复杂化，由此构成了一个完整且精细的税务筹划体系。除了流转税方面的节税策略外，企业集团还会通过制定集团纳税预算来平衡整体税负、合理转移和调控人力成本、灵活调配和管理资金与物资、精细筹划和管控各项费用、科学规划和优化投资结构，并及时注销税务风险较大的企业等措施，来全面降低税务成本，实现税务成本的最小化和税后利润的最大化。

在实践中，企业的税务筹划工作紧密聚焦于生产和销售这两大核心环节，通过精细化的策略调整与业务创新，力求实现税务负担的最小化。在激烈的市场竞争中，有效的税务筹划不仅能够降低运营成本，还能为企业的长远发展提供有力支持。

以销售环节为例，企业通过对销售代理商的销售方式进行创新，实现了税务筹划的巧妙运用。传统模式下，企业可能需要给予代理商回扣以维持合作关系，然而这种方式往往伴随着较高的税负。为了规避这一风险，企业开始尝试让代理商以一次性买断的形式进行销售，这样不仅可以有效规避回扣带来的税务问题，还能在一定程度上降低企业的税务负担。

在生产环节，企业同样展现出了税务筹划的智慧。通过将生产环节虚拟化，并采用委托加工的形式，企业既保持了生产的灵活性和效率，又成功地在合法合规的前提下减少了消费税的税额。这种策略的调整不仅降低了企业的税务成本，还为企业带来了更多的竞争优势。

这些具体的税务筹划策略和实践不仅充分体现了企业对税法规定的深入理解和灵活运用能力，也充分展示了企业在税务管理方面的专业能力和创新精神。通过这些策略和实践的深度探索与应用，企业能够在合法合规的前提下有效降低税务成本、提升税后利润水平，为企业的长期可持续发展奠定坚实的基础，并进一步增强企业的市场竞争力和盈利能力。

第四节　企业衰退阶段税务筹划策略

一、企业衰退阶段的特点

企业在经历了一段时间的繁荣发展后，往往会不可避免地进入衰退阶段。在这一阶段，企业面临着前所未有的挑战，其中最为显著的是产品和市场空间被严重挤压，竞争对手的崛起和消费者需求的转变使企业的利润空间急剧缩减。为了寻求长期的生存与发展，或者是为了确保资产能够得到合理的回报，企业开始积极探索战略上的转型与突破，多元化经营成为许多企业在这一阶段的重要选择。

然而，衰退阶段的企业也面临着诸多内外部挑战。尽管其无形资产数额可能相当巨大，包括品牌、技术、专利等，但由于企业成长性的缺失和市场环境的恶化，这些资源和资产往往无法得到有效利用，导致企业整体运营效率下降、成本上升。更为严峻的是，企业在这一阶段往往还延续着拓展期的赋税额度和负税率，这使企业的税务负担相对较重，进一步加剧了企业的资金压力。

值得注意的是，在企业衰退阶段，无论是企业高层人员还是税务机关人员，都可能对企业的快速衰败缺乏真正的认识。这种认识的滞后性导致企业税负没有得到及时调整，纳税额成为企业的一大负担。在这种情况下，税务筹划的机会被严重浪费，企业未能充分利用税务筹划来减轻税负、优化资金结构，进而影响了企业的整体转型与重生。

因此，在企业衰退阶段，加强税务筹划、调整税务策略显得尤为重要。企业需要重新审视其税务筹划策略，通过合法的税务筹划手段来降低税负，优化资金结构，为企业转型和重生提供有力的支持。同时，企业也应积极与税务机关沟通，争取得到更多的税收优惠和支持，共同应对企业衰退阶段的挑战。通过有效的税务筹划，企业可以在衰退阶段减轻负担，为未来的重生和发展奠定坚实的基础。

二、企业衰退阶段的税务筹划

在企业衰退阶段，经营者和投资者的关注点逐渐转向企业清算和转型方面的政策法规，他们更加关注如何在这一过程中寻找节税空间，以减轻企业的税务负担。因此，企业税务筹划在此阶段应主要考虑企业的未来发展路径，包括是否选择注销、继续存在的时机以及以何种形式继续存在等关键问题。针对这一阶段的税务筹划，企业可以采取以下策略：

（一）组织形式变换策略

面对市场环境的不断变化，企业可以通过灵活调整其组织形式来适应新的税务环境。具体而言，将子公司转换为分公司是一种有效的税务筹划策略。这一策略的核心优势在于，分公司并非独立法人，其亏损额可以直接用于抵减总公司或其他盈利分公司的利润，从而降低企业整体的税负。通过这种组织形式的变换，企业不仅能够更好地适应市场环境的变化，还能优化税务结构，为企业的转型和重生创造更为有利的条件。

（二）新业务策略

在企业衰退阶段，新业务的发展往往被视为企业重生的关键。因此，针对新业务的税务筹划同样不容忽视。企业应根据新业务所涉及的行业特性、地域差异等因素，制定符合企业开创期阶段的税务筹划策略，包括但不限于充分利用国家及地方提供的税收优惠政策、合理规划业务结构，以确保新业务在税务上的合规性和优化。通过这些措施的实施，企业可以为新业务的长期发展奠定坚实的税务基础。

（三）业务流程再造策略

在企业衰退阶段，业务流程再造不仅是提升企业运营效率的重要手段，也是税务筹划的重要环节。企业可以通过深入分析现有业务流程，将亏损业务或低盈利成员企业进行优化整合，植入高盈利成员企业中。通过这种业务流程的重新组合和优化，企业不仅可以有效抵减纳税所得额、实现税务上的优化，还能更高效地利用资源，提升整体运营效率。

（四）业务拆分策略

针对高税率税种企业的业务，企业可以采取业务拆分策略来降低税务负担。具体而言，就是将高税率税种企业的业务进行精细化拆分，然后将其植入低税率税种企业中。通过这种策略的实施，企业可以在确保合法合规的前提下，有效降低税负水平。这不仅为企业的转型和重生提供了有力的税务支持，还有助于企业更好地适应市场环境的变化，寻求新的业务增长点和发展机遇。

第八章

综合税务筹划的案例分析

——以房地产开发企业为例

第一节　房地产开发企业税务筹划概述

一、房地产开发企业税务筹划的特点

房地产行业作为国家宏观调控的重点领域，其特性十分显著：高风险、高收益，且属于资金密集型行业。地产项目的开发周期长，经营风险大，运作流程复杂，涵盖了开发、建设、销售、招商投标等多个环节。这一系列特性使房地产企业在税务筹划方面面临诸多挑战和机遇。

由于地产项目的复杂性和长期性，各运营环节中的涉税种类繁多，主要包括企业所得税、增值税、房产税、土地增值税、城建税、印花税等。这些税种的多样性和复杂性对项目的成本和最终利润产生直接影响，进而关系到企业的整体发展和竞争力。因此，税务筹划在房地产企业中显得尤为重要。

面对这样的税务环境，房地产企业必须以成本为中心，充分借助税收政策，进行事前的税务筹划及管理。这意味着企业需要在项目启动之初，就对各环节的税务进行细致规划和有效管理，以确保在合法合规的前提下，最大限度地降低税务负担，提高项目的整体经济效益。

为了实现这一目标，房地产企业需要深入分析自身的税务状况，包括税种的分布、税负的水平、税收政策的利用程度等。通过全面分析，企业可以找出自身

的税负和利润平衡点，进而科学、合理地制订低成本、低风险的纳税计划。这样的纳税计划不仅有助于企业降低税务成本，还能提高企业的节税效率，实现所得利润的最大化。

此外，通过有效的税务筹划，房地产企业还可以增大企业的现金流量，为企业的持续发展和综合竞争力的提升提供有力保障。在激烈的市场竞争中，良好的税务筹划能力将成为房地产企业脱颖而出的重要因素之一。

二、房地产开发企业税务筹划的意义

房地产开发企业作为税收密集型行业，其运营过程中涉及的税种繁多且复杂，贯穿于企业运营的全环节，包括土地竞拍、项目开发、销售等。税收在房地产企业的发展中起着举足轻重的作用，它不仅影响着企业的交易成本，还直接关系到企业的盈利水平和市场竞争力。

近年来，税务机关对房地产企业的监管力度不断加强，这使房地产企业必须更加重视税务筹划工作。科学的税务筹划不仅可以帮助企业有效地解决各种税务问题，减轻税务负担、降低经营成本，从而提升自身的竞争力，还有助于企业优化税务结构，提高财务管理水平，并增强纳税人的法律意识。

对于房地产开发企业而言，税务筹划的意义远远超出了简单的减税或延缓交税的范畴。实际上，税务筹划的核心价值在于，它能够为企业的长期高质量发展提供坚实的支撑。科学的税务筹划策略不仅关注当前的税务负担，更注重如何通过合理的税务安排优化企业的财务结构、提高企业的经济效益。

税务筹划的重要性在于其能够帮助企业规避潜在的涉税风险。在复杂的税务环境中，企业面临着多种多样的税务挑战，如税法变动、税务审计等。通过科学的税务筹划，企业可以更加准确地理解和应用税法，确保自身的税务合规性，从而避免不必要的税务纠纷和损失。

此外，税务筹划还有助于企业在复杂的税务环境中实现稳健运营。通过合理的税务安排，企业可以优化资金流动，提高资金利用效率，从而增强企业的财务稳健性。这种稳健性不仅有助于企业应对短期的市场波动，更为企业的长期发展提供了有力的保障。

最重要的是，科学的税务筹划策略能够为企业的长远发展奠定坚实的基础。通过税务筹划，企业可以更好地规划未来的发展方向，制定更加合理的投资策略，从而实现长期的高质量发展。这种发展不仅体现在经济效益的提升上，更体

现在企业综合竞争力的增强上。

因此，房地产开发企业应将税务筹划作为企业管理的重要组成部分，并结合自身的实际情况和宏观环境来制定科学合理的税务筹划策略。这不仅有助于企业降低税务成本、提升经济效益，还可以增强企业的综合竞争力，使企业在激烈的市场竞争中脱颖而出，实现可持续发展。

三、房地产开发企业税务筹划的难点

（一）房地产行业经营的复杂性

房地产行业在经营上展现出显著的人才密集和资金密集的特征。地产项目的投资资金规模庞大，对周边商业业态产生深远影响，因此，进行充分的市场调研显得尤为重要。每一个地产项目的开发和销售，都不可避免地受到国家行业发展政策的影响，政策导向性极为明显。房地产企业的发展与地方房地产主管部门、提供信贷支持的各类金融机构以及上游的各类建材供应商之间存在着紧密的联系。

除此之外，房地产企业的经营活动成效与其内部的公司治理能力、财务管理水平有着千丝万缕的联系。一家企业的公司治理结构是否健全、财务管理是否规范，直接影响到其经营活动的顺利进行和税务筹划的有效实施。此外，房地产经营还会受到经济周期变化的影响，且对经济预期变动具有较高的敏感性。国家地产调控政策，如地方限购政策、购房贷款政策的变更，都会对地产销售带来直接的影响。

房地产经营的高杠杆性和复杂性，无疑提高了财务管理人员实施税务筹划的难度。在这种背景下，税务筹划工作往往难以达到预期的目的，甚至可能因为各种不可控因素而偏离原定的筹划方案。因此，对于房地产企业而言，如何在复杂的经营环境中有效实施税务筹划、降低税务风险、提高经济效益，是一个值得深入探讨的问题。

（二）房地产行业的属地性特点

房地产企业的涉税税种多样，其中包括土地使用税、耕地占用税、土地增值税、房产税以及契税等。这些税种均属于地方税，其税源的征收与当地的经济发展和地方政策紧密相连。中央政府对房地产相关税收政策进行宏观调控，而地方政府则结合自身的经济发展水平和行业发展特点，制定适合本地的房地产相关财税政策。因此，房地产行业呈现出明显的地域性特点。

由于各地方区域在经济结构和发展上存在差异，其地方经济发展的方向也会有所不同。税收作为一种导向工具，其征收标准在不同地区也会有所差异。同时，地方税务机关对国家的财政税收政策的理解也可能存在一定差异。这些因素都会直接影响到房地产企业的税务筹划效果。

然而，这种属地性特点同时也为房地产企业的税务筹划带来了一定的施展空间。企业可以根据不同地区的税收政策，制定更为灵活和有针对性的税务筹划策略，以更好地适应当地的税收环境、降低税务风险，并提高经济效益。因此，对于房地产企业而言，深入了解和把握不同地区的税收政策，对于实施有效的税务筹划具有重要意义。

（三）财税和调控政策变化

随着国家经济结构从过去的快速发展转向高质量的平稳发展，每年全国两会过后，国家都会出台一系列惠及企业的税收政策。这些政策的出台，旨在优化税收环境、减轻企业负担、促进企业的健康发展。然而，对于房地产企业而言，税收政策的变动无疑会给其税务筹划工作带来新的挑战。

同时，每年各省份对房地产的调控政策也会有所不同。这些调控政策旨在控制房价、稳定房地产市场，但也会对房地产企业的经营活动和税务筹划产生直接影响。税收政策和房地产调控政策的每年变动，都会对房地产公司的税务筹划过程和结果产生影响。

因此，要做好房地产公司的税务筹划工作，必须时刻关注政策的变动。了解政策落地的条件、积极与税务局沟通政策实施的要素，是做好房地产企业税务筹划工作的关键。税务筹划人员需要熟悉政策、吃透政策、用好政策，这样才能确保税务筹划工作的有效性和合规性。任何一个环节的缺失，都可能导致税务筹划工作的失败，甚至可能给企业带来不必要的税务风险。

第二节　房地产开发企业税务筹划的思路

一、房地产开发企业税务筹划现状

在当今房地产行业的快速发展中，税务筹划已成为企业管理的核心环节。随着市场竞争的加剧和税收政策的不断调整，房地产企业越来越意识到税务筹划的重要性。税务筹划不仅关乎企业的经济利益，更直接影响到企业的竞争力和可持续发展。房地产企业税务筹划的现状体现在以下几个方面。

（一）规模不同的房地产企业在税务筹划方面有明显差异

从税务筹划的意识和能力方面进行深入探讨，我们可以发现，不同规模的房地产企业在税务筹划方面确实表现出明显的差异。

大型房地产企业，由于其规模庞大、资金实力雄厚，通常具备较为成熟的税务筹划体系。这些企业往往拥有一支专业的税务筹划团队，能够准确把握税法的最新动态，有效利用税法规定的空间，进行合理的税务规划。他们注重税务筹划的长期性和战略性，通过税务筹划来优化企业的资本结构，降低税务负担、提高企业的经济效益。

相比之下，中小型房地产企业在税务筹划方面往往存在知识和资源的不足。这些企业可能缺乏专业的税务筹划人员，对税法的理解和应用相对有限，难以进行有效的税务筹划。同时，由于资金实力的限制，他们可能无法投入足够的资源来进行税务筹划的研究和实施。因此，中小型房地产企业在税务筹划方面往往处于相对被动的地位。

（二）短期利益与长期税务风险管理的失衡

在探讨税务筹划的方法和策略时，我们发现当前房地产企业主要侧重于遵循税法规定，并通过财务和业务的合理安排来有效降低税负。这确实是一个积极且必要的做法，包括选择合适的企业结构以优化税务负担、充分利用税收优惠政策以降低税负，以及合理安排资金流向以确保税务合规等。

然而，值得注意的是，一些企业在税务筹划过程中可能过于注重短期利益，而忽视了长期的税务风险管理。这种短视行为可能导致企业在未来面临税务合规问题、税务争议甚至税务处罚时，对企业的声誉和经济效益造成不良影响。

税务筹划不应仅仅局限于短期的税负下降，而应更加注重长期的税务风险管理。这要求企业在税务筹划时，不仅要考虑当前的税法规定和税收优惠政策，还要预测未来的税收政策变化，并制定相应的风险管理策略。通过建立健全的税务风险管理体系，企业可以更好地应对税务风险，确保税务筹划的长期效益。

因此，房地产企业在制定税务筹划策略时，应寻求短期利益与长期税务风险管理之间的平衡。这要求企业具备前瞻性的思维，将税务筹划纳入企业的长期发展战略，以确保企业在税务方面实现可持续的健康发展。

（三）税务环境变化使房地产企业面临新挑战

随着税法的不断完善和税务监管的日益加强，房地产企业正面临着更为复杂多变的税务环境。这一变化对企业的税务筹划工作提出了新的挑战，要求企业必须具备更高的适应性和灵活性。

具体来说，增值税、企业所得税等税种的变化直接影响到企业的税负水平。这些变化包括税率的调整、税收优惠政策的取消或新增、税前扣除项目的限制等。这些都可能对企业的税务筹划产生深远影响。为了应对这些变化，企业需要不断调整和优化税务筹划策略，以确保在合法合规的前提下，最大限度地降低税负、提高企业的经济效益。

同时，税务监管的加强也给企业带来了更大的压力。税务部门对企业的税务合规性要求越来越高，税务稽查的风险也在不断提高。这就要求企业在税务筹划过程中，必须更加注重合规性，确保所有税务筹划活动都在法律允许的范围内进行，避免因税务违规行为而引发不必要的法律风险和经济损失。

（四）对税收优惠政策利用不足

在房地产企业的税务筹划过程中，对税收优惠政策利用不足是一个普遍存在的问题。尽管国家为了促进经济发展和产业结构调整，推出了一系列针对房地产行业的税收优惠政策，但由于多种原因，这些政策并未被房地产企业充分利用，从而错失了降低税负、提升竞争力的机会。究其原因，主要有以下几点：

1. 政策解读的复杂性

税收优惠政策作为政府调控经济、促进产业发展的重要手段，对于房地产企业而言，本应是降低税负、提升竞争力的有效途径。然而，这些政策往往涉及多个法规和条款，具体规定繁杂，解读难度较大，给房地产企业的税务筹划工作带来了不小的挑战。

首先，税收优惠政策的具体要求和适用范围往往涉及多个层面的法规和条款，这些规定不仅数量众多，而且内容繁杂，相互之间的关联性和逻辑性也较强。这就要求税务筹划人员必须具备较高的专业素质和综合能力，才能准确理解和把握政策的精神和实质。然而，由于房地产企业自身税务筹划人员的专业素质限制，他们可能难以全面、深入地掌握这些政策，导致在实际操作中难以全面享受相关优惠。

其次，部分税收优惠政策缺乏明确性和透明度，这也给企业的实际操作带来了困难。一些政策在制定时可能过于笼统或模糊，没有明确具体的执行标准和操作流程，使企业在执行过程中难以把握尺度，容易出现偏差或误解。同时，由于政策缺乏透明度，企业可能无法及时获取到最新的政策信息，导致其无法及时调整税务筹划策略，错失享受优惠的时机。

2. 实施的局限性

尽管税收优惠政策为房地产企业提供了降低税负、提升竞争力的机会，但在实际操作中，企业面临着诸多实施上的局限性，导致这些政策并未被充分利用。

（1）信息不对称：税务部门和企业之间在信息传递上存在明显的不对称。税务部门可能未能及时、全面地宣传、解读政策，导致企业无法及时获取到最新的优惠信息。这种信息不对称不仅使企业错失了享受优惠的时机，还提高了企业的税务风险。

（2）操作难度大：部分税收优惠政策在执行过程中操作难度较大，这主要体现在企业需要满足特定的条件或提供烦琐的证明材料上。这种复杂的操作流程不仅增加了企业的遵从成本，还削弱了企业享受优惠的积极性。例如，某些优惠政策可能要求企业提供详细的财务报表、业务合同等，这对于一些中小型房地产企业来说可能是一个不小的负担。

（3）限制条件多：许多税收优惠政策都设有一定的限制条件，如企业规模、行业类型、地域范围等。这些限制条件使部分房地产企业无法享受到相关优惠，或者只能享受到有限的优惠。例如，一些针对大型房地产企业的优惠政策可能并不适用于中小型房地产企业；一些针对特定地区的优惠政策可能并不适用于其他地区的企业。这种限制条件的多样性和复杂性使企业在享受优惠政策时面临诸多困难。

3. 企业自身的局限性

除了政策解读的复杂性和实施的局限性外，房地产企业自身也存在一些局限性，这些局限性在一定程度上影响了企业对税收优惠政策的充分利用。

（1）税务筹划意识不足：部分房地产企业可能过于关注短期的经济利益，而忽视了税务筹划的重要性。这种短视行为导致企业对税收优惠政策的关注不够，没有充分认识到税务筹划在降低税负、提升竞争力方面的积极作用。因此，这些企业可能错过了利用税收优惠政策来优化税务结构、降低税务成本的机会。

（2）资源投入不足：税务筹划是一项需要专业人才和资源投入的工作。然而，一些中小型房地产企业可能由于资金或人才方面的限制，无法充分开展税务筹划工作。这些企业可能缺乏专业的税务筹划人员，或者无法投入足够的资金来进行税务筹划的咨询和培训。因此，这些企业在面对复杂的税收优惠政策时，可能无法准确地理解和把握政策的要求和适用范围，从而无法有效地利用这些政策来降低税负。

（五）对于税收风险的认识和管理有待加强

房地产企业在税务筹划过程中，对于税收风险的认识和管理方面还有待进一步加强。由于税收法律法规的复杂性和税务实务的不确定性，企业在进行税务筹划时往往会面临多种潜在的税收风险，这些风险可能源自税法变动的频繁性、税务筹划的合规性要求，以及税务部门对企业的严格监管等。

在当前税务环境下，房地产企业在追求税务筹划效益的同时，必须高度重视税收风险管理。如何在确保税务筹划合规性的前提下，合理规避潜在的税务风险，成为企业税务筹划工作中的关键一环。这不仅要求企业具备敏锐的税务风险意识，还需要建立完善的税收风险管理体系，通过科学的方法和策略来识别和评估税务风险，并制定相应的应对措施。

从房地产企业的税务筹划现状来看，虽然企业在筹划意识、方法策略、应对税务环境变化以及利用税收优惠政策等方面取得了一定的成就，但也存在着不少问题和挑战。特别是在税收风险管理方面，一些企业可能由于资源投入不足、专业人才缺乏或管理体系不完善等原因，导致对税收风险的认识和管理存在薄弱环节。

因此，对于房地产企业而言，加强税收风险管理是提升税务筹划水平、实现可持续发展的必然要求。企业需要不断完善税收风险管理体系，提高税务筹划人员的专业素质和能力，加强与税务部门的沟通和协作，以确保在合规的前提下实现税务筹划的最大效益。同时，企业还应积极关注税法变动和政策调整，及时调整税务筹划策略，以应对不断变化的税务环境。

二、房地产开发企业税务筹划的思路

（一）准备阶段的税务筹划

在房地产开发项目的准备阶段，税务筹划是至关重要的一环。这一阶段的工作不仅影响着后续开发的顺利进行，还直接关系到企业的税务成本和经济效益。以下是对准备阶段税务筹划的详细思路：

1. 规划开发形式与融资方式

（1）开发形式的规划：在拿地前，企业必须提前规划好后续的开发形式。

这是因为一旦土地主体确定，后续若发生变更，可能会导致纳税义务提前，进而增加税务成本。因此，企业需要在拿地前就对开发形式进行充分的考虑和规划，以确保后续开发的顺利进行，并降低税务风险。

（2）融资方式的选择：融资方式是筹建阶段需要重点考虑的事项。企业应充分了解债权融资和权益融资的区别，并根据自身的经营情况和财务状况选择最优的融资方案。债权融资使用期限相对较短，但利息在取得有效银行凭证的基础上可以据实扣除，这有助于降低企业的税务负担。而权益融资则无需偿还本金，但筹资成本较高，企业需要权衡利弊后做出选择。在选择融资方式时，企业还需要考虑税务筹划的因素，以确保融资方案与税务筹划目标的一致性。

2. 了解税种规定与预测纳税情况

（1）从项目立项开始，房地产开发企业就需要对可能涉及的税种进行全面了解。由于房地产开发项目的复杂性和长期性，涉及的税种众多，但其中几个关键税种尤其需要重点关注，尤其是土地增值税、企业所得税、增值税。

土地增值税是房地产开发企业面临的重要税种之一，其计算方式复杂，且税负较重。企业需要了解土地增值税的计税依据、扣除项目、税率以及免征或减征的条件等，以便在项目开发过程中合理规划、降低税负。企业所得税是企业在经营过程中所得利润的税收。房地产开发企业需要了解企业所得税的计算方法、税前扣除项目、优惠政策等，以便在利润核算和税务申报时准确计算应纳税额。随着"营改增"政策的全面实施，增值税已成为房地产开发企业不可忽视的税种。企业需要了解增值税的征税范围、税率、进项税额抵扣政策等，以便在采购、施工等环节合理获取进项税发票，降低增值税税负。

（2）在了解税种规定的基础上，房地产开发企业还需要对各税种的缴纳方式及纳税时间进行预测。这有助于企业提前做好资金安排，确保按时足额缴纳税款，避免因税务问题影响项目的正常进行。首先，不同的税种有不同的缴纳方式，如预缴、汇算清缴等。企业需要了解各税种的缴纳方式，以便在项目开发过程中合理安排资金，确保按时缴纳税款。其次，各税种的纳税时间也有明确规定，企业需要根据项目开发的实际情况，结合税种规定，预测各税种的纳税时间，以便提前做好税务筹划和资金安排。

通过了解税种规定与预测纳税情况，房地产开发企业可以更加精准地进行税务筹划、降低税务成本、提高经济效益；同时，也有助于企业规避税务风险，确保项目的顺利进行。因此，在项目开发初期，企业应高度重视这一环节的工作。

3. 配置项目方案与税收测算

在房地产开发项目中，配置项目方案与进行税收测算是税务筹划中至关重要的一环。这不仅关乎项目的整体经济效益，还直接影响到企业的税务成本和税负水平。

（1）配置项目方案：首先，根据项目实际情况和各类调研结论，企业应提早考虑商业地产、住宅项目、车库、公共配套等多种物业类型的配置方案。这种多元化配置有助于平衡项目风险，提高项目的综合竞争力。其次，在配置项目方案时，企业应充分考虑税负和利润间的关系。通过合理的物业类型搭配和面积规划，企业可以优化项目的成本结构，降低整体税负，同时确保项目利润的最大化。

（2）税收测算：首先，在项目设计前期，企业需要对项目所在区域地段进行充分的市场分析，了解市场需求、竞争态势和价格水平。这有助于企业确定产品定位，对价格做出合理的区间预测。其次，基于市场分析的结果，企业需要进一步进行成本预测，包括土地成本、建设成本、融资成本等各项费用的估算，准确的成本预测是税收测算的基础。最后，在成本预测的基础上，企业需要进行详细的税收测算，包括各税种（尤其是土地增值税）的应纳税额计算、税收优惠政策的利用以及税务风险的评估等。特别地，企业需要关注土地增值税的临界点，以避免因增值额过高而导致税负加重。

4. 收并购项目与拿地前期的税务筹划

在房地产开发领域，收并购项目和拿地前期的税务筹划对于企业的长期发展和税务成本控制至关重要。

（1）收并购项目环节的税务筹划：在运作收并购项目时，首要任务是深入调研被并购企业的资产组成情况，包括了解企业的财务状况、土地储备、在建项目、已售项目等关键信息。通过详尽的尽职调查，企业可以准确评估被并购企业的经济价值，然后根据自身的经营状况和被并购企业的实际情况，选择恰当的并购方式。例如，股权支付模式在某些情况下可以有效减少公司的税基，通过股权支付，企业可以延迟现金支付，降低即期税负，同时实现对被并购企业的控制；当然，股权支付也可能带来其他税务风险，如股权稀释、控制权变动等，因此企业需要在权衡利弊后做出决策。收并购完成后，企业需着力落实整合与重组工作，包括财务整合、业务整合、人力资源整合等多个方面。在税务筹划方面，企业需关注并购后的税务架构调整，确保税务处理的合规性和高效性。通过合理的税务规划，企业可以进一步降低税负、提高并购项目的整体收益。

（2）拿地环节的税务筹划：在拿地环节，企业需充分考量项目实际情况，包括产品类型、户型面积、地理位置等因素。这些因素将直接影响项目的开发成本、销售价格和税负水平。因此，企业需在拿地前进行充分的市场调研和成本测算，为后续的税务筹划提供有力支持。在拿地过程中，企业需密切关注税务风险，确保拿地行为的合规性，包括遵守土地出让金缴纳规定、合理规划土地使用年限、及时办理土地证等相关手续。同时，企业还需关注地方政府的税收政策变化，及时调整税务筹划方案，以规避潜在的税务风险。在拿地过程中，企业需积极维护自身合法权益，确保合同条款的公平性和合法性，包括明确土地用途、规划指标、开发期限等关键条款，确保企业在项目开发过程中享有充分的自主权。同时，企业还需关注土地纠纷和诉讼风险，及时采取法律措施维护自身权益。

（二）开发阶段的税务筹划

为降低房地产企业的经营成本，并获取最大的利润，企业应该在严格执行相关税法规定和会计制度的基础之上，选择最适当的成本核算方式，以保障有足够的周转资金。为了降低土地的增值税税率，此阶段接近临界点的土地增值税可通过优化建筑配套设施来增加成本。[①]

1. 重视筹资事项

在房地产行业，需要大量资金来运转。因此，重视筹资事项对于任何一家房地产企业而言，都是确保其稳健运营与持续发展的关键所在。筹资活动不仅关乎企业的生存与发展，更是衡量其财务管理水平的重要指标。

房地产公司的运营需要源源不断的资金注入，以维持其生命力。在这一过程中，筹资成本作为衡量资金获取代价的重要参数，涵盖了利息支付、费用摊销、折价处理及可能产生的其他财务支出。企业须精心规划，以最小的成本筹集到足够的资金，支持其项目的顺利进行。

筹资方式的多样性为房地产公司提供了丰富的选择空间，从内部资金的有效利用，到银行借贷的稳健支持，再到发行股票的资本扩张，每一种方式都有其独特的优势与局限。其中，债务融资与权益融资作为两大主流方式，尤为引人关注。债务融资以其相对较低的筹资成本著称，利息支出还能享受税收抵扣的优惠，但随之而来的是企业资本结构的调整压力与财务风险的增大。相比之下，权

益融资虽无须偿还本金，但分红压力与较高的筹资成本也不容忽视。

此外，一种创新的筹资模式——融资租赁，正逐渐在房地产领域展现出其独特的魅力。它不仅能够拓宽企业的融资渠道，还能通过促进房产销售、优化资产配置来降低运营风险，有效缓解企业的资金周转压力。融资租赁的灵活性与适应性，使其成为众多房地产企业探索新融资渠道的重要选项。

在开发阶段，筹资方式的选择每一步都须深思熟虑。不同的筹资方式将直接影响到企业的税收负担与财务结构，进而影响到整体的经营效益。因此，企业应从实际出发，综合考量自身的财务状况、项目需求、市场环境等因素，制定出科学合理的筹资策略。只有这样，才能确保资金利用效率的最大化，为企业的长期发展奠定坚实的基础。

2. 关注利息费用扣除方法

在我国复杂的税务体系中，合理规划与利用利息费用的扣除方法对于企业的财务管理至关重要。根据我国现行税法的规定，无形资产与固定资产在折旧或摊销过程中产生的全部相关成本，均被视为可抵扣的费用项目，这一政策旨在鼓励企业投资与创新。同样地，企业在正常生产经营活动中，从金融机构获取的贷款所支付的利息，也被明确列为税前可扣除的费用，这进一步减轻了企业的税收负担。

然而，对于向非金融企业借款的利息支出，税法采取了更为审慎的态度。这类利息支出需以金融企业同期同类贷款利率为基准进行衡量，仅当实际支付的利息未超过该标准时，方准予税前扣除，超出部分则需由企业自行承担，不得在税前进行扣除。这一规定旨在防止企业为了逃避税收而通过非正规渠道进行利息转移。

在土地增值税的征收上，利息支出的处理更为严格。若企业无法提供金融机构贷款的有效证明，其利息支出将面临严格的限额控制，部分利息可能无法作为扣除项目，从而会进一步增加企业的税收成本。此外，对于超过贷款合同规定期限的利息支出，在计算土地增值税时同样不予扣除，这要求企业在贷款使用与利息支付上必须严格遵守合同条款。

在集团内部资金借贷的场景中，为了避免过高的利息支出与收入带来的税务风险与不利影响，企业应积极考虑采用同期金融机构同类贷款利率作为内部借贷的利率基准。这种安排不仅有助于实现利息费用的合理控制，还能通过税务筹划提升企业的整体财务效益。

此外，企业还需严格遵循独立交易原则，在利息费用的结算与扣除上保持高度的透明度与合规性。这要求企业在与关联方或非关联方进行资金借贷时，必须按照市场公允价格进行交易，确保利息费用的真实性与合理性。通过这一系列措施的实施，企业可以在降低税负压力的同时，实现利息费用结算与利用的最大化。

3. 注意建筑合同金额变更

在《中华人民共和国企业所得税法》及其相关规定的框架下，企业需特别关注与关联方业务往来中的合同金额变动问题。该法律明确指出，若企业与关联方之间的交易未能遵循独立交易原则，导致企业或其关联方应纳税收入或所得额减少，税务机关有权依据合理方法进行调整。因此，企业应当建立健全的建筑合同审核机制，及时发现并纠正合同金额中的不合理之处，同时确保按照税务机关的要求准备齐全、规范的证明文件，以规避潜在的税务风险。

在选择承建项目的建筑公司时，企业应当综合考量多方面因素。除了建筑公司的信誉、价格竞争力等传统考量维度外，更应重视其财务核算的规范性、税务合规记录以及是否具备一般纳税人身份。这些要素直接关系到合作过程中的税务处理、发票开具及抵扣等关键环节，对于降低企业整体税负具有重要意义。

建筑合同中常见的合作方式包括"清包工、甲供材"和包工包料两种。每种方式在税务处理上均有其特点。以增值税为例，建筑安装的增值税率为9%。当企业选择包工包料的合作方式时，虽然进项税可抵扣税率为9%，但若主要材料由房地产公司自行采购，则可能享受到更高的进项税抵扣税率（通常为13%）。这种情况下，虽然建筑成本可能有所降低，但企业所得税与土地增值税的税负却可能相应增加。因此，企业在进行合同选择时，需进行全面的税负测算与评估，综合考虑各种因素，以制定出税负最低、效益最优的合作方案。

（三）销售阶段的税务筹划

房地产企业在销售环节所涉及的税种比较多，涵盖了土地增值税、增值税、企业所得税等，这个阶段的税务筹划工作极为重要。

1. 销售价格的制定

在房地产销售阶段，销售价格的制定是一项至关重要的决策，它不仅关乎企业的直接收益，还深刻影响着市场需求、库存水平以及税务负担。因此，房地产公司在制定销售价格时，必须采取全面而精细的考量方法，以实现销售利润与税负之间的最佳平衡。

房地产公司应充分认识到，销售价格并非越高越好。过高的定价可能会超出大部分潜在买家的购买力范围，导致市场需求萎缩、房屋库存积压，进而影响企业的资金周转和盈利能力。因此，在制定销售价格时，公司必须深入分析目标市场的购买力和消费习惯，确保定价策略既能吸引目标客户群体，又能实现销售量的稳步增长。

为了更有效地控制税负并实现销售利润的最大化，房地产公司可以采用临界点定价模式。这种模式基于土地增值税特有的四级超率累进税率制度，通过精确计算增值率并设定合理的销售价格区间，使项目能够处于免税或低税率的临界点附近。具体而言，公司可以依托超率临界点和免税临界点，通过调整销售价格和交房时间等策略，来降低土地增值税的税负。例如，对于增值率不超过20%的普通标准住宅，税法规定免缴土地增值税，因此公司可以将销售价格设定在这一区间内，以享受税收优惠。

为了确保定价策略的科学性和有效性，房地产公司需要进行精细的税负测算，包括对不同销售定价下土地增值税负担的预测和比较，以及考虑价格变动对销售利润和税负的综合影响。通过事先的测算和分析，公司可以更加清晰地了解不同定价策略下的财务效果，从而制定出更加合理的定价方案。同时，公司还应根据市场反馈和实际情况对定价策略进行动态调整，以确保其始终符合企业的战略目标和市场环境的变化。

综上所述，房地产公司在制定销售价格时，必须综合考虑税务筹划与市场需求两大因素。一方面，公司需要利用税务筹划手段来降低税负成本、提高盈利能力；另一方面，公司也必须关注市场需求和消费者心理，确保定价策略能够吸引目标客户群体并促进销售量的增长。通过这两个方面的平衡和协调，房地产公司可以制定出既符合税务筹划要求又满足市场需求的销售价格策略，从而实现企业的可持续发展和长期利益最大化。

2. 选择合适的销售途径

在房地产行业中，选择合适的销售途径对于企业的税务筹划和成本控制具有重要影响。当房地产企业决定设立专门的销售公司来管理销售业务时，这一决策不仅有助于提升销售效率，还能在税务和成本方面带来显著的优化效果。

（1）代销与转销的比较与选择：销售公司通常采取代销或转销两种方式来管理销售收入。代销模式下，销售公司仅作为中介，帮助房地产企业寻找买家并促成交易，而不直接拥有房屋产权。转销模式则涉及销售公司先购买房屋，再将其转售给最终买家。对于房地产企业而言，代销模式具有风险低、资金回笼快的特点，而转销模式则可能涉及更复杂的税务处理和更高的资金占用成本。

（2）设立销售公司的税务优势：若房地产企业选择设立专门的销售公司，并通过该公司进行代销业务，其支付给销售公司的代理销售费不仅可以作为成本费用在税前扣除，降低企业所得税负担，还可以作为抵扣企业土地增值税的依据。这一税务优势在于，通过合理的费用分摊和利润转移，房地产企业可以有效地降低整体税负。

（3）严格管理销售收入以降低成本：设立专门的销售公司还有助于房地产企业更严格地管理销售收入。销售公司可以独立核算销售业绩，明确销售费用的支出和收入情况，从而避免了销售费用与房地产企业其他成本费用混淆不清的问题。这种清晰的财务管理有助于企业更准确地掌握销售利润情况，为税务筹划和成本控制提供有力支持。

3. 合理分解销售收入

在房地产销售过程中，合理分解销售收入是一种有效的税务筹划手段，旨在通过优化销售合同的签订方式和时间，推迟税金缴纳、降低税负，并缓解在建项目的资金压力。

（1）推迟税金缴纳时间：在取得预售许可证后，房地产企业虽需预缴部分增值税，但可通过与购房者协商，暂缓签署正式的商品房销售合同，转而采用缴付意向金的方式。由于意向金不被视为预收款，因此可以推迟正式销售收入的确认和相应税金的缴纳时间。这种做法有助于企业利用资金的时间价值，缓解在建项目的资金压力，提高资金使用效率。

（2）精装房销售收入的分解：对于精装房这一受市场追捧的产品，其装修费用在税前可抵扣成本，为税务筹划提供了空间。企业可以将精装房的销售价格进行分解，设计两种合同签订方案：一是将装修价格统一包含在销售合同中；二是将毛坯房和装修分别作为两份合同签署。这两种方案在销售收入和土地增值税方面会产生显著差异。

通过分开签署合同，企业可以将原本可能并入土地增值税计税基数的装修费用剥离出来，以此降低应税收入。同时，企业还可以考虑将装修项目转让给承包装修商或成立专门的装修公司来实施。这样，装修费用就不再是房地产开发项目的直接成本，而成为装修公司的经营收入，进一步降低了房地产企业的土地增值税负担。

（3）税务筹划与合规性：需要注意的是，在采用上述税务筹划策略时，企业必须确保所有操作均符合税法规定，避免产生税务风险。企业应密切关注税收政策的变化，及时调整税务筹划方案；同时，加强与税务机关的沟通，确保税务处理的合规性和准确性。

通过合理分解销售收入，房地产企业不仅可以推迟税金缴纳时间，缓解资金压力，还可以有效降低土地增值税负担，提高项目盈利能力。此外，这种策略还有助于提升企业的市场竞争力，吸引更多的购房者。因此，在合法合规的前提下，合理分解销售收入是房地产企业值得考虑的税务筹划手段之一。

4. 土地增值税预征率的确定

土地增值税预征率是指房地产开发企业在项目预售阶段，根据预售收入预先缴纳的土地增值税比例。这一比例通常由当地税务部门根据税法规定及房地产市场情况确定，并可能因地区、项目类型等因素而异。

（1）争取较低的预征率：首先，由于多地实行土增税预征率"一盘一策"，即每个项目可能根据其具体情况确定不同的预征率，因此，在申请时与当地税务部门进行充分沟通至关重要。企业可以详细介绍项目的特殊性、市场前景、成本投入等因素，争取税务部门的理解和支持，从而争取到较低的预征率。其次，通过科学规划项目，如优化项目规划、提升产品品质、加强市场推广等，提高项目的市场认可度和盈利能力，也有助于在申请较低预征率时获得税务部门的认可。最后，房地产开发企业还要多关注并研究当地政府出台的相关税收优惠政策，如针对特定类型项目或满足一定条件的企业的税收减免或优惠措施，争取在政策范围内享受更低的预征率。

（2）关注销售比例的节点安排：根据税法规定，已竣工验收的房地产开发项目，在已转让的房地产建筑面积占整个项目可售面积的比例达到85%以上时，主管税务机关可要求纳税人进行土地增值税的清算。因此，在制订销售计划时，企业应密切关注销售比例的节点安排，确保在达到清算条件前合理安排销售节奏和价格策略，以降低税务风险、实现利润的最大化。

（四）持有阶段的税务筹划

1. 持有房产的处理方式

在房地产的持有阶段，进行合理的税务筹划对于提升企业经济效益具有至关重要的作用。其中，房产的处理方式作为筹划的核心环节，更是需要企业给予高度的关注和精细化的管理。

（1）积压房产库存的处理策略：租赁作为房地产公司处理积压房产库存的传统且行之有效的方法，其优势在于不仅能够有效缓解企业的库存压力，还能为企业带来稳定的现金流，从而显著减轻资金周转的负担。根据我国税法的相关规定，企业通过房屋出租所获得的收入需要依法缴纳企业所得税、营业税以及房产税等各项税费。然而，如果将房产转变为经营投资用途，企业则仅需缴纳企业所得税，从而可以有效降低税负。因此，企业可以积极考虑将原本的"出租"处理方式转变为"经营投资"，以此来降低税负，并实现房屋出租收益的最大化。

（2）商业房产的灵活处理方式：对于企业所持有的商业房产部分，同样存在两种主要的处理方式：出租和自营。这两种方式在税务处理上存在显著的差异。如果选择出租方式，企业需要按照每年所收取的租金来缴纳房产税，并同时计缴增值税；而若选择自营方式，企业则需按照房产的原值来计算并缴纳房产税和企业所得税等，但在此情况下，企业无须缴纳增值税。因此，企业在决定商业房产的处理方式时，应全面综合考虑税收因素、市场状况以及自身的经营策略，通过精细化的分析和比较，以做出最为经济合理的选择，从而实现企业经济效益的最大化。

2. 分解租金收入的税务筹划

在房地产持有阶段，当公司进行房产出租时，所收取的费用往往是一个综合性的收入，其中包含了租金、经营管理费和物业费等多个部分。然而，从税务的角度来看，房产税是仅针对房屋的租金进行计税的。因此，为了进行合理的税务筹划，公司需要对此阶段的收入进行细致的区分和处理。

具体来说，公司应当明确区分租金收入与其他费用收入，如经营管理费和物业费等。这样做的目的是避免这些非租金费用被错误地纳入房产税进行计税征收，从而增加不必要的税负。为了实现这一目标，公司可以在与租户签订租赁合同时，就明确各项费用的具体内容和金额，并在账务处理上对这些费用进行单独的核算和管理。

通过这样的税务筹划策略，公司可以有效地降低房产税的负担、提高整体的经济效益。同时，这也要求公司在日常的财务管理和税务筹划工作中，保持高度的精细化和规范化，以确保税务筹划策略的有效实施。

3. 固定资产折旧的税务筹划

房地产企业的固定资产通常采用直线法计提折旧。这种方法的特点在于，折旧费用在各期是均匀扣除的，因此对企业利润的影响也是均衡的。在进行固定资产的税务筹划时，公司可以将净残值作为切入点进行考虑。

净残值是指固定资产在使用期满后的残余价值，减去应支付的固定资产清理费用后所得的那部分价值。根据税法的规定，公司可以根据固定资产的性质和使用消耗方式，来合理确定预计的净残值。一般来说，这个预计净残值通常为固定资产原值的 3% ~ 5%；并且，一经确定，这个预计净残值在后续期间是不得变更的。

因此，在进行税务筹划时，公司需要谨慎考虑并合理确定固定资产的预计净残值。这不仅有助于更准确地反映固定资产的真实价值和使用状况，还能在一定程度上影响公司的折旧费用和利润水平。通过合理的税务筹划，公司可以在遵守税法的前提下，最大限度地利用固定资产折旧政策，从而优化公司的税务负担和整体经济效益。

第三节　房地产开发企业税务筹划的风险与对策

一、房地产开发企业税务筹划面临的风险

（一）信息差导致的筹划风险

房地产税务筹划工作通常是在房地产开发经营之前进行的，因此，它面临着信息差的风险。这种风险主要体现在，税务筹划策略可能在制定时是基于当时的税收政策和市场环境，但到了实际执行时，由于税收政策的变化或市场环境的变动，原本的策略可能已经不再适用或效果不佳。这是企业税务筹划本身所固有的潜在风险，因为税务筹划是根据现行的税收政策来制定策略的，而且必须在税收行为发生之前就已经完成。然而，税收政策是不断在变化和完善的，经常出现今年制定的税收条款与去年有所不同的情况。当遇到这类情况时，税务筹划的效果就会大打折扣，不仅无法实现预定的经济效益，还可能在一定程度上潜藏违反税法遵从的风险。不过，如果合同的签订日期在税收政策变化的当年，那么企业就可以按照当年的税收政策来执行纳税义务，从而在一定程度上降低这种信息差风险。

（二）筹划依据的不确定性风险

税务筹划的核心在于对税务法规的合理运用，但税务法规本身却存在一定的模糊性和不确定性。这种不确定性在实践中尤为明显，常常会遇到税务依据不明确、税务规则不透明等情况，给税务筹划带来极大的挑战。由于这种不确定性，税务筹划过程中容易出现误判、漏洞等问题，进而影响筹划效果。

除了税收法律法规本身的不确定性，税法条款的变革也是税务筹划面临的另一个重要风险因素。税法上的任何变化都可能对企业的生产经营和利润分配产生重大影响。如果企业不能及时、有效地应对这些变化，就可能导致损失扩大，甚至面临被追究责任的风险。因此，在进行税务筹划时，企业必须密切关注税法变动，以便及时调整筹划策略、降低风险。

（三）国际合作带来的税务风险

近年来，我国积极参与全球税收透明化行动，并不断推进与其他国家和地区的信息交换机制。在这一背景下，房地产开发企业需要面对更加复杂多变的税收规则，如国际税收套利、双重非课税收入等棘手问题。这些问题不仅加大了企业税务筹划的难度，也对企业的税务合规能力提出了更高的要求。

同时，国际税收透明化的推进也加大了跨国税务调查的力度。房地产开发企业在跨国经营过程中，需要更加注意保护自身的资料安全，防止因信息泄露而引发的税务风险。同时，企业还需要不断提升自身的税务合规能力，确保在复杂的国际税收环境中能够稳健运营，避免因税务问题而引发的法律纠纷和经济损失。

二、房地产开发企业税务筹划风险应对措施

（一）强化市场研判与政策分析机制

为了有效降低税务筹划风险，房地产开发企业必须着力强化市场研判与政策分析机制。这要求企业不仅要密切关注行业动态和市场环境的变化趋势，还要深入分析和研究相关税收政策的变化及其对企业可能产生的影响。通过加强市场研究和信息分析工作，企业能够更准确地把握市场脉搏，及时了解外部环境的变化，从而根据市场变化和政策调整情况，灵活调整税务策略。

这种强化机制的实施，有助于企业确保税务筹划策略与当前市场环境和政策要求保持高度一致，避免因信息差或政策变动而导致的税务风险。同时，通过深入分析和研究税收政策，企业还能更好地利用税收优惠政策，合理规避税收风险，从而实现税务筹划的效益最大化。

（二）加强财务内部控制

严格遵守税务政策是房地产开发企业降低税务筹划风险的重要手段。为了实现这一目标，企业需要建立健全的财务内部控制制度，完善财务账务记录，并严格按照税法条款进行纳税申报，以确保税务合规。具体措施包括：

1. 制定风险评估方案

在制定企业税务筹划策略的过程中，一个不可或缺的关键环节是构建一套系统化且严谨的风险评估方案。此方案需根植于企业内部的税务管理体系，旨在通过周期性地对税务筹划活动的全面审视与评估，来有效识别并量化潜在的税务风险。这一机制的建立，不仅是对税务筹划实践的一种前瞻性布局，也是遵循当前税务管理领域学术专著所强调的风险防控理念的具体体现。该风险评估机制应涵盖税务筹划活动的全链条，从策略规划到实施执行，再到后续的监控与调整，每一环节均需纳入评估范围。其风险识别的广度与深度，应能精确捕捉到诸如税法政策变动带来的合规性风险、市场环境变化引发的经济效益风险，以及因内部操作不当或执行不力所导致的操作执行风险等多元风险点。这些风险点的识别，需基于详尽的数据分析、法规解读及市场趋势预测，确保评估结果的准确性和可靠性。

针对通过上述机制识别出的各类风险点，企业需进一步制定详实且可行的风险应对措施，包括但不限于：明确风险应对的责任主体，确保每一项风险都有专门的负责人进行跟进与管理；设定清晰的时间节点，以时间轴为线索规划风险应对的各个阶段，确保应对措施的及时性与有效性；同时，还需细化具体的行动方案，包括风险规避、减轻、转移或接受等策略，以及相应的资源配置与应急预案，从而最大限度地降低风险对企业税务筹划活动乃至整体经营的不利影响。

2. 开展内外部培训

为了系统性地增强和提高企业员工的税务认知与业务能力，开展定期且有针对性的内部税务培训显得尤为重要。这一举措不仅响应了税务筹划领域学术研究中关于人力资源优化的建议，也是构建企业税务风险管理文化的基石。

内部税务培训的内容设计应全面而深入。首先，需覆盖税法的基本框架与最新修订，确保员工能够及时掌握法律法规的最新动态，避免因信息滞后导致的合规风险。其次，培训应深入浅出地讲解税务筹划的基本原理，包括税务筹划的策略选择、税收优惠政策的有效利用等，旨在提升员工在实际工作中运用税务筹划技巧的能力。此外，税务风险的识别与应对策略也是培训不可或缺的一部分，通过案例分析、模拟演练等方式，提高员工的风险敏感性和应对能力，确保在复杂多变的税务环境中能够做出正确判断。

除了内部培训，企业还应积极鼓励并支持员工参与外部的高质量税务培训课程、研讨会或专业认证考试。这不仅能够帮助员工开阔视野，吸收行业内外先进的税务管理理念与实践经验，还能够作为其个人职业发展的有力支撑，进而促进企业整体税务管理水平的提升。通过内外部培训的结合，构建一个学习型组织，持续推动企业税务筹划工作的专业化、精细化发展。

3. 加强内外部合作

在强化企业税务筹划效能的过程中，加强内外部合作被视为一项至关重要的战略举措。这一策略不仅契合了税务筹划领域关于资源整合与专业协作的学术观点，也是企业应对复杂税务环境、提升税务管理水平的有效路径。

企业应积极寻求与外部专业税务机构或资深税务专家的深度合作。这些机构与专家通常拥有深厚的税法知识底蕴、丰富的实践经验和敏锐的市场洞察力，能够为企业提供高度专业化的税务筹划服务。合作的具体形式可以是多样的，包括但不限于：定期的税务咨询服务，旨在帮助企业解决日常经营中遇到的税务难题；筹划方案的审核与优化，确保企业税务筹划活动的合法性与高效性；以及税务法规变动的及时通报，使企业能够迅速适应税法变化，避免潜在的合规风险。

通过与外部专业力量的紧密合作，企业可以充分借鉴其先进的税务筹划理念与方法，结合自身实际情况，制定出更为精准、合规的税务筹划方案。这种合作模式不仅能够显著提升税务筹划的准确性和有效性，还能够促进企业内部税务管理团队的成长与进步，为企业的可持续发展奠定坚实的税务基础。

4. 建立风险预警和应急预案

在企业税务筹划管理的全过程中，构建一个健全的风险预警与应急预案体系是保障税务安全、降低潜在损失的关键措施。这一体系的构建，不仅遵循了税务风险管理理论中关于预防与应对相结合的原则，也是企业实现税务筹划目标、维护自身利益的重要保障。

首先，企业应着手建立一套科学、敏锐的税务风险预警机制。该机制需依托于先进的信息技术平台和专业的税务分析工具，持续监测企业税务活动的各项指标，包括税收政策变动、市场环境变化、内部操作合规性等，以确保能够及时发现潜在的税务问题。预警机制的触发条件应明确且合理，一旦监测到风险迹象，应立即启动预警程序，通过自动化或半自动化的方式，迅速向企业相关部门和关键人员发出警报，为后续的风险应对争取宝贵的时间窗口。

其次，企业还需制定详尽的税务风险应急预案。预案内容应涵盖风险发生前的预防准备、风险发生时的即时响应，以及风险发生后的恢复与总结等各个阶段。具体而言，应明确各相关部门和人员在风险应对中的具体职责、行动步骤、时间节点以及所需的资源支持，确保在税务风险真正降临时，企业能够迅速启动预案，有序、高效地开展风险处置工作，最大限度地减轻风险对企业经营的影响。

此外，企业还应定期对税务风险预警机制与应急预案进行检验与修订，确保其能够适应税法政策、市场环境以及企业内部管理的变化，始终保持其有效性和实用性。通过不断地优化与完善，构建起一道坚实的税务风险防线，为企业的稳健发展提供有力保障。

通过这些措施的实施，房地产开发企业可以进一步加强财务内部控制，降低税务筹划风险，确保企业税务合规和稳健地发展。

（三）强化税务审计以防范和应对税务问题

税务审计对于房地产开发企业而言，是及时发现并解决税务问题、确保税务合规性的关键手段。因此，企业应持积极、主动的态度，全力配合税务部门进行审计工作，展现出高度的开放性和透明度。在审计过程中，企业需迅速、准确地提供税务部门所需的所有财务和税务资料，确保审计工作的顺畅进行。

同时，企业应充分利用税务审计的时机，对自身税务筹划和管理进行一次全面、深入的"体检"。通过审计，企业可以及时发现潜在的税务问题，并立即采取措施进行处理，从而进一步提升税务合规水平，为企业的经济效益稳定和可持续发展提供坚实的保障。

参考文献

［1］盖地．税务筹划学（第 8 版）［M］．北京：中国人民大学出版社，2022.

［2］盖地，丁芸．税务筹划：理论·实务·案例·习题（第八版）［M］．北京：首都经济贸易大学出版社，2022.

［3］刘璐，宿怡．纳税筹划（第二版）［M］．上海：立信会计出版社，2023.

［4］计金标．税收筹划（第八版）［M］．北京：中国人民大学出版社，2022.

［5］梁文涛．纳税筹划（第 6 版）［M］．北京：中国人民大学出版社，2022.

［6］胡玉玲．税收筹划（第 2 版）［M］．北京：北京邮电大学出版社，2020.

［7］许景．我国中小企业有效税务筹划研究［D］．江苏科技大学硕士学位论文，2014.

［8］邓胜吉．新税法下企业税务筹划存在的问题及改进策略分析［J］．环渤海经济瞭望，2023（5）：10-12.

［9］曾宪玉．新税法下企业税务筹划存在的问题及改进策略［J］．中国经贸，2024（6）：85-87.

［10］王勇．基于税收优惠政策的财务与税务风险分析［J］．中文科技期刊数据库（全文版）经济管理，2023（4）：163-165.

［11］郭盈盈．税务政策变化对企业税务筹划的影响及对策研究［J］．今日财富，2024（6）．

［12］游凤华．企业税务筹划的原则及优化路径［J］．商业观察，2023，9（25）：41-44．

［13］刘爱珺．基于经济学视角谈企业税务筹划［J］．中国外资（上半月），2023（12）：235-236．

［14］张晓娜．浅议"营改增"政策下的企业税务筹划［J］．科技经济市场，2017（6）：63-64．

［15］柴喜作．探讨企业税务筹划中的细节问题与风险控制［J］．财经界，2019（32）：220-211．

［16］陈艺玮．浅谈中小企业税务筹划的现状及对策［J］．全国流通经济，2020（1）：191-192．

［17］牟军辉．探究企业税务筹划与会计政策选择［J］．财会学习，2020（4）：158-159．

［18］时叶峰．探讨企业税务筹划中的细节问题与风险控制［J］．财会学习，2020（10）：199+201．

［19］唐宇雨．国有企业税务筹划风险及其防控策略初探［J］．纳税，2021（17）：57-58．

［20］刘功岭．中小企业税务筹划工作问题探析［J］．商业观察，2022（3）：59-61．

［21］张凤娇．税务筹划在企业财务管理中的应用研究［J］．中国市场，2023（29）：147-150．

［22］张兴．企业所得税务筹划策略探讨［J］．中国总会计师，2023（5）：64-66．

［23］支雪娥．关于企业所得税的纳税筹划［J］．财会月刊（下），2012（1）：27-29．

［24］盖地．税务会计与纳税筹划（第八版）［M］．大连：东北财经大学出版社，2012．

［25］周武根．浅析我国企业所得税纳税筹划［J］．中文科技期刊数据库（全文版）经济管理，2024（1）：72-75．

［26］周静仪．基于财务管理视角下企业税收筹划研究［J］．商业观察，2023，9（19）：109-112．

［27］黄政．税务筹划在财务管理中的运用研究［J］．中国经贸，2023

（14）：112-114.

［28］汪舟．税务筹划在中小企业财务管理中的应用［J］．首席财务官，2023，19（5）：125-127.

［29］魏秀秀．税务筹划中企业税务风险管理措施［J］．商业观察，2023，9（28）：97-100.

［30］李泽彤．关于企业税务筹划风险及其规避的分析［J］．财富时代，2023（3）：53-55.

［31］杨威．企业生命周期不同发展阶段纳税筹划策略研究［J］．河北企业，2012（5）：22-23.

［32］储安全．企业不同发展阶段的税收筹划［J］．出版经济，2004（2）：61-63.

［33］汤凤玲．房地产公司的税务筹划思路［J］．纳税，2023（15）：1-3.

［34］叶文娜．房地产开发企业税收筹划探析［J］．现代商贸工业，2023，44（6）：144-146.